ELITE

心理與心靈的重聚（三版）

從佛洛依德到米高維：**婚外情**個案演繹

霍玉蓮 著

基道出版社

▼

ELITE

心理與心靈的重聚

從佛洛依德到米高維：婚外情個案演繹

The Reunion of Psyche and Spirit

From Sigmund Freud to Michael White, with the Case Illustration of Marital Infidelity

作者

霍玉蓮 Fok Yuk Lin

責任編輯

李慧儀

裝幀設計

奇文雲海．設計顧問

■

出版／發行

基道出版社

香港沙田火炭坳背灣街26號富騰工業中心1011室

LOGOS PUBLISHERS

Unit 1011, Fo Tan Ind. Centre, 26 Au Pui Wan St., Shatin, Hong Kong

電話：(852) 2687-0331　傳真：(852) 2687-0281

網址：http://www.logos.com.hk

承印

海洋印務有限公司

●

10/2009 初版　6/2011 二版

Cat. No. LP760-2

ISBN: 978-962-457-389-3

刷次	10	9	8	7	6	5	4	3	2	1
年份	2020	2019	2018	2017	2016	2015	2014	2013	2012	2011

何曾潔雯序：從重聚到重整

人是萬物之靈。

很多人很喜歡與人交往，也很有興趣了解人的心理運作，以祈令相交更順暢，相知更深入。

我在大學唸書時，有幸雙主修社會工作學及心理學。這一個「從興趣出發」的選擇，令我每天在這兩方面也有成長和學習的機會，每天都有「出雙糧」的感覺。

我的專業生涯，始於在家庭服務中心當社工，負責個案輔導、家庭生活教育、學校社會工作及青少年義工隊統籌。三年後，我受浸成為基督徒，並且選修臨牀心理學，進一步按興趣作專業上的裝備。

肄業期間，一位資深臨牀心理學家（至今仍未相信基督）認真地對我們說：基督徒臨牀心理學家要「服事兩個難應付的主人」（serve two difficult masters）。這個提醒，令我多年來遊走於社工、心理、基督教、專業及個人生活時，一直特別留意「這兩個主人」的異同。在不斷的比對和反思中，我為得著殊途同歸或互相輝映的亮光而興奮雀躍，也為兩者的南轅北轍與水火不容而困惱迷惑。不才如我，惟有躲在某些安全地帶，不敢亂闖、不敢切入剖開、不敢踏入融匯整合的險地。

謝謝陳霍玉蓮的努力和勇氣，以及她對天父的呼召的順服和承擔，將她過往二十多年的學養、經驗和心靈感悟，寫成了這本《心理與心靈的重聚》，為混沌昏暗的險地帶來了亮光。

玉蓮是婚姻及家庭治療、輔導及調解的專家，是我大學的師妹、社工的同業、我修讀家庭調解時的臨牀督導老師，更是我的密友及專業上的戰友。身材嬌小的她，卻是一位修研了中外許多專業訓練，並有多年臨牀、督導、培訓、著書立說經驗的巨人。她更是一個樂意與人分享人生路上所想所悟的領航員，誠懇熱心地用文字和圖像，讓我們在探索如何整合心理和心靈時，有更肯定的方向和更清晰的視野。

《心理與心靈的重聚》洋洋二十一萬字，是一本很長的書，也花了玉蓮很長的時間，研究及心理與心靈長遠相交相纏的歷史。

這是一本涵蓋面很闊的書。光是心理方面的論述便觸及以下各方面：由內心意識到外顯行為，由上世紀歐美思潮到現今華人家庭的應用；由學院、醫院、政府及非政府，到私人執業場所及教會；由婚姻到婚外，再橫跨感性、理性、德性和靈性各範疇。涉及面之廣、之寬，真的不能小覷。

這是一本掏得很深的書，因為玉蓮不甘心單單白描各家各派的當代論說，還要深究各掌門人的家庭及成長背景，以追溯他們立論的歷程、掙扎，再引用婚外情輔導個案作為佐證，以清楚顯示各學派特有的亮光及盲點，令讀者不會跌入盲目欣賞或排斥的陷阱。

本書更是一道領人往高處行的階梯，引導人向永生神支取智慧和能力。玉蓮開宗明義地說明，單憑自己從地上學到的知識和累積的經驗，她絕對不會考慮更不能完成這巨著。她順服地回應神的呼召，忠心地握著人造的禿筆，讓神親自的曉諭傾流成為人人可讀的專書，開啟愚蒙的眼、軟化愚頑的心，讓願意親近神的人、神學院和教會，可以得著由上而來的引導，將各樣的恩賜和裝備發揮得更完整、更豐盛。

本書不交代實證數據，因為它探討比現代科研更重要的議題。本書不高舉某門派，因為它藉著嚴格的比較及對照，清晰顯示出在不同範疇或不同應用下，各門派的長短高下。本書不受文化地域限制，因為它是一位有國際視野和豐富臨牀輔導經驗的專家與神同工的心血結晶。本書對信徒及非信徒同樣有啟發，因為它汲取了超越人類力量的大能，宣示從上而來的睿智。本書不容許人用旁觀者眼光探索別人，因為它直指每個人自己的內心世界，挑戰被神選中的勇者進行多層次的人生整合，煉成更合神心意的器皿。

玉蓮愛心和耐心的奉獻，將心理與心靈路上的沙石孕育成光彩奪目的明珠，實在令人敬佩。折服之餘，更要多謝她特意吩咐我為這本大作寫序，讓我不能再躲懶逃避重整心靈這門必修科。我這個既得利益者，誠意邀請你們同路同行，同分享同守望，並一同成長進步。

何曾潔雯
香港大學社會工作及社會行政學系主任
二〇〇九年九月二十日

湯國鈞序

為不少書寫過序，這是心情最激動的一次，能夠被邀請為玉蓮的這最新力作寫序，實深感榮幸。

身為一位基督徒臨牀心理學家，我選擇了以心理治療作為自己的終生事業，並一直尋索思想心理學及心理治療與信仰之間的關係。玉蓮這書實在帶來太多衝擊、思考、啟迪和挑戰，我不得不佩服她對信仰和專業的認真、投入、執著和睿智。這書不只是作者對信仰與心理及家庭治療的理論探究，當中更蘊藏著她對所信仰的上主及輔導實務那澎湃豐厚的感情；另一方面，這書也不是作者純粹主觀感性的表白和陳述，當中可見作者對輔導及信仰那理性分析和嚴肅的一面。更難得的是，玉蓮以她一貫的豐富文筆和深厚的文學根柢，令這書讀來絕不艱澀枯燥。在她的貼心指引下，讀者在心理與信仰的迷宮之中，定可看見曙光和希望。

玉蓮以基督教信仰的真理立場為依據，對心理學說及心理和家庭治療作出嚴肅而認真的批判，對那些盲目崇拜西方心理學和治療學派的人所發出的警告，更是一針見血。我一方面為玉蓮大膽的言論而咋舌，另一方面不得不佩服她的率直和勇氣。談到心理學的缺欠和不足，她有如下的精彩陳述：

> 心理學有何缺欠？心理學談及人的潛能與資源，卻不談及人的根源；心理學談及自我超越、自我實現，卻不談及人的靈魂和人性本質；心理學談及自信心、自助和自我，卻不談及內省和恩典；心理學談及內疚、饒恕，但不談及罪孽與邪惡；心理學談及情緒和痛

> 苦，卻不談及人的命途（humanity destiny）及苦難，情緒有如解決苦難的七色沙，把沙瓶搖幾搖，顏色轉換了，那苦痛就會好了；心理學談及人對死亡的反應和哀傷的歷程，卻不談及人死後有沒有永生，以及人生的終極；心理學談及感受、知覺和情緒，卻不談及愛心與公義，捨命與犧牲是甚麼樣的人類境界。（頁 229）

接著作者為主流的心理和家庭治療學派逐一把脈，不單探究理論本身的優劣點，更從創立人的背景、背後的文化和意識形態、假設的人觀等宏觀的角度，逐一分析，跟信仰的真理立場作一對比，當中不乏精闢獨到的見解，當然可能也有一些可爭議的地方。最後，作者在回顧過往心理學與信仰整合的「四度光譜」之後，嘗試提出她經多年的反思和體驗而領悟出來的一條出路——一條「立體迴環領悟的路」，這進路包含了神學、靈修、心理學說和實務四個環節，而且環環相扣，缺一不可。用作者的話來說：

> 因此，筆者提倡輔導員以耶穌基督為評審心理輔導與心靈信仰的交接整頓的基石，又以心理學說、實務經驗、個人靈性修練和神學學問四方面，構築螺旋式的迴環對話，藉著聖靈產生領悟，作為心理與信仰的整頓方法。（頁 224）

我十分贊同，若要做出色的心理輔導員或治療師，單單掌握理論和技巧仍未足夠；輔導治療者本身的視野、靈性、修為和生命素質，都是極關鍵的元素。可惜，在輔導員、治療師、臨牀心理學家的訓練和督導中，這點往往遭受嚴重忽視，這實在值得我們有關的同業好好地反思一下。

在這書的最後兩章，作者提出她心目中的「基督為依心理治療」，並教會應如何回應信仰與心理治療的整合的構思，當中情理兼備，很值得有志這方面的讀者細味。

心理及家庭治療乃非常嚴肅的工作，受助者的生命會被這個過程改變（問題是邁向好的方面還是壞的方面），基督徒輔導人員應透視心理學本身的優點與缺欠，以信仰和生命來完善心理治療，才可為案主指引方向，解開困惑，助他（她）嘗到生命的甜美。我深信玉蓮這難得的著作，必能引起更多更大的回響，我禱願上主藉此書賜福更多的生命。

湯國鈞

基督教聯合醫院臨牀心理學家

二〇〇九年九月

鄧紹光序

替玉蓮這本著作寫序，於我來說，頗有難度。這本著作來回於心理學（及輔導理論）與基督教神學之間，涉及不單是基督教神學，也不只是基督教神學心理學（及輔導理論），更為關鍵的是這兩門學科的整合問題。對於一個神學人來說，能旁通心理學（及輔導理論）已不簡單，更何況能深入兩者的底蘊，而作出適切的整合，更是頗不容易的。這種不容易，可從到如今為止尚未出現一本叫人滿意的整合作品而得見。這在華人教會學界固然如此，在西方又何嘗不然。對於玉蓮這本著作，我個人難以下筆寫序，其實又何嘗只是我個人的困難蹩腳，豈不也同時是華人教會學界的景況嗎？

筆者粗通神學，但對心理學沒有全面認識，不敢貿然隨便評論玉蓮此書之整合工作。我只能從方法學的角度提出自己的一些觀察，但這些觀察目的不在細究玉蓮此書之成敗得失，而毋寧是藉著討論此書的方法而指出華人教會學界在這一領域可以發展研究的方向。我們可以從《時代論壇》近期的一些討論心理學得失的文章開始。筆者發覺一種十分值得我們警惕的現象，就是兩門學科的學者各自表述，沒有進入真正的對話之中。原因在於懂神學的，並不是專研心理學的；反過來，專研心理學的，也不是對基督教神學，特別是其人性論，有透徹的了解。結果落入互相批評對方不認識自己所專長的學科這一論戰之中。玉蓮受過神學訓練，更是長時間研讀心理學及執業的輔導員，其雙重身分使得筆者認為要在整合的工作上不落於一邊，即不是神學吞噬心理學就是心理學吞噬神學，而是能各有位分且理出二者的互動關係，就必須對兩門學科都同樣通透。

華人教會學界所犯的毛病，就是在整合上對所整合的學科缺乏足夠專業豐厚的認識，要不是對心理學停留在ABC的層次，就是在神學的了解上，特別是在人性論的了解上，只屬幼稚園或頂多小學級。因此，對於玉蓮此書，我是有所期盼的。

再者，玉蓮此書深入至各種心理學（及輔導理論）背後的假設。我認為這是必要的。心理學是一個內涵多種學派的學科，但值得注意的是，其興起的文化處境乃是啟蒙運動。一方面，啟蒙運動鼓吹要獨立思考，脫離教會的知識權威；另一方面，啟蒙運動卻又崇尚理性，以之為一切學問之最終準繩。撇開啟蒙運動自身的知識論矛盾不談，我們的問題是，在學習和研究心理學時，無論是哪一種流派，我們有沒有追本溯源其啟蒙運動的文化系譜並予以審視，抑或僅只滿足於挪用心理學的成果？進一步而言，這其實涉及心理學研究成果的有效性這一問題。我們提出這一問題，是考慮到一旦對人性之研究脫離教會的神學知識架構及前設，那麼心理學的研究成果在甚麼的判準（criteria）底下而可確立其有效性？而這些判準又跟基督教神學的知識論是否相容？這些問題雖然是知識論的，但任何知識論都不免隱含或預設了一套形而上學或存有論（ontology）或神學，那麼，我們就不能不進到心理學各種流派背後的假設。

最後，玉蓮此書對待心理學（以及輔導理論），並不採取全然擁抱的態度，而是一種入乎其內的轉化及更新地挪用的態度，這也同時拒絕那種各自為政的態度，即信仰與心理學各有其互不相屬的範疇。我們認為玉蓮此書這種方法是靠近德博拉．馮杜森．亨森格（Deborah von Deusen Hunsinger）在 *Theology and Pastoral Counseling: A New Interdisciplinary Approach*[1] 所倡議的迦

1 Deborah von Deusen Hunsinger, *Theology and Pastoral Counseling: A New Interdisciplinary Approach* (Grand Rapids, MI: Eerdmans, 1995).

克敦式—巴特式（Chalcedonian-Barthian）的進路。這進路一方面容許心理學有其相對的獨立性，但另一方面又強調心理學不能離開神學而可以有健康的發展。簡單來説，二者是雖有分別但不分離，但神學是主調而心理學是副調，副調有其自己的旋律，只是必須相應於主調的旋律方才具有價值，就如基督的人性必須相應於其神性一樣。對心理學全然擁抱跟認為心理學可以脱離神學而有其全然獨立自主的範疇，其實並無分別，都是不容神學對其作出任何的轉化、更新。這無疑是活在啟蒙運動的陰魂底下。基本上筆者並不贊同這一立場。然而，筆者得同時強調心理學應有其相對的獨立自主性，其內容不可能全由神學演繹出來，其研究方法也不能全是先驗（a priori）的，但其內容其研究方法卻需要應合於神學。

筆者蒙玉蓮邀請為其著作撰序，實感榮幸，在這裏只能就玉蓮此書幾項明顯的方法議題，借題發揮，牽引成章。筆者誠心祈願日後華人教會學界對神學與心理學（及輔導理論）的整合，能有更多成熟的研究成果。是為序。

鄧紹光

香港浸信會神學院基督教思想（神學與文化）教授

二○○九年九月八日

作者序

我懷著謹慎省察的心靈寫這本書；也懷著焦灼和關愛的熱情寫這本書。這本書實在太難寫了，一邊寫一邊覺察自己的學識捉襟見肘。若不是由於上主的靈不停鼓勵、催促，以及受心理學界種種光怪陸離的現象所刺激，這本書根本不能面世。今天捧著這份書稿，感到一份上主恩寵的暖意。

大概五年前，我做了一個夢，那個夢有光影、明暗、色彩和樂聲，夢境迂迴深邃，夢醒後令我扎心驚惶。翌日，我按不住沸騰的意緒，找幾位老朋友分享，他們聽完以後，與我一樣感到驚歎錯愕，但覺夢裏充滿信息，卻亦不敢貿然將它們解釋作甚麼。

夢境是那麼逼真而鮮活，時至今日，我仍不敢遺忘。

夢，是這樣的……

一艘有如鐵達尼號那樣龐大的船隻，璀璨輝煌、氣派驕人，船上衣香鬢影，大家歌舞昇平，不亦樂乎，好像有一場隆重的儀式快要舉行，又像要慶祝一件甚麼事情似的。

我被安排坐在船頭最高的位置，居高臨下，看得很遠。我坐在一張嬰兒椅子上，雙腳吊在半空，足下有如深淵，天蒼蒼、海茫茫，黑夜籠罩著大海，黑漆漆一片沒有盡頭。吊在半空，煞是心寒！可是我內心有一份非常純粹的信靠之情，雖然心寒，卻又知道應順著安排好好地坐著。

坐定了，我感知到，這艘船的船頭跟船身會按約三分一對三分二的比例裂開！我心裏有點兒恐慌，卻又懷著一份信任，十分安詳。

就像大銀幕上的電影一樣。

首先，船身開始裂開，有三、四個看似屬印巴裔的人士，嘻哈打諢，協助船身分開。船身一分開，就看見這一邊和那一邊都掛上一塊很美麗的紫色碎花布。這布有點兒像牀單，垂直掛在兩邊的斷裂面上，這邊一塊，那邊一塊，船身接合的時候，兩塊布就會貼在一起。

那四位負責協助將船身分開和接合的印巴裔人士，或坐或臥，十分悠閒，我在高處張望，看見船隻險象環生，十分焦急。

這個時候，那些印巴裔人士與我交談，我才知道原來我將要考試。我面前有一些碎紙，上面寫著許多零碎心得，還有一些筆記，我知道我沒有充足時間預備，但我不太驚慌，只覺自然自在：考試就考試，盡力而為吧。於是我研讀一下零碎的心得……

預備期間，我可以離開座位，在甲板上走了一圈，見到中學同學、家人和一個心理學界的名人，並發生了一些事……然後，這艘船要合體，再駛出公海。我繞過講台，又發生了好些事，我才艱難地坐回我的嬰兒椅子上。

接著，困難來了，如我先前預料的，災難快要發生了！我高聲呼喊，想叫船上的人注意這艘船的前景；我大聲呼喊，想叫那些負責看管船隻的印巴裔人士仔細工作！但沒有人理會，沒有人聽見我的聲音，大夥兒還在快活地歌舞自娛。

那四個負責把船隻接合起來的印巴裔人士輕鬆怠慢，兩邊船身各有一隻小鈎子，一下就能彼此扣上；但他們懶洋洋的，嘻哈談笑，船要起行了，這邊是未接合的船身，那邊是茫茫大海！

我大聲呼救，渴望有人會覺察，或有人會為他們該做的工作而盡責，可是他們懶洋洋的，船，差點就能鈎住的了，可是一鈎鈎不穩，就這樣脱鈎了。啊！發生意外了！船頭跟船身沒有接合起來，那邊三分一的船身首先傾斜下沉，那四個印巴裔人士呼一聲葬身大海！！

沒有人介意，沒有人留意，沒有人擔憂，慶賀的節目照樣進行，只有我獨個兒恐懼驚惶。

船上有一個人説：「生命根本是沒有見證的，他的兄弟死掉了。」

我感到很傷感、很矛盾、很困惑，我要大聲跟他辯論：「不！生命是有見證的！」

可是，面前就是面對死亡。

説時遲，那時快，船離了岸，駛入茫茫大海，船身傾斜、下墜、直線下墜，眾人跌入茫茫漆黑大海。我絕望地呼救，船身下墜，船上有許多許多人，全部下墜，跌入茫茫漆黑大海！

全部沉沒了！

神經繃緊、毛髮直豎、極度驚恐，在驚恐與沉睡之間，我在抗議：不能這樣的，結局不能是這樣。當時，我在半夢半醒之間，心裏呢喃：我要飛升，我要再次入夢……

這一次，我發現自己飛了起來，還有許多許多海鷗一起飛翔，一同飛越茫茫大海。白色的海鷗翼尖有著一抹黑色，牠們向著同一方向，排成整齊的人字形。有許多許多海鷗，都是朝著同一方向，又整齊、又優美。這時候，整個海和天都泛起金紅色、金橙色，瑰麗輝煌，有一首雄壯的聖詩響起凱旋的旋律，音調悠揚、壯闊、雄偉。這麼多海鷗，有隊形、有力量、有方向地向前飛翔，整個畫面壯闊、瑰麗、音調昂揚。

曾經參加靈修導師貝內爾（David Benner）的解夢工作坊，與那解夢小組分享此夢，一位姊妹說：「聽來這是一個重要的夢（grand dream），我建議你找一位靈修導師去傾談。」

五年前，我做了這個夢。五年前，曾經有一位弟兄邀請我為如何結合心理及心靈的課題寫一本書，我當時說：「給我五年時間」，因為當時我覺得思想尚未醞釀成熟。湊巧也是五年。而那時候，我尚未做那大船的夢。

今天，我多方多次體會上主催促我寫這本書。這五年來，原來我的確經過了考試、個人成長、修養、專業的琢磨，最重要的，是與神更深相遇。

兩年前，上主輕輕地提示我：我想你從繁重的工作中退下來，進入內在靈修。這兩年來，每天清晨，與主相聚，修習全人五官的深度靈性操練，每週尋求靈修導師協助。上主每天以聖經話語，以圖像、以意念、以夢境、以生活遭遇、以活生生的人和事，以主耶穌在世間的榜樣，不停親切地與我對話，使我同時看見自己的卑微，又看見自己分享祂形象的尊貴，深深地信任祂的無邊大愛，看見自己內裏逐漸穩定和堅強。

在其中一連七日的靈修退省之中，上主淨化了我內心許多恐懼，給我兩個重要的指引：

1) 用內心的視點（即聖靈的眼光）去回應外在的世界，不由外在的世界拉扯內在的精神。
2) 回到生命的起點：單純、直接、感悟。

祂還給我感悟：世上的文化和世上的一切都要沉落，惟有愛我的兒女可以飛翔，飛翔就是以新的生活軸心去回應外界源源不絕的呼求，作息存留純粹響應心靈流動的節奏。

是這樣，我仍然在旅途上。

這本書就這樣漸漸成形了。有許多時候，我感到這本書不是寫出來的，好像是在禱告中流出來的，一個字、一個比喻，就這樣自然地流了出來，是慈愛的上主親自帶我走過這趟艱難的旅程。書寫的時候，心裏有一團火在燃燒，遠景是一個朦朧的夢，桌面、地上、牀上都堆滿了書和長年累積的零碎思潮，東一張、西一張，疊在不同的文件夾上。面對著自己懷抱高遠的願景，以及貧乏無知的真相，有如在茫茫大海航行，一片漆黑，不知如何啟航。

知識的龐大繁雜，人生世上的曲折迂迴，歷史轉接跳躍，悖論與悖論相迎，但教人自覺無知。無知如我，不但苦無進路，更幾乎想就此放棄。

惟一不肯放棄的只有一件事。

上主的心意。

所以，在禱告、思考、感應、信心之中，我默默啟航。

有如耶和華呼喚亞伯蘭離開哈蘭，出去的時候，亞伯蘭還不知道要去甚麼地方。

上主的呼喚必然帶著印記和應許。

祂在我茫然若失的時候，藉著愛丁頓（Arthur Stanley Eddington）發現原子和電子的活動時的一句說話告訴我：「某些我們不知道的東西正在做我們所不知道的事情。」耶和華走在我的前頭，與我同在，告訴我：「我必不撇下你，也不丟棄你，不要懼怕，也不要驚惶。」

是這樣，在茫茫黑夜中信任上主的領航。

這本書，若有粗疏淺陋和不足之處，懇求讀者原諒。若是本書內裏有一些你喜歡的洞見或重要的精華，全部是出於上主恩寵的禮物，無論你是不是信徒，請你務必用一、兩秒仰視穹蒼，體會祂正向你揮手和凝望！

筆者帶著深切的慚愧去執筆，祈求讀者包涵。事實上，嘗試探討心理與心靈的課題，絕對不是一件容易的事。首先要精確扼要地把握自佛洛依德（Sigmund Freud）至今的各種個人及家庭心理學說，其內涵、背後的基本假設、人觀及價值觀。其次，也要精確扼要地把握中世紀至今的教會發展史及靈修史，從而了解歐美等地的人如何三番四次在人神相遇的歷史中走上歪路，又再重新上路。這種流蕩跟基督耶穌未誕生之前的猶太人歷史有點相像。猶太人當中，有些人能聽見神的聲音，踏上應許的路，可是過不多久，又會有人不聽神的聲音而走上歪路，在神權、王權、沙漠、曠野、國土、聖殿之間尋尋覓覓，尋找神的臨在，以及生活的指引。耶穌降生以後，殉道者、沙漠教父、修院制度，改革宗、清教徒、基要主義、福音派運動、靈恩運動、自由神學、普世神學，在沙漠、城市、政權、經濟制度、教皇制度，企業家精神、數字、靈恩、講壇、禮儀、家庭、教會、社會、國際、職場、專業種種處境和場所中尋找神。尋尋覓覓與神同行，走著走著，又會走上歪路；學習重新上路，走著走著，又會再次走上歪路，惟有再次重新上路……一個一個在歷史中出現的聲音，塑造了教會歷史，塑造了現實生活體現出來的基督，塑造了今天教會的愛惡。

人總是活在矛盾和張力中，這叫我們不斷悔改，不止息地渴慕神，與神同行，直到我們蒙悅納的日子來臨。

寫本書時，發現需要把握不同相關學問的發展歷史，要修心理學發展史、教會歷史、中國及歐美文化歷史……這些看似不相關的學科和歷史事件，層層疊疊交織起來，透露著永生神巧妙的工作。祂是編織能手，每一個漏洞竟然成為下一個驚喜，每一個驚喜又醞釀著更複雜和巧妙的圖案，圖案與圖案漂亮地結連起來；祂又是劇作家，每一個漏洞竟然成為下一個驚喜，每一個驚喜又醞釀著更複雜的情節，情節與情節之間，有錯置、有糊塗，但也有盼望、有承接……

單是觀賞、默想、默觀，已經叫人驚訝不已，每一個驚訝都揭露著人的限制和無知，又揭露上主的無限和風趣幽默。的確，學海無涯，若不是專心追蹤這溫柔、美麗、聰穎、恩慈的編織能手，就是以有涯隨無涯，殆矣！

~•~

這本書分三個部分。第一部分：脫鈎的記號，呈現心理與心靈脫鈎的現象，加以婚外情作為實例說明。第二部分：為輔導心理學把脈，嘗試追蹤由佛洛依德至後現代米高維（Michael White）的重要經典治療派別。這一番追蹤與教科書的著述不同，較少著力於概念理論，而多探究該派別的心理學師祖的出生背景和精神面貌，從而推論該學說的內裏乾坤。並且嘗試深入探究學說背後的人觀和世界觀，並作出個別及綜合評論。筆者在輔導界工作和教學二十多年，發現鮮有著作和研究是緊貼心理學說背後的意識形態從而作出評核和檢視的，這本書是試圖從這進路作出一次拋磚引玉的嘗試。第二部分也是深入探究心理輔導學說的核心學術概念，並再一次以婚外情作為個案應用去顯示筆者的論點和觀察。

第三部分，也是最艱難的部分：心理和心靈的重聚。在這部分，筆者首先拉一個遠鏡，去勘察一下心理學說這只有一百多年歷史的年輕學科的時代背景，粗略地以前現代、現代和後現代精神面貌的分類，去理解心理學說的誕生和內容，並其中的側重和偏差。然後，層層推進，再瀏覽美國近百年來整合心理和心靈的各種進路，作一簡介、剖析和綜合評論，從而說出筆者領悟到的第五條進路：立體迴環領悟的進路。就是從心理學說、實務、個人靈修、神學理解四方面，來回對談、體會、遊走，醞釀從聖靈而來的悟性，以耶穌基督作為惟一的基石。倘若讀者心靈敏銳，也會發現這種立體迴環進路，也是本書的寫作大綱和進路。最後，筆者大膽嘗試分享一種以耶穌基督為依歸的心理輔導學說的前題和守則。

基督為依的心理治療，並非作者另外自創一套療法，而是整理、重新演繹、取捨和感悟各種輔導心理學說的前題和向度而來的。筆者在這裏向上主俯首下拜，因為這本書完全是因聖靈感悟而傾流出來的作品，還有待各位前輩、學者、專業人士、愛主的門徒共同去磋商、研討、去蕪存菁，以祈觸摸上主心腸。

第九章，亦即本書最後一章，是作者對現今教會和教會輔導中心的一些叮嚀和勉勵。筆者多年來有機會認識和督導不少教會輔導中心的輔導員，很了解他們的處境。事實上，他們就是教會輔導中心的第一代，好應該為未來的接棒人留下佳美的腳蹤。所以，筆者向教會輔導中心分享了一些抱負和展望。

能夠完成這本書，我深深感謝紹光、國鈞、潔雯為本書撰寫序言。一班好友：夢鳴、健慧、永耀等，給我回應，為我打氣。又有丈夫和女兒給我支持。還有基道出版社眾編輯同工的協助，慧儀尤其敬業樂業，工作敏捷而用心，微微笑著把複雜的稿件編輯成整齊妥當的樣式，配合得乾淨俐落，令人欣賞，願主垂察。

寫到這裏，筆者又惦念我們那從天降臨與我們認同的主耶穌。「他本有神的形像，不以自己與神同等為強奪的；反倒虛己，取了奴僕的形像，成為人的樣式；既有人的樣子，就自己卑微，存心順服，以至於死，且死在十字架上。所以，神將他升為至高，又賜給他那超乎萬名之上的名，叫一切在天上的、地上的，和地底下的，因耶穌的名無不屈膝，無不口稱『耶穌基督為主』，使榮耀歸與父神。」(腓二 6 ~11）

願主喜悅愛祂的兒女，效法祂虛己的榜樣，在輔導界飛翔！!

再版序

這本書出版半年左右，責編慧儀便告訴我：你這本書應該很快就會再版。這本又厚又多切面、易懂難明的書，只不過一年多就要出第二版，我只有敬畏感恩，全是神蹟——神的功績！渺小如我，能夠在當中有所參與，人生不枉了。

這本書出版後，不少遠遠近近的朋友對我說：「很佩服你，你很大膽。」又說：「我欣賞你，君子坦蕩蕩。」對我來說，我有一點意外，我素來不是大膽的人，但說君子坦蕩蕩，倒是我所嚮往的境界。多謝朋友厚愛，我執筆的時候，倒沒有甚麼複雜的考慮，我只是信奉知識分子該有的誠懇和承擔，所謂“Intellectual honesty and Intellectual integrity / burden”。簡言之，就是不辜負作為知識分子的基本責任。

本書當然會有不足之處和瑕疵，只是拋磚引玉，還望有心人一起努力，在心理和心靈助人的範疇去探求真理。然而，在這再版序，我希望與大家分享一下本書寫作的筆法。本人熱愛文學，卻又修讀社會科學，這兩個學科的表達形式截然不同。好的文學作品，以作者的心靈去捉摸人生經驗，以個人真誠感悟去貫通宇宙常存的心靈本相，以一個觀察、領悟、關愛的態度，去喚起他人內藏的共鳴和響應。所以，「文章本天成，妙手偶得之」。

可是，社科訓練完全是兩碼子的事，社科表達重視「客觀」，「客觀」的意思是全然不涉及個人情感，以免個人的主觀破壞了客觀事物的客觀性，所以，其通用的表達手法，就是由一個概念的闡發，再系統地推理、連結到另一個概念；概念與概念之間貴乎精確、貫通、推理綿密，有客觀證據，有說服力；

而所謂客觀證據，就是統計數字所推斷的至高可能性。於是，一篇被認可的學術文章，是由一個概念游走到另一個概念，中間加插各種大小推理的概念和統計數字，去證明此文章推論的至高可能性。當中，固然絕對不宜牽涉個人體驗和情感，作者必須站在一個冷靜、有距離、不上身、不上心的位置，去保持當中列舉資料的純淨度。

這種重視客觀理性的表達方式也有其可取之處，所以，上述的寫作手法，正是啟蒙時期現代主義所帶來的知識論的偏向。筆者正想指出這是一種「冷知識」，許多哲學和神學書籍都是用這種「冷知識」的筆法書寫，因為這種將概念和生活情感切割抽離的慣性，使寫的人可以寫一套做一套，讀的人可以讀一套生活是另一套，對這種冷知識的抬舉，令人憂心。冷知識與生命的承傳可以完全脫離，英國的學者富勒（Thomas Fuller）說：「知識使好人更好，使壞人更壞。」難怪許多知識分子和神學生硬啃了許多深奧的「冷知識」書籍，個人的心性品行不見得有任何改變，概念和理論一大籮筐，自我的覺醒可以更加遲緩，生命的感染力更加衰微。

知識論是一個大學問，不宜在這裏掀起波瀾，但筆者相信前現代、現代和後現代的精神面貌中，該有一些精華，是古今中外的人士都可以與之溝通和共鳴的，像花的香氣和音樂的動人，不證自明。知識的力量在於生命，生命的感染力在於傳遞知識者的全人，知識在於存有者，那帶著知識說故事的那人，他的情感、認知、動機、選取，在在詮釋了所說的知識。所以，傳遞信仰和真理的經書，如聖經、佛經，都是說故事、藉由人的生命論說人生，而不是以概念先行。

於是，筆者由心靈的趨動，以全人投入去盡量客觀、中肯地分享本人有限的識見，以全方位考量去表述這個心理與心靈交往來回的歷史故事，有真實的實務故事，有大師查探人生的生平故事，有受輔導、受訓練當場的真誠故事，有東方和西方步過歷史的迷失和悔悟的故事，因而有悵惘的詩句，有愛之深、責之切的信件，有驚喜的頌讚，有激勵的夢想和歌詞，自然地穿插在客觀評述裏。你是否喜歡，我很想知道，至於到底寫得好與不好，自有公論。筆者淺薄的學過些少西洋畫史，知道梵高的畫法，以硬筆刷出自然景物和人物面貌，其筆法完全脱離傳統，卻帶出全新的透視度和立體感，並質樸自然的感情。本人絕不敢與梵高媲美，只是想説出本書大膽嘗試全人投入的寫作手法，也許是失去盼望的後現代的人所渴求的清涼茶。倘若這種寫作手法能喚醒知識分子的良心，和下一代知識分子對整全生命的表達、投身，以情、以理、以經驗、以實踐，去認識生命和生命的原委，去傳遞知識，去尋找生命的主，這才是我的摯誠的祝禱。

霍玉蓮

二〇一一年五月一日

目　錄

第二部 為輔導心理學把脈

第 4 章 為輔導心理學把脈（二）：家庭治療學說

第三部 心理與心靈的重聚

第 6 章 心理與心靈可否再重聚？

第一部

脫鈎的記號

上主創造的全都是好的，人類爾後的足迹卻歪斜跌宕；
所以，萬物都是好的，萬物也都是惡的。
萬物自身的價值又與它的影響力成正比，
其影響力愈大，所造成的不是至善，就是至惡。

第 1 章
時代的記號

認識心理學知識或文學知識，可以幫助我們變得成熟、有自知之明，脱離幼稚的宗教襁褓，進入心靈的深處，尋見生命的主人。

心理學可以是一間中途宿舍，協助復康者回歸更美的家鄉；心理學也可以是一座旋轉梯，無始無終地旋轉入自欺的永劫。

心理學由學問「描述性」的位置逾越到「絕對解釋性」和「命定性」的位置，就會變成俘擄人心的學問。

1.1 為何讀心理學？

當我還年少無知的時候，讀心理學和輔導理論，一心是為了幫助人，豈料，這個學問隱隱約約地向世間傳遞關乎「人是怎樣的？」的思考：人要怎樣去生活？甚麼才是人最美好的狀態？它還隱約道出了關於「人到底是甚麼？」的不同理解：人是一堆能量系統？生物「刺激—反應」堆？或者是自給自足，擁有無限資源與無限力量的生物？還是自我完美、自我體現的「超人」?

當我唸心理學的時候，一位大學師兄警告我：「你要小心，心理學背後的理論，都沒有主耶穌基督，都是人文主義，自我為中心！」「哦！」我聽了這番勸告，小心翼翼地走向心理學的門檻。在一知半解的情況下，我先後在香港大學和海外讀了心理學、社會工作、家庭輔導、個人輔導等科目，認識了許多我想明白的知識，但心理學課程對現象背後的根源學說解釋得不清不楚，沒有人告訴我人本主義，也沒有人告訴我唯物辯證法、實證主義……

不過，社會工作倒是乾淨俐落，直接投入世情，接觸人生。人生的故事，本來就能讓人產生震撼：少女被強姦懷孕；水上漁民的悲歌；無依無靠的少年入住荷蘭宿舍，大批黑社會人士拿著利器衝過來宿舍要尋仇，阿sir拿著工作證，大步踏出去說：「我是阿sir！」嘩！多英勇！然後社區工作又讓筆者看見貧富懸殊，又一村與石硤尾，山上山下互相輝映，住的是兩種不同階層的人，過的是兩種完全不同的生活。

讀「社會工作」好，因為社會工作有血有肉，有真實人生！再去讀心理學說，再去鑽研輔導理論，就不會被高深學說唬嚇到，管你的學說多麼堂皇偉大，要面對的就是真實的人生！面對貧病無依、眼淚流乾的人，基本上，我們要首先掀開似是而非的理論，去幹自己的良知認為「對」的事，然後再轉身，質問理論：「你到底在說甚麼？」

就是這碰碰撞撞的學習過程，使筆者認為可以效法楊過的習武過程：全真教、古墓派、北丐西毒、玉女心經……集各家學說，在殘疾和孤獨的大海中陶塑人格。初學者面對眾多理論，不免為之著迷，可是與這些學說所談的戀愛，卻總是分手收場——因為日子一久，不免發現每家學派都有不足和偏差；於是筆者繼續尋找，不肯將將就就出嫁了事。正是因為筆者與各種學說談了多番戀愛，認識了許多心理學說和心理輔導派別，所以，面對下一個向我求愛的人，筆者立即知道要不要談戀愛，他有甚麼好？有甚麼不好？

讀心理輔導學說很好，可以自由戀愛，但必須有「獨身恩腸」，尤其是忠實、簡單而認真的人，他們會終身為一個學說洗衫、煮飯、帶孩子，但「學說」相公可能外出喝酒、抽煙、借高利貸、隨處打人！！誤嫁侯門遺憾終生，唉，到時如何是好？

我們不是愛這些學說，我們是愛「世人」；可是為了愛人，你又必須與這些學說談戀愛，這是探求真理和學問無可避免的矛盾，你說這事多麼弔詭！但只要抱定心腸、立定主意，這場有拖有欠的戀愛，也是精彩百出的趣味人生！

來，在這本書往後的篇章，我會介紹你與他們一一談戀愛。

1.2 時代的記號

「你們要看見一個嬰孩，包著布，臥在馬槽裏。」(路二12）這是記號。

有一次，有一位朋友來請教我有關進修輔導和心理學的門徑。其中，使我最深刻的，是她彷彿在研讀心理學課程時找獲了人生的答案。她研讀了一個基礎輔導學課程，在修讀過程中，她對自己有了許多新的了解，由於自我發現而產生的喜悅情緒，洋溢臉上。筆者暗自思量：心理學的學問無疑提供一串能促進自我認識的鑰匙，而自我認識又可以給人帶來歡欣雀躍……

說到底，心理學的魅力何在？叫人熱切追尋？

筆者又曾經在《時代論壇》(一份基督教刊物）上，看見身心語言程式學的證書課程廣告。廣告上斜排印上金黃色的口號：「激發個人精進的動機；建立積極的人生態度；體驗滿有活力的生命；發揮天賦美善的潛能，共創精彩燦爛的人生！」這麼誇張而「全包圍」的偉大口號，彷彿學習身心語言程式可以使人脫胎換骨，可以拯救世人！而落力「推銷」及教授的導師，是幾位女牧師，她們身穿黑色西服和企領恤衫，站成一排。這個隊形，這種推銷的姿態，使我不安。筆者認識何謂「身心語言程式學」，那是抽取沙維雅（Virginia Satir）家庭治療及愛立遜（Milton Erickson）催眠治療學這兩大學派的「改變」歷程的精髓，加以系統研究，「左拼右砌」的實效心理學捷徑。1980 年代初期，徐志忠神父首先把這門學問引入香港，但他個性謙和，平實低調，而且收費相宜，純屬推介其中一門多元心理學學問予進行輔導工作的社會工作者認識。作為一項進修或學問的觀摩，這套學問自有其可愛迷人之處。但是，目前這大堆頭、高格調、大口號、重推銷、收費成千上萬計的做法，實在令人不安。

這種刻意推銷、誇大口號，承諾燦爛人生，展覽學歷與隊形的行為，不單單出現在這個課程廣告裏，還瀰漫在千禧年代，中、港、台那崇拜心理思潮的氛圍中。

每一個時代都有它的特徵，在每一個時代上主都留下一些可以尋覓祂的記號。

對於這個時代，在崇拜心理思潮的氛圍中，上主留下甚麼記號呢？

1.3 教會有甚麼毛病

侯士庭（James Houston）在《靈修神學發展史》（*History of Christian Spirituality*）一書，重新標記自耶穌升天後的歷史記號：(1) 殉道者；(2) 沙漠生活；(3) 修院制度；(4) 宗教改革；(5) 清教徒；(6) 福音派運動。糾正福音派基督徒以宗教改革為本位的一些偏狹傾向。

侯士庭說：「福音派信徒的一大弱點，就是很容易從新約時代，一下子就跳到十六世紀，因我們認為教會歷史中，最重大的事件就是宗教改革。那些偏見較深、宗派觀念狹窄的，甚至一下就跳到十九世紀，完全漠視過往所有的歷史教訓。

「福音派的信徒除了有上面所提的傾向之外，還接納了現代人的一種想法，此種想法『即歷史與我無益』。英國劍橋大學曾經有位歷史學家，就此寫了一連串的文章，題目乃〈過往的死亡〉(The Death of the Past)。他認為現代人的悲哀就是忽視過去，自以為自己這一代才是歷史上最聰明、最有智慧的人。『歷史遺忘症』的錯謬，就是一切都要從頭開始；換言之這樣的錯謬使我們不可能從歷代的信徒身上學到任何功課。」[1]

好一句「歷史遺忘症」，鞭辟入裏！福音派信徒每每由於遺忘歷史而失去方向、偏狹自大、重蹈歷史覆轍，幸好上主的恩典夠用，常常化腐朽為神奇，容許我們在錯誤中重新上路。讓我們重視歷史，並尋找在時代中留下的記號。

每一個時代都有它的特徵，在千禧年代，心理學說籠罩東、西方社會，在教育、家庭、婚姻、戀愛、人際關係，甚至領導模式、企業、推銷、廣告等各方面，其主導位置都給心理學說壟斷了，並成為解釋人生、指導人生的專門學問。不管你喜歡也好，不喜歡也好，心理學在這個時代榮登殿堂級位置，普羅社會大眾都略懂這些理論。學生或許認為禮義廉恥的價值觀已落伍，卻幾乎所有青年學生都認識九型人格學說，作為做人藍本；沒有青年學生記得孔融讓梨的謙讓或愚公移山的毅力，卻幾乎每個學生都學會要求父母聆聽和溝通。其實，心理學與傳統文化教養，未必有抵觸，甚至可以互補共融。筆者只想藉著生活事例指出，心理學說滲透老、中、青年齡層，而且

1　侯士庭：《靈修神學發展史》，趙鄭簡卿譯(台北：中福，1995)，頁5。

滲透生活各個層面，有如千禧年代生活的指南針。

教會怎樣回應這籠罩千禧年代的指導性學問呢？

1.4 教會的兩種態度

教會面對心理學這門學問，大致上有兩種尷尬而又矛盾的態度：第一種態度是心存畏懼、戰兢和抵制的態度，聖經上不是說：「你們要謹慎，免得有人把不照著基督，而照著人的傳統，和世俗的言論，藉著哲學和騙人的空談，把你們擄去。」（西二 8；《新譯本》）教會意識到，心理學所處理的議題，也是人類喜怒哀樂、生老病死的議題，然而卻沒有談論基督對人具有重大影響力，因此可列為邪魔外道或妖言惑眾的世俗空談，加以拒絕和抵制。有基督徒學者近年藉著述和翻譯去大力批評和抵制心理學說，[2] 最近，不同的學者在《時代論壇》就「心理學是否末世大迷惑」展開熱烈討論。[3]

第二種態度是寬和及包容的態度。心理學與建築學、經濟學、管理學等都是人文科學的產物，我們可以用謙和的心與心理學對話，學習和兼容不同的學問。聖經不是百科全書，對於人類心理流動、精神病態，哀傷離痛，沒有詳細的闡釋和描述，事實上，所有學問都來自神的創造，是可以對話，可以共融的。

驟聽起來，第一種態度是謹慎而忠心的，以守護真理為己任，忠誠戒懼的精神十分可取，也符合中國文化。可是，我們該向誰忠誠？為甚麼而預備呢？恐懼與謹慎只差一線，信心與小信是隔壁鄰居。當面前的事物看來不大對勁，我們就不由分

2 張逸萍：《心理學偏離真道》（台北：天恩，2004）。

3 見《時代論壇》第 1129 期（2009 年 4 月 26 日）。

說，閉上耳朵，拒諸門外，這態度用於為不足歲的嬰孩去抵禦風雨侵淩，是可取的良方；但對於被基督釋放，得了自由，有聖靈內住並賜明辨能力的成熟基督徒或教會領袖，這種態度未免「斬腳趾避沙蟲」，有點小信戰抖，故步自封。

那麼，第二種態度聽來是寬和可喜的。然而，這種態度忽略了一個歷史因素，到底心理學與上主是因何分了家的呢？今天的心理學問，如何誕生？誰是心理學背後的主人？持第二種態度的人，一旦喪失了明辨力，就會掉入樂觀無知的泥沼，甚至發展出過分依靠心理學的崇拜精神，即如上述「身心語言程式學廣告」的例子，連牧師也帶頭推崇某某課程可以帶給你精彩燦爛的人生！這種俘擄人心的空洞言詞，實在叫人心寒。

若果上述任何說話，使你聽來不愉快或不高興，請你寬恕我。要明辨時代的記號——麥子與稗子共同生長，在這時代的記號下，筆者但求與你一起謙卑聽從那啟迪人心的至高的靈，因為我們實在沒有能力判斷自己，惟有造物主的智慧能判斷一切。

就如保羅說：「我為主被囚的勸你們：既然蒙召，行事為人就當與蒙召的恩相稱。凡事謙虛、溫柔、忍耐，用愛心互相寬容，用和平彼此聯絡，竭力保守聖靈所賜合而為一的心。」（弗四 1~3）

1.5 如何面對心理學？

筆者在序言分享幾年前做了一個夢。夢中有一艘大船，有如鐵達尼號一般璀璨輝煌，氣派驕人，船上衣香鬢影，好不熱鬧；然而，船身分開兩段，因為人的疏忽，宏偉華麗的大船就這樣斷裂開兩半，兩邊不能接合，整隻船就沉沒了。這個夢實在向筆者和向眾人宣告了重要的啟示。讓我們好好地思量，仔細地傾聽。

正如筆者在序言所說的，每個人都活在受造限制之中，筆者作此冒險的旅程，只憑上主的吩咐，也憑著二十多年來實務經驗的感知和觸動，絕不是單憑知識和能力。知識和能力是窮寡婦的兩個小錢，惟有聖靈可以成全祂要成全的美事。

如何面對心理學？這件事情十分艱難。**上主創造的全都是好的，人類爾後的足迹卻歪斜跌宕；所以，萬物都是好的，萬物也都是惡的。萬物自身的價值又與它的影響力成正比，其影響力愈大，所造成的不是至善，就是至惡。**

主耶穌對門徒說：「不敵擋我們的，就是幫助我們的。」（可九 38~41；路九 49~50）從廣義的心理知識的發現和應用來看，心理學是人類的朋友。因為心理學知識幫助我們更誠實、更覺醒，亦幫助我們了解上主所創造的一切。譬如說，心理學說較為準確地描述人類內在的心理流動，以及人際間互動的規律和法則。有時，甚至可以刺穿人類利用宗教術語而自我掩飾或自欺自虐的行為。

認識心理學知識或文學知識，可以幫助我們變得成熟、有自知之明，脫離幼稚的宗教襁褓，進入心靈的深處，尋見生命的主人。

奧古斯丁（Augustine）有這樣的體會：當我們注視一下這個世界，整個創造不停息地讚美上主。我們可「利用有好處的東西，躲避有害的，放棄多餘的！當你看到量度、數目和秩序，你該讚美創造者，在祂你只能找到最高的度量，及最卓絕的數目和最高的秩序；就是說：上主！」[4]

4 賈維多編：《聖奧古思定嘉言錄》，孫純彥譯（台北：聞道，2007），186 條。

這番體會，值得我們深深咀嚼。

心理學可以成為我們的朋友，也可以成為我們的損友。**心理學可以是一間中途宿舍，協助復康者回歸更美的家鄉；心理學也可以是一座旋轉樓梯，無始無終地旋轉入自欺的永劫。**

那麼，關鍵在哪裏？在於聆聽的人，也在於生產心理學理論的始創大師和傳授者。但凡學問，都有其自身的位分，就是描述性的位分。天文學可以準確觀測及描寫天體、星球之間的運動和規律，可以描寫日蝕和流星的現象，卻不能擔任解釋的角色，不能解釋日蝕與流星的起源和背後的心意。心理學也是一樣，心理學可以描述一個人抑鬱的特徵和心理狀態。可以描寫各種防衛機制的運作和效果，卻不能解釋抑鬱與性情的起源，也不能解釋某君使用這個心理自衛或放棄某個心理自衛的至終心理動機。

甚麼時候心理學是最危險的呢？當運用心理學的人試圖對心理學這門學問作出僭越行為，即身為受造物，卻不知不覺間自我抬舉，對萬化規律的發現和描述及其呈現的位置此等解釋，加以絕對化，並以此預測未來、支配行為、定論最終的好壞，這時候，就是無意中把自己升格到創造者的位置，形成宗教的膜拜情緒和成為他人的絕對靠山，這就是僭越的危機。

譬如說：

- 「你和你丈夫是病態依戀，你們必須分離才會有希望！」
- 「你患上了救世主情意結，不斷搶救父母，搶救兄弟姊妹，你必須要釋放自己，脫離家庭。」
- 「你有諸多破碎的家庭背景，帶著自己的包袱去輔導人，一定產生許多心理投射，你不會成為一個很好的輔導員。」
- 「你已經墮胎，內疚是沒有用的，應該馬上重新做人。」

- 「只要你報讀身心語言程式學，就可以給你創造精彩燦爛的人生。」
- 「你只要相信自己是有能力的，你就會產生能力。告訴自己：凡事都可能。」

這些言詞熟識嗎？豈不都是懷著善意的恐怖謊言，帶你進入永劫不復的自動旋轉樓梯？若然我的描述過分強烈，請寬恕我背後焦急的心懷。**心理學由學問「描述性」的位置逾越到「絕對解釋性」和「命定性」的位置，就會變成俘擄人心的學問。**（參西二8）

在這裏，讓我再詳細解說一下心理學是甚麼。Psychology（心理學）一詞是psyche和ology的合併字。Psyche原指「靈魂」的意思，ology指一種學問，串連起來就是「靈魂的學問」或「心靈的學問」。理性主義抬頭以後，人類把「理性」從人的「自我存有」（being）一刀切了出去，成為獨立於天地之間的惟一客觀審視標準。理性不是壞事，理性是美好的，也是上主所創造的，但理性主義將理性抬舉為認知世界、人生惟一和最高的標準，卻是失當的。約翰．韋伯斯特（John Webser）有非常精闢誠實的觀察：[5]

> 現代的特點是視理性為「自然的」（natural）能力——人類一個標準、不變和基本的特質，一種基本的人類能力或技巧。作為自然的能力，理性並不牽涉入神拯救工作的戲劇中，而這是至為重要的。理性沒有墮落，所以既不需要被審判，也不需要復和或成聖。理性就

5 約翰．韋伯斯特：《聖潔神學》，陳永財譯（香港：基道，2006），頁9。

> 是存在 (is)，它在其智性本質上是屬於人類的。因此，「自然的」理性被視為「超越的」(transcendent) 理性。理性離開或超越所有可能的信念，所有生命特定、歷史的形式，從遠處觀察和判斷這些形式。理性並不參與歷史，而是對歷史作出判斷。它是超越和至高的智性立法者，除了本身外，不向任何事物負責。

現代人把理性切割開去，它被架空，離開歷史、離開心靈，自給自足地觀察和判斷人類。這是美麗的誤解、美麗的傳說，也是自欺的前奏。

心理學是心靈的學問，掏出了心靈，讓位給理性判斷和觀察，以「思想」作「心」的道理和規則，就是心理的學問。但心又是甚麼呢？西方的心理學不是觀察心（heart）而是審斷和觀察腦（brain）和它所產生的心智（mind）。確切的翻譯是有關智性 / 心智規律的觀察和判斷的學問。理性的自我觀察和自我判斷，說到底是一件十分詼諧的事。

然而，心理學若是人類心理流動的觀察和理解，本身所呈現的現象和發現，的確是賞心悅目、令人歎為觀止。舉例說，心理學說指出人類的防衛機制，把人類遮醜的手法逐一呈現出來，令人會心微笑。**所以，我們不是自義自負地輕率貶低心理學，也不是盲目崇尚、抬高心理學；我們是把心理、心靈、智性、理性、意念、情感等已經粉碎的骸骨，放回原位，接上上主創造的脈絡，使粉碎的骸骨可以重新歡躍。**（詩五十一 10）

我曾靠主苦苦思量，心理知識和心理文化的得與失。逐漸地，我開始明白上主吩咐亞當和夏娃不可食禁果的原因。

心理學有如其他科學及各種學問知識，這些學問的確標示了人生一些真相和智慧，有一位朋友初學輔導，禁不住分享內心那份喜悅，她說每一堂的理論知識都令她感到驚訝，事實上，她學的只是最基礎的個人輔導理論：Person-centred、CBT、RET、TA 等等。她的雀躍令我回憶到初學心理輔導那份驚喜，心理輔導學說似乎一層一層的揭示人類曾經親身體驗而沒有藉語言表述的真相。

所以，心理學的確在揭開人生生活行動思維情感反應種種細節，這是普遍啟示的恩典，彰顯了創造者智慧，甚至教會的活動及教會中人的行為也會被心理學的透視鏡照出真偽。教會中人及信徒也常用各種心理自衛方法（包括用聖經語言去否認或合理化自己的壓力和恐懼，去逃避人生的挑戰、自欺欺人等等），因為人就是人，經過救贖的人仍然有今生「已然未然」（already but not yet）的待贖光景。

心理學和其他學問的知識領域或其他頓悟、啟蒙，例如佛洛依德的潛意識和本我理論，都對人了解自己有一份揭開真像的震撼力。所以，蛇對女人說：「……因為神知道你們吃的日子，眼睛就明亮了，你們便如神能知道善惡。」於是，她見那棵樹上的果子好作食物（食物是養育生命的材料），也悅人的眼目（是叫人在感官上舒暢快樂的，許多心理學的發現和體驗練習〔experiential exercise〕也使人五官舒暢），且是可喜愛的，能使人有智慧……

從前，讀到這裏，很不明白；又悅目，又可愛，甚至使人有智慧，都是正面的形容詞，為何不能吃？

我們以為人生分為好與壞、正面與負面；正面的是好的，是可以接觸、採摘、吞併、據為己有的，難道上主妒忌？或者祂這麼小器？不容許人有智慧分辨善惡？

今天，我的心靈醒悟過來：心理學也可當作悅人感官又可愛，使人有智慧……

可是，一吃了，就看見萬物的區別，卻沒有足夠的愛心和容量，去包容和承托萬物的差異。於是，無可避免地以自己個人的好惡去斷定是非、善惡，如此，人的身分變了質，由受造物搖身一變成為定奪者，變相自稱為神，褫奪了神的位置。不是神的人妄稱自己為神，就等於殺死了自己。這個真理十分艱深，懇請你細心咀嚼，深刻玩味。故此，神吩咐：你們不可以吃、不可摸，免得你們死，這是一個千真萬確的吩咐。

心理學說的起源，是佛洛依德研究人類精神毛病的痛苦狀況而產生的。筆者多謝佛洛依德率先研究人類心靈的痛苦，但在研究的過程中，佛洛依德有意無意地刪掉了人類擁有「心靈」這個事實。佛洛依德絕對聰明，創作了人類「潛意識」這個專有名詞，描述了人內心奧祕難測的內在世界，他這一番聰明，好像用嶄新名詞發現了人類內心的至尊定律，他刪掉了「心靈」，設立了潛意識，把人類心靈貶抑為一堆本能衝動的原始反應，震撼了一代人並使其對人重新註解。心理學由學問「描述性」的位置，悄悄地逾越到「絕對自我解釋」和「命定」人類行為好壞、可取與否的位置，變成俘擄人心的學問。這裏重複著始祖偷食禁果的故事。讓筆者再次強調，不少心理學說開啟出來的知識的確帶給人愉悅、覺醒，甚至使人有智慧。可是，人缺乏上主的心懷和成熟的愛的擁抱能力，不能承受和處置心理知識所呈現人間和萬物的差異。不能承受和安頓人間錯綜複雜的心理知識，人類自然在自己所認識的學說之中抬舉一方，貶抑另一方，又誤以為自己所見所想具有全面解釋人生、指導人生的能力，自我崇拜的精神就不知不覺間悄悄冒起。本來是為了扶助人、拯救人、醫治人的學問，不經意地成為了診斷人、審判人、開脫人、欺騙人、抬舉人、放縱人的學問。小小偏差而已，那後果卻可以醞釀一代人的思潮信念、人生的變異。

筆者發現心理學在千禧年擔當了號令時代的角色，心理與心靈的脫鉤正是這個時代的記號。筆者在本書將會用三個層次與大家一起探討這個心理與心靈脫鉤的故事。第一層次，筆者嘗試陪同讀者逐一瀏覽自佛洛依德以來一些具有影響力和最經典的心理學說，包括精神分析學派、理情治療學派和人本學派這些個人輔導理論，以及四個主流的家庭治療理論。

在逐一與不同學派打過交道以後，筆者會以整個時代思潮為背景，去認識這些心理學問內蘊的思想精神。第三個層次是以婚外情個案作為落實人生應用的討論平台，去顯映人生的內涵和心理、心靈的關係。

最後，我們再一起探討一下心理與心靈可否再重聚。同樣以上述三個層次去觀照這個重聚的可能。

既然有先例可援，筆者謙卑警醒，絕不敢以為自己與別人有甚麼不同，誤以為自己能夠特別明辨真偽，創造真理。愈是博大精深、愈自以為宏觀和惟我獨尊的創見就愈危險。若上主要任何人明白任何事，祂會啟示自己，祂會發聲。我寫這本書的時候，每每禱告、靜思、積極被動，以免人性的愚昧錯漏阻礙祂向世人通傳的真理。筆者所作的，只是接收、領受、觀看、配合，一切由祂來愛護、來管理。筆者被《射鵰英雄傳》裏面丐幫幫主交棒的儀式所深刻震動。所有丐幫幫主，若要接受打狗棒，同時就要接受唾涎，這是何等精深的道理！非以役人，乃役於人，也是這本書探討心理學問的態度。若筆者同樣流露著人性的愚昧驕傲，惟望體恤指正。

我們同有一位神，只有一位主，就是甘願卑微，與我們認同、愛我們到底的主耶穌。

我所揀選的，我的心喜悅他；
我已經把我的靈賜給他，
他必把公理帶給萬國。
他不呼喊，也不揚聲，
也不叫人在街上聽見他的聲音。
壓傷的蘆葦，他不折斷；
將熄滅的燈火，他不吹滅；
他忠實地傳出公理。
他不灰心，也不沮喪，
直到他在地上設立公理，
眾海島的人都等候他的教訓……
「我耶和華憑著公義呼召了你；
我必緊拉著你的手，我必保護你，
立你作人民的約，作列國的光，
為要開瞎子的眼，
領被囚的出牢獄，
領住在黑暗中的出監牢……
現在我說明新的事；
它們還沒有發生以前，我就先說給你聽了。」

——賽四十二 1~9；《新譯本》

第 2 章
「婚外情」的噩夢：心理與心靈割裂的實例

輔導就是看進人心靈的深處，把説話説進人的心裏去。

人類的心理和心靈狀況原是密切相連的。心理學又因何脱離了心靈的母體，成為流浪的孤魂，最終竟成了靠著巧合碰撞和推理而生產出邏輯因果的機器？

2.1 心理與心靈脱鈎

人對別人的行為活動發出探問，不外乎因為內心有一份自發的求知慾與好奇。為甚麼一個人抬頭望天，會引發一大羣人也都抬頭望天？這是怎麼樣的心理活動和心理反應？我哄這個小孩睡覺，他立即入睡；你哄這個小孩睡覺，他卻總是東張西望，這又是甚麼心理反應和心理互動？

這些都是蠻有趣的現象探討。所以史堅拿（B. F. Skinner）用一隻狗、一塊肉、一個小鈴，反覆實驗，發現了動物行為的制約反應，而這發現也能應用到人類教育和學習行為上。

可是，當我們看見另一個人飽受精神折磨，不斷把頭撞在牆壁上，又要跳樓、又要自殺，我們生發人類的惻忍之心，要去救援他、扶助他，我們就逐漸踏進人類的苦痛範圍。那不是皮肉之痛，也不是神經痛，那是心靈的痛楚。

近十年，青少年盛行一種自我傷害的「㓟手」行為，用刀片在自己的手臂上㓟出一條一條血痕，聞者心酸、看者動容。但當事人卻好像毫無知覺，一雙玉臂爬滿了火車路軌般的傷痕。學校社工也為這些青年學生難過，想要提供協助，但這些學生往往最叫人傷腦筋；久而久之，大家都對此行為變得麻木而無奈。

當筆者督導這些學校社工時，他們十分勤奮賣力，會嘗試從各種心理分析理論來分析學生的情況。最普遍的就是「以行為吸引注意力」(attention-seeking) 的說法：大概這個學生成績惡劣，家境複雜，得不到別人的注意，所以用「㓟手」的行為來引人注意。於是，應對的方法就是：無視他的自殘行為，而儘量注意其他方面優良的行為，就會消減他自殘的效益，繼而令他失去自殘的動機。

驟耳一聽，就知道這些想法是受了「行為治療法」影響：首先將自殘的行為與效果利益作出直線的觀察，再推論出行為背後的動機。既然每逢「㓟手」，同學與老師就會加以關懷和慰問，於是自殘者就得到了正面的回饋，鼓勵他重複這個行為。所以，行為治療師的治療方向就是給他負面的回饋，責罰他、忽略他，讓他得不到好處，就可以以反面的方式制約他的行為。這樣可給他重新學習如何恰當地獲取注意的機會。

然而，這樣的分析和做法卻不奏效。這些社工，又勤力進修，又應用學問，卻不收效，何解？在督導的時候，我反問這些又求知又善心的社工：

「你們有嘗試過極度的痛苦，無法表達的痛苦嗎？」

眾人眼仔碌碌，默不作聲。

「有沒有讀過米蘭昆德拉 (Milan Kundera) 的作品《生命中不能承受之輕》(*Unbearable Lightness of Being*)？」

沒有學生點頭。

「當中有一幕是這樣的：女主角特麗莎看見自己的男朋友托馬斯與另一位女士在牀上做愛，她用一枝針刺穿自己的手指，臉上顯露扭曲而痛楚的表情。這是甚麼意思？」

資深的社工回答說：「因為她太過痛苦。」

「對，她承受的是心靈的痛苦、無法言宣的痛苦，於是藉著身體神經的痛楚去抒發出來。但那身體的痛楚不及心靈萬分之一的痛。」

「有些行為是得不著利益的，即使獲得小小注意，那利益也抵不上滿身疤痕的代價。那不是任何利益驅使，那是自我懲罰、自我放棄，以表達心靈的無奈和痛楚。若你能體會到這一點，你可以真誠地走近她，拖著她的手，溫暖地說：『呀！你一定承受著極大的心靈痛苦、說不出的痛苦。每一刀一劃都寫著那說不出的故事。』」陳述之時，筆者代入其中，看見青少年人的悲痛，幾乎流淚。

一眾無言。

但在座每一個社工的眼神都顯示他們領會我所說的是怎樣的真相，也有人眼中閃動淚光。

這是心靈的故事。每一個人的心理行為和心理痛苦都隱藏著心靈的故事。

輔導就是看進人心靈的深處，把說話說進人的心裏去。

人類的心理和心靈狀況原是密切相連的。心理學又因何脫離了心靈的母體，成為流浪的孤魂，最終竟成了靠著巧合碰撞和推理而生產出邏輯因果的機器？

心理學、文學、神學、靈修學是不同的河道，引領我們認識人，何以為人，以及如何成為豐足的人。只可惜，十八世紀啟蒙運動以後，各家學說分散獨立發展，關乎人的學問變得支離破碎。於是乎，現代出現了一個奇怪的現象，那就是原本相關的學問，卻要分別送去六、七個專科，分門別類去審測和處理。

心理輔導所面對人類經歷的困難，可分幾個層次：

- 居無所，食不飽，穿不暖：欠缺生存的基本資源。
- 欠缺知識：不懂讀書技巧；不懂交友技巧；不懂求職等等。
- 生活壓力、疾病。
- 情緒困擾：家人關係失調，自我衝突，社會關係失調。
- 心靈的創傷：遭侵犯、虐待、遺棄等等。
- 心靈的抉擇：婚外情，離合抉擇等等。

上述分類只屬一種困難性質層次的分類，這個分類讓我們大約看出一個輪廓。1 至 3 類屬於資源運用，知識技能可以解決的問題。4 至 6 類屬於精神困擾，更深入到人類心靈的層次，相關問題都會牽動人的心理反應，甚至牽涉人的心靈處境。4 至 6 類困擾顯然座落於人類心靈的位置，而且挑戰著人類心靈裏那光明和幽暗的真相。

2.2 婚外情的噩夢：展現心理與心靈割裂現象的多層次實例

為了使我們的討論更加踏實明確，筆者想以「婚外情」個案作為實例，去闡釋心理學如何與心靈分家，心理與心靈的裂縫如何影響輔導員（包括基督徒及非基督徒）的輔導手法，窒礙輔導過程。

在訓練課程中，筆者經常問一個問題：到底「婚外情」的婚姻問題牽涉甚麼層次？事實上，婚外情是一個多層次、多面向的關係展現，緊密互扣，不能分割，筆者認為婚外情牽涉以下各層次。

2.2.1 心理層次

處理「婚外情」個案要涉及許多心理知識：

1） 包括個人在幼年成長期與父母和摯親的相依經驗，如何直接和間接影響當事人成年後如何尋找親密關係。近二十年來，相依理論有豐富的研究發展，形成寶貴的參照知識。

2） 犯錯及欺騙會令人產生極大的心理壓力，為了平衡及緩和這極度巨大的壓力，當事人會施展各種心理防衛機制：合理化、自圓其說、將過錯投射到他人身上、美化錯謬的事實……等等，自衛心理的知識有助我們接納及了解當事人各種表現。

同時，筆者在臨牀實務經驗中，觀察到一種物極必反的逆反心理：當事人到了無法為心理自衛找藉口的關頭，便會將現實的黑白對錯全盤顛倒，去平衡內在的心理壓力。譬如說：「是婚姻制度及教會規條逼我走入窮巷……」，「是沒有愛的婚姻虧負了我，束縛了我……」，「妻子有許多人同情，所以她是得勝者，也是欺壓者；婚外情人活在黑暗中，受人指責，她才是受害者，受欺壓者，我要維護她、保護她……」

這種違逆自己道德良知而產生的逆反心理，很值得多作臨牀實務研究，而目前這方面的臨牀實務研究非常不足。

3） 當事人經常處於道德兩難：一方面渴想自己能不羈奔放，隨著感覺追逐所愛；另一方面又不想傷害他人，不想說謊，不想對別人的人生造成無可彌補的痛苦。

在道德兩難之中，人的心理規律如何運作，有甚麼心理掙扎？臨牀實務研究匱乏，因為心理治療師一旦踏進道德範圍，就會被扣上「不專業」的帽子，為了自保專業，他們絕對不會踏入這些禁區。

4） 第三者依戀有夫之婦或有婦之夫的心理特徵和心理矛盾，這方面的臨牀實務研究也匱乏。
5） 罪疚心理和遺憾的心理知識。
6） 相依關係在面臨崩解的邊緣有何心理現象、流動和變化？
7） 相依關係的建立或崩解，對個人身分、自我觀感及心理健全有何影響和意義？
8） 信任破產的心理重建歷程。

筆者在實務中，由於整合信仰與人性的全面參照，不斷領略和觀察到上述心理知識，而事實上，這些範圍的研究由於心理與心靈的裂縫，盡是禁區，所以，上述知識的相關研究十分短缺，隨手執一環，作深入研究，就是一個博士研究的良好課題。

2.2.2 羣體心理層次

1） 個人在羣體的壓力下行為有何正面、負面變化？
2） 在曝光或暗中情況下，以個人行為去滿足心理渴求，其行為滿足感和心理反應有何異同？
3） 個人行為如何與周圍的人倫關係系統互動？
4） 親密關係的成長路線與愛的表達有何相互影響？

5） 夫妻雙方的家庭成員反應和互動如何影響婚外情的抉擇和發展？
6） 孩子在婚外情家庭有何心理反應與心理傷害、信念傷殘？

2.2.3 家庭倫理層次

1） 婚外情事件如何影響家庭的跨代情緒流傳及信念傳遞？
2） 造成這些影響的因素有沒有任何消解、糾正的方法？
3） 家庭生活發展階段與婚外情如何相互影響？
4） 如何體現家庭倫理之中的受傷與饒恕的心理歷程？

2.2.4 道德層次

道德層次是心理學家的禁區，然而，婚姻關係若牽涉暴力、性侵犯及婚外情的事件，就不能迴避道德責任這個存在的現實。

1） 精神戀愛、婚外性行為、背信棄約、說謊，是否犯了道德上的錯誤？
筆者早年處理一些婚外情個案，妻子是中國大陸移民，發現丈夫有婚外情，常常問筆者一個問題，丈夫明顯犯錯，為何法律上不給予他一個懲罰？筆者回答：「婚姻法例屬於民事法，不屬刑事法。」對她在道德上被欺負的心靈困擾，這個答案當然毫無幫助。
2） 倘若一個人非自願結婚，婚後找到一個深交的人，然後發現「相逢恨晚」，那麼，他勉強自己留在婚姻裏是錯？抑或放棄婚姻才是錯？

3） 倘若一個人離婚再娶，過了許多年後，與前妻舊情復熾，那麼他再與前妻保持友好關係：互訴心事、彼此關顧、定期約會，這些行為在道德上可以通融嗎？抑或是虧負了現任妻子？

4） 倘若一個人瞞著太太有了婚外情人，又於向第三者訛稱自己是一名單身漢的情況下，令第三者懷孕產子，那麼，這個男子該向誰負責？他怎樣處理這個僵局才算權衡兩害取其輕？

5） 一名自幼被寵壞了的男士戀上了婚外情人，而第三者是一隻彩蝶，有許多男子經常穿梭石榴裙下。這名男士自幼受母親和婆婆嬌寵，因經受不起冷落，更加立志勇闖情關，與一眾情敵一較高下，待碰到焦頭爛額，又回來求妻子饒恕。至於未來會否再度闖盪江湖，則完全是未知之數。教會傳道人叫這妻子饒恕丈夫，因為耶穌說：要饒恕人七十個七次。這妻子應該饒恕丈夫嗎？

6） 在婚外情個案中，誰要向誰負責？第三者有沒有道德責任？要向誰負責？誰要向小孩子和傷心的當事人父母負責？

7） 「表白」愛意有沒有倫理道德界線？

要列舉出來，可能還有許多。一般情況，輔導室是一安全、接納的空間，容許當事人接觸自己的內在景況，並覺察自己的心理流動，很少集中理性討論。然而，倘若當事人深感道德困擾，提出討論，輔導員也不應迴避。（往後我會舉一個例子，說明如何協助著重理性的案主梳理他們的道德困擾。）所以，輔導員需要通曉這些倫理立場，才能協助當事人更誠實地面對自己、面對處境、面對未來。相對主義興起以來，心理學科目中的倫理課題無聲無息地湮沒和殞落。畢業的社工和輔導員，甚至神學生，沒有足夠的思維裝備去應付這些複雜的家庭倫理課題，面對婚外情種種千絲萬縷的倫理關係，剩下一片迷惘。

2.2.5 心靈層次

筆者認為婚外情的心靈層次是最為重要的層次，也是最被忽略和最被誤解的層次。教會在宗教改革以後，為了迴避天主教教義上的錯誤，對過往的修院靈修操練，以及各種心靈世界的律動，一概予以否定，認為都是主觀、神祕、危險的事情。

馬丁路德（Martin Luther）、加爾文（John Calvin）及福音派一脈相承，強調理性、研經、講道，配合了十七世紀的啟蒙運動、樂觀理性主義、科學精神、經濟制度和企業管理精神的變革，主流基督教會變成許多宗教術語和概念名詞的大集匯。至於心靈的悸動和心靈的明辨，成為一大缺失；八十年代靈恩運動興起，正正說明了教會這個巨大缺口使信徒營養不良：頭腦發達，心靈飢瘦。可是靈恩運動又傾向偏側於非理性的主觀情緒經驗，歌頌神恩奇蹟，失卻明辨真理的操練。

筆者細心反思，想強調心靈層次與道德層次之不同。

兩個人有相同的行為，在行為本質上有相同的道德判準；然而，這個人對自己這個道德判準或行為後果所產生的心靈回應，才呈現出個別的心靈素質。

主耶穌在世之時，道成肉身以教導我們關於心靈的真理。淫婦、稅吏與法利賽人，在道德行為上高下立見：前者道德低劣，後者道德高尚。但淫婦和稅吏對自己的行為所產生的悔恨和羞恥感，就是他們心靈優美的地方。法利賽人對自己的道德沾沾自喜，完全看不見自己的盲點，所以他們心靈素質平平，甚至可謂眼盲耳聾，不能認出站在他們面前的就是真理。

又舉例說，耶穌釘十字架時，身旁有兩個強盜。他們犯了一樣的道德錯誤，但他們對他們眼前具體活現的真理，有不同的心靈反應。一個語帶侮辱和譏諷說：「你不是基督嗎？救你自己和我們吧！」另一個說：「你是同樣受刑的，還不懼怕神嗎？我們是罪有應得的。我們所受的與所作的相稱，然而這個人沒有作過甚麼不對的事。」（路二十三 39~41；《新譯本》）第二個強盜心存畏懼（心中有神），承認而且悔悟自己所犯的過錯，他的心靈清醒，認出耶穌將會是得國降臨的救主。由此可知，這兩位強盜的心靈景況很不一樣。結果，耶穌答應將與道德敗壞但心靈美麗的強盜同在樂園裏。

接觸婚外情個案中各方當事人，使筆者發覺，面對類似的道德行為，不同的人會呈現不同的心靈素質。

讓我舉一些例子：

- 有案主一覺察自己對同事產生思念和非分之想，就立即求助，叫筆者幫助他離開這種依戀的陷阱。這個人的心靈十分美麗，充滿意志、覺醒和誠實。
- 有案主一發生了婚外性行為，隨即產生心靈劇痛，翌日就去尋找傳道人認罪悔改。這個人心靈誠實，對神恭敬而畏懼，上主喜悅他。
- 有案主不敢向輔導員披露自己的婚外性行為，因為怕令輔導員失望、傷了輔導員的心。他十分自慚形穢，而且決心悔改。這個人重視聖潔，關心他人，對自己有良好的期望，心靈十分美麗。
- 反之，有些案主大大聲說：「我知道我的行為好自私，但我不後悔，我有錯，太太也有錯，我只想尋找解決方法。」這個人道德上坦率誠實，還算可愛，但心靈遲鈍麻木，失去知覺。

- 亦有案主結上婚外情緣，累得配偶不斷只想自殺。他毫不同情配偶，更討厭教會牧師稱他的行為是犯姦淫。他認為上主早就寬恕了他，他認為自己沒有犯姦淫，而是找到了真愛。他一心只想找一個方法處理孩子的撫養問題，然後自尋幸福。這個人性情強頑，心靈麻痺而冷酷，任人如何認同引導，也毫不動容，這個人是一個自信好勝的鬥士，他的人生將會十分艱險。

如何去明辨一個人的心靈狀況？這是很微妙的，人與人的心靈由感知而相通，沒有絕對的方法。感通別人心靈所需的敏感度和準確度，完全由謙卑虛己而來，持續的靈修感悟，由內住的聖靈去明辨、去說話、去反應，是最好的辦法。

2.2.6 神學層次

對於牽涉人間苦罪懸謎的心理痛苦，神學層次是最為重要的。神學層次高度地整合人生各層次的相互關係，神學家需要回答以下問題：

1） 在婚外情個案中，若果由主耶穌去輔導，祂會如何兼顧情與義？
2） 在神學上，何謂親密關係？何謂愛？
3） 婚約有何本質上的含義？未信主的夫婦的婚約，與配偶其中一方信主的夫婦的婚約，以及信主後又離棄信仰的夫婦的婚約是否相同？
4） 婚外情 / 婚外性行為本質上如何得罪神？如何得罪自己？與

人類心靈素質有何直接、間接關係？

5） 情慾與性有何心理意義和心靈意義？
6） 「婚姻」有甚麼神學意義？
7） 人類進出關係的抉擇，有何神學指引？
8） 教會面對那背棄了婚姻盟約的弟兄姊妹，應饒恕？應代求？還是要執行紀律？紀律、恩典、懲罰，可有神學上的指引？如何決定？如何實踐？
9） 「婚外情」是否犯罪？若有罪，是甚麼罪？這種罪與其他企業犯罪、政治犯罪、貪戀權力和金錢的犯罪又有何異同？其他罪又是否需要公開處分？

神學院經常跟著西方的議題走：與其花時間去思想神能否造一塊自己搬不動的石頭，不如花更多時間去研讀、聆聽父神在家庭關係倫理上所啟示的真理，讓平信徒有更適合的參照。

2.2.7 社會文本層次

不同年代對家庭及婚姻有不同的描寫。例如：

- 五、六十年代維護家庭整體幸福，第三者被描寫為闖入別人家庭，破壞別人家庭幸福。
- 八十年代以後，個人主義冒升，第三者被描寫為被人誤解的受害者。
- 九十年代，第三者被描寫為拯救別人脫離家庭枷鎖的勇敢犧牲者，沒婚外情的一方被描寫為厚顏無恥以婚約束縛伴侶的自私的人。
- 千禧年代，第三者公然挑戰夫婦間沒有婚外情的一方：予以威嚇，公然示威，公開搶奪。第三者視婚約為世俗的權力手段，捆縛人不能尋找真我。

這些是社會雕塑出來的其中一些文本，其他還有對於「性」的想法、對父母親職的想法等等，都在不停旋轉、更換主調。人置身其中很容易習非成是，或是迷失其中，輔導員要心思清純細密才能嗅到各種時代文本的變調如何支持著人的心理自欺。

有時候，輔導員自己也缺乏反省，採取時代的論述，強化案主的迷思。

舉例說：一位太太有婚外情，起初充滿內疚，十分掙扎，一位輔導員為她進行輔導；做了十節輔導，給她這樣的信息：「你與丈夫南轅北轍，是很不相同的人，火星撞地球相處很辛苦；你自幼太乖太聽話，守規矩做人，沒有時間追求夢想。你現在的婚外情人似乎代表著你的夢想，你去想一想，你要尋找甚麼？」這番說話表面看來好像沒有立場，其實是一種敲擊性的標點語（punctuation），標點語底下暗示了不少引導性的弦外之音。

更為中立而不受社會文本建構的信息影響的輔導員，可以這樣表達：「這樣聽來，你與丈夫之間有許多個性差異，雙方一定相處得很辛苦。我有興趣了解你們雙方在這些差異中怎樣維持了這些年的關係？你們如何在差異中互補和融合呢？聆聽你的成長背景，了解到你自幼循規蹈矩，缺少了探索人生的機會。請幫助我了解你的循規蹈矩如何造就了今日的你？有些甚麼得益？又有些甚麼欠缺呢？循規蹈矩很多時候可以為闖蕩江湖作好準備，你有沒有跟丈夫分享你的喜與悲？如果你未有能力與相識多年的丈夫去分享夢想、尋找夢想，你又如何得著信心與剛相識的人分享夢想、尋找夢想呢？」

以上的標點語是否更具開拓性，更符合人生弔詭的現實，在諒解的同時給予案主更大的反省空間？輔導過程中的標點語具有很大影響力，標點語亦有意無意地洩露了輔導員的世界觀、人生信念與潛意識，身為負責任的輔導員，的確要常常慎思明辨，自我反省。

2.2.8 婚外情的時代論調

在婚外情的輔導訓練工作坊之中，為了訓練輔導員和社工更加謙恭開放，慎思明辨，我會陳列一些時代論調，鼓勵輔導員和社工與這些論調對話，去反思自己個人的人觀與世界觀。

在此把一些有關婚外情的時代論調羅列出來，你也不妨以開放誠實的心情與之對話，了解一下自己的人生觀、愛情觀、婚姻觀與世界觀。現今有關婚外情的論調是：

- 婚外情並非現代產物，古代也有，所以是人之常情。
- 若果婚後才發現 / 碰上自己所認識的最愛，彼此感情投契，為何要為了責任犧牲真摯的感情？
- 我對太太和第三者一樣付出真感情，有何不對？
- 若果對方真的愛我，就會給我自由，愛不是約束而是釋放。
- 感情已逝，又怎能挽救？勉強無益，留住一段空殼婚姻，否定自己的真感情，人生還有甚麼意義？難道上主如此獨裁和不近人情？
- 我的感情已經給了第三者，這是縱使下地獄也沒法改變的事情，惟有偷偷隱瞞丈夫 / 太太，我深信上主會寬恕我。
- 婚姻要基於彼此相愛才有意義，失去了愛情，只為了制度、別人眼光和責任而維繫婚姻，還有甚麼意義呢？

- 我只是精神戀愛，沒有肉體關係，又沒有傷害配偶，有甚麼不可？
- 試問沒有愛，怎能強逼自己留在空洞的婚姻關係中？
- 感情是我無法自控的，雙方都動了真情相愛，所以不算淫亂。
- 社會已變，為何教會這麼專制？要限制人的行為？
- 我承認婚外情是犯了罪，但我已認罪，上主已經饒恕我。我可以帶第三者返教會，我會悔改，不會與第三者分手／離婚的。
- 若然配偶真正愛我，就會給我自由，尊重我的感受，否則，他也不見得是真的愛我。
- 我說要離婚，雖然很多人支持我太太，她還是受傷痛苦；我說要離開第三者，第三者受傷，還沒有人支持她，她豈不更慘？我兩個也不想傷害，所以你又叫我如何是好？
- 婚外情只是我們三個人的事，其他人無權干涉。

試想一想，倘若你的朋友或案主與你陳述以上的話，你會怎樣回應呢？

2.3 如同羊沒有牧人一般

要細心思量上述種種習非成是的時代論調，實在需要內心有通達的獨立思考能力，才不會常常被世間思潮吹得搖擺不定。輔導員需要虛心細察，案主哪些論調是借來掩藏內心情感的渴望，哪些才是真實的思想掙扎。一般情況下，在能疏解一己的內心情緒和心理需要後，才有空間去進行純粹的思想掙扎。輔導員是一名陪伴者，覺察到對方在哪個境地，就在那個境地停留。

輔導員與案主站在同一境地，在不需進行拉鋸的情況下，當事人才有足夠的空間，去檢視自己的思想矛盾之處。

上述的時代論調，筆者不想在這裏逐一拆解。筆者只想借此一隅，點出一些核心的思想謬誤，讓大家再仔細推敲。**人在解除婚約時所面對的矛盾，是自己與自己的矛盾，是內戰而非外亂。**人是自己最大的敵人，人由於無法承認內在混亂幽暗的一面，於是將痛苦往外投射，尋求開脱，諉過於社會規範、家庭制度、教會壓力。(往後會在本書第8章，再作深入解說。) 事實上，人類核心的矛盾存在於人的內心。

曾經與一位誠懇的案主度過了婚外情緣的種種波濤起伏，到達了內心思考的安寧境地，我們有如《相約星期二》(*Tuesdays with Morrie*) 一般輕鬆而嚴肅地思考人生答案，思辨完畢，筆者把我們討論的大綱和總結撮錄如下寄給他參考。在這裏也可與讀者分享。

與案主的討論大綱及撮要

如何作決定是否離開第三者？

用甚麼原則做決定？

1)「不」→不以「感覺」做決定

理據：感覺是真實而有價值的，但不能用來做決定的主要原則，因為感覺隨事物、心情、環境、自我成長，都會時刻變化。

2)「不」→不以妻子和女朋友的比較做決定

理據：妻子和女朋友都是人，都是尊貴的個體，是需要尊重的受造者，不能拿來比較，這對任何一方都有「物化」的傾向，都不公平。

3）影響決定的主要範疇

a. 衡量這決定對自己，對別人的影響：
- 對自己
- 對妻子
- 對家人、朋友、兄弟
- 對第三者

思考的原則：
- 減少傷害
- 建立別人
- 衡量社會後果和示範作用

b. 如何連結前半生和後半生的歷史？

c. 婚姻有何意義？

d. 何謂盟約？

e. 甚麼情況下解除婚約還能夠裏外一致地對得住自己、上主、妻子和信任自己的人？

這一些考慮有沒有淩駕一切的至高原則？
- 「你們要先求祂的國和祂的義，這一切都加給你了。」[1]
- "Decision defines a person."

1 這不是Conditional Statement（條件交易），這是Intrinsic Statement。Intrinsic Statement是一種內蘊因果的句子。比喻：魚兒羨慕青蛙可以入水能游出水能跳，自己卻沒有這能力。那是不可以用任何條件來交換的，那是一種生命素質使然，青蛙憑牠的生命素質享受入水能游出水能跳的樂趣。尋求神的國和神的義的生命也會產生生命富足的自然後果。

遵守這些原則是不是很 / 太「偉大」?

不，這些只是人類天生的基本法則：孟子說的惻忍之心，不傷害他人，不剝奪他人。

明白這些原則，但不能甘心情願去做，怎麼辦？

那是說明了那個人尚未脫離兒童建立道德界線的階段，仍然依循外在認同（by external approval）和本能的滿足來作行為決定。這是嚴厲的測試，看人能不能將認同的信念內化（internalized），成為內化確認的原則，並在運用的時候內心會喜悅而自豪。

為何真正實踐這些原則時這麼困難？

因為這是善惡力量對人格一個嚴厲的測試，讓我們能體會到始祖「明知故犯」的矛盾和陷阱：喜歡神祕、不可知、逾越既定範疇、證實自己……等心理。

邪惡聲音並不難聽，也有它本身自己一套道理，且具有吸引力，撒但看準人的弱點去吞吃人，例如名利心、權力慾、感情空缺、生活壓力……

如何分辨撒但和上主的聲音？

- 出於上主的：使人得建立，但不一定愉快；有時候，也有代價。
- 出於撒但的：不一定痛苦，眼前可以很甜蜜，滿足快樂，但結果是拆毀人。
- 人生之所以可貴，就是因人有權利和義務去塑造自己靈魂的素質。舉例說：浮士德（Faust）為了一些金錢出賣了自己的靈魂，這就是人生的代價。

- 反過來説，曾經經歷測試而戰勝的人，回過頭來可以建立許多人，包括自己的兄弟、教會、朋友。這個認真嚴肅的抉擇，也向婚外情人用生命演繹了信仰的真諦。

想像一下自己一生人不能欠缺的五樣東西是甚麼？

在你的喪禮，希望別人怎樣緬懷你？

案主的答案如下：

1）做個有情有義的人

2）值得人信任

3）給予別人關懷和愛心

4）責任感

5）分享開心

讀者讀到這裏，不知有何感想？若要誠實及認真地思考「婚外情」這個倫理關係問題，就不能不同意當中果真牽涉心理、羣體關係、倫理道德、心靈、神學、社會思潮各個層次。要良好地牧養會友，或當一個稱職而又有識見的輔導員，起碼要在各層次上付上深刻的思考，認識自己的個人立場，然後，再加上個人心理及家庭治療的充足訓練，才懂得協助正在受婚外情困擾的家庭。

可能，你會感到這要求太高吧？

其實，不是要求太高，而是我們在大學、在神學院、在書本所獲得的知識，都呈現出心理和心靈的裂縫，以致我們無論如何進修都嫌不足，就是這個原因。

在輔導室內外，常常看見、聽見這些心理與心靈割裂的例子：

- 一位受婚外情困擾的太太見心理學家，那心理學家說：「你要愛自己，為自己著想，爭取自己的人生幸福。作一個忠於自己的選擇。」
- 心理學家完全沒有陪同案主認識自己內在的心理矛盾，只高舉這些心理學的金科玉律，雖然心理學家說：「我不會為你作決定，你自己選擇吧。」但那選擇的方向卻呼之欲出。
- 一位私人執業治療師聽完丈夫的會談，知道丈夫去意已決，只是害怕太太承受不了。於是這位治療師對丈夫說：「你儘管假裝猶豫不決，對太太時好時壞，以免她有錯誤的期待，又以免她完全失望。我會舉行一些『自我成長工作坊』引導你太太增加自信、自尊，屆時你可以自然離開她了。」這心理輔導背後是甚麼樣的人生哲學？
- 一位資深基督徒輔導員，明知一位傳道人因婚外情而內心決定離開妻子，便刻意安排一次會談，讓傳道人親口對妻子表達離婚意向，使太太『死心』。當妻子哭得死去活來的時候，輔導員勉勵妻子要接受現實。這位輔導員果然受了深厚的心理輔導訓練，竟交由一個案主單方面自決夫妻倆人的命運，渾然不覺其處理手法完全割裂了心理和心靈世界。
- 相反，一位輔導員知道一位傳道人戀上婚外情人，只知在會談時直斥其非，直指他無顏作羣羊榜樣。每次輔導總是悔改祈禱，卻沒有其他進展。
- 一位牧者輔導一位會友。會友的丈夫十多年前要求離婚，繼而再婚並育有子女，牧者仍勸勉會友憑信心等候，無償饒恕，有一天上主叫浪子回頭，便可以重建婚姻！饒恕是好的，但是對方已經再婚十多年，還生了孩子，這番滿佈宗教術語的言論，似乎有點罔顧人生現實。

- 一位丈夫犯了婚外情，輔導員倡議他們辦離婚手續，妻子的姐姐因為外甥家庭破碎而心疼，求見輔導員以了解情況。基督徒資深輔導員回答案主：「她（姑媽）有何資格來見我，與她何干？這是你倆的私隱權！」這是怎樣的家庭觀、世界觀？竟胡亂借用「私隱權」名義去拒人於門外。
- 一位有婚外情的當事人，滿懷良心譴責和心理矛盾，見完了輔導員，心情輕鬆，因為輔導員鼓勵他有權追求他的「烏托邦」！

凡此種種故事，呈現了一個強大事實，心理和心靈在心理的學問和神學領域上徹底割裂，以致千萬心靈被誤導，千萬家庭受損傷。

主耶穌看見人困苦流離，如同羊沒有牧人一般，就憐憫他們。（見太九 36；可六 34）

今天，你也看見嗎？人困苦流離，如同羊沒有牧人一般！！！

第二部

為輔導心理學把脈

每當我重新仔細推敲每個治療師和心理學家的出生背景、人生發展，以至離世情況，我就有無限的歎息。看見每一個人在茫茫滄海裏緊捉一顆小貝殼或小珊瑚，為此而畢生努力，我就不禁滿懷淚水。無論他們走對了路或是走錯了路，只要他們曾經為案主投入關注、尊重、歡欣，我就會向他們鞠躬致敬。

心理學的內裏乾坤

二十世紀是心理學的世紀。[1] 五花八門的心理學說給人類提供的心理知識，的確眩目迷人。對於初入門的輔導者，甚至資深的輔導員來說，面對一本本沉甸甸的巨冊，囫圇吞棗，不但吃不下，甚至吃不消，形成消化不良、腸胃不適。

而且，不同的書籍，重複又重複地介紹不同心理學者的學說、概念和技巧；但到了輔導室現場，輔導者還是老鼠拉龜，無從入手。好不容易摸清一門學說的理論，應用時卻又發現可能與另一門學說互相抵觸，到底應如何捉摸各種心理學說的內裏乾坤，在運用時才能得心應手？

的確，大學府第與神學院現時的課程內容，未有詳細剖析不同學說背後的人觀、世界觀與應用的意涵。這是艱鉅的工作。要為心理學把脈，需要具備以下一些先決條件：（1）學習不同學說的內涵；（2）對不同學派的輔導歷程有親身體驗；（3）在實務應用上，經驗不同學派的效果；及（4）除了心理學說訓練，兼有神學訓練、靈修操練、歷代思潮與教會歷史發展的綜覽知識。具備上述條件，也許才有機會對心理輔導學說作出較為中肯的評價。這是何等艱鉅的旅程！在筆者與你一同展開這個嘗試之前，讓我們在此一同仰望我們的主。

因上主的恩慈，容許筆者擁有跟楊過相仿的學習生命，曾經歷過全真教、古墓派、黃蓉的自私、郭芙的任性，甚至絕情谷谷主的絕情道行……因而明白江湖險惡，亦稍微理解心理學的內裏乾坤。

---

1 Mark R. McMinn and Timothy R. Phillips eds., *Care for the Soul: Exploring the Intersection of Psychology and Theology*（Downers Grove. IL: IVP, 2001）.

讓我們一同謙恭溫和地追溯一下主流心理學說誕生及成長的過程，看看不同治療師和心理學家如何描述人生、如何理解人間的疾苦。心理學說淵博浩繁，若然在這裏逐一介紹和評論，此書便會成為另一本厚重的學術專書了。這類學術書籍並不難找，讀者可依自己的興趣繼續進修閱讀。筆者從神學探討中認識到「認識與存有」是合一的。[2] 簡單來説，一個人的背景、歷史、性情、動機、對世界的觀照模式與他們認知的知識，是不可分割的；所以，筆者會集中追蹤不同心理學家的成長和時代背景，以及他們的用心和活動，如何形塑了他們的學説。除此之外，更會以婚外情的實例作出點題的探討和説明，指出輔導者所學習的輔導理論，如何有意無意感染了輔導員，繼而影響案主與輔導過程。希望藉此與大家一起探討輔導心理學的內裏乾坤。

輔導心理學説兩大陣營

輔導心理學説可從它的發展分出兩大陣營：(1) 個人心理輔導理論；及 (2) 家庭治療的輔導理論。

在個人心理輔導理論之中又可大概分為三大主流學派：

1） 精神分析學派
2） 認知行為學派
3） 人本心理學派

---

2 M. Polanyi, "Science and Man's Place in Universe", in *Science as a Cultural Force*, edited by Hany Woolf (Baltimore, MD: Johns Hoskins, 1984).

個人輔導心理學說[3]

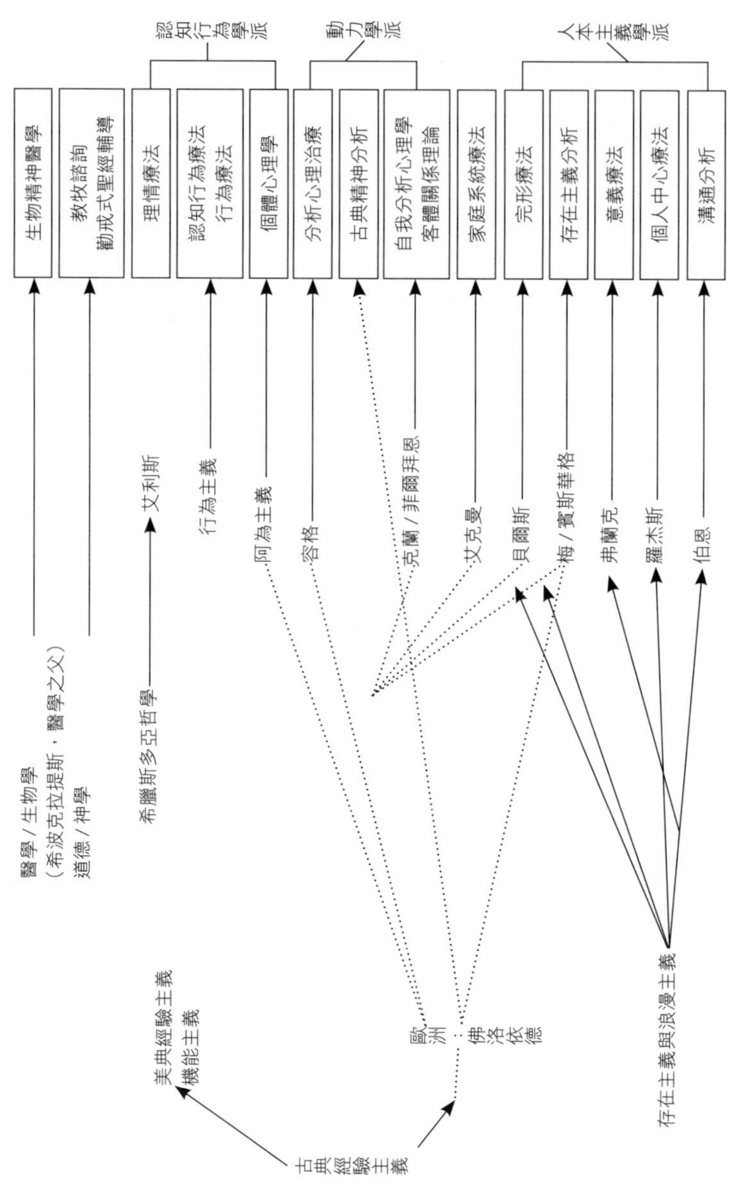

3 瓊斯（Staton Jones）1986 年的諮商理論及原則課程講義，惠頓學院研究所延伸課程，亦收於瓊斯、巴特曼：《當代心理治療》，周文章譯（台北：中華福音神學院，2004），頁 36。

在家庭治療輔導理論之中又概分為四大主流學派：[4]

1） 鮑恩的家庭治療
2） 沙維雅的家庭治療
3） 結構派家庭治療
4） 敘事家庭治療

家庭治療對家庭問題的想法

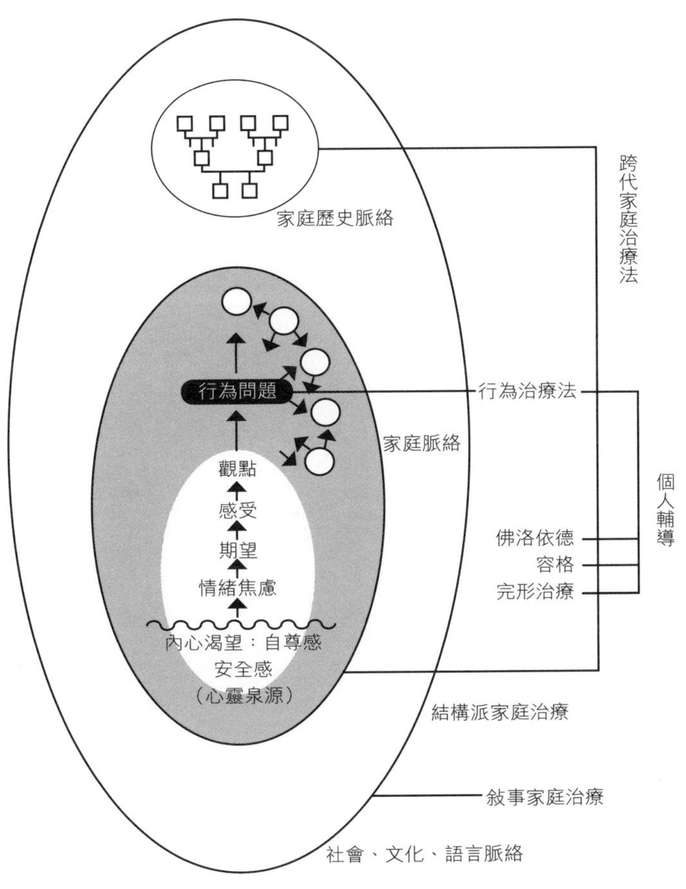

4 霍玉蓮：《婚姻與家庭治療：理論與實務藍圖》（香港：突破，2004），頁154。

第 3 章
為輔導心理學把脈（一）：個人輔導理論

～•～

趨樂避苦是人性的傾向，卻不是必然的選擇，更加不是人生的目的和理想。

～•～

我們先學會做一個「人」，才可以學做一個「助人的人」。

～•～

這就是我們對心理分析學説不能完全接納，又不能完全忽視的矛盾之處，因為人的性衝動、生死張力、夢境內涵是人類心靈深處共同體驗的原素材，佛洛依德運用他的聰明，巧妙地奪取了獨家解釋權而已。

～•～

3.1 心理分析學派

若要追溯心理動力學派的產生，可上溯至古典精神分析學派的鼻祖佛洛依德。佛洛依德與容格（Carl Jung）都是精神分析學派的主力人物，後來二人在形而上學的觀點上有所分歧，容格自行發展容格心理分析學派，佛洛依德其他門生又發展出新佛洛依德精神分析學派（Neo-Freudian Psychoanalysis），爾後又逐漸演進為心理動力學派（Psychodynamic Approach）。

我們沒有時間詳細研究所有人物，而佛洛依德又被公認為影響古典精神分析學最深遠的鼻祖，所以，接下來就讓我們嘗試與他做一次朋友，認識他的心理學說如何誕生。

3.1.1 佛洛依德小檔案

3.1.1.1 佛洛依德生平小傳

- 佛洛依德（Sigmund Freud）生於 1856 年，卒於 1939 年。
- 奧地利人，猶太血統，早年移居維也納。
- 出生於再婚家庭，乃家中長子，有八名兄弟姊妹，學業成績優異，深受父母寵愛。
- 早年生活不詳，因佛洛依德在 1885 至 1907 年間，兩次銷毀他的個人生平記錄。
- 在維也納大學讀書，早年鑽研鱔的生殖生態學問，屢受挫敗，毫無所獲。
- 後轉修醫學，深受德國物理學家布呂克（Ernst Brücke）的心理動力學說影響。
- 佛洛依德對「原我」的想法，深受同期的思想家尼采（Friedrich Nietzsche）所影響。
- 大學畢業後，成為執業醫師，主診腦神經科。
- 中年時期，自己出現許多精神情緒困擾，常造噩夢，及出現精神恐慌情緒。
- 心理學家高爾（Gerald Corey）認為情緒困擾時期是佛洛依德心理學見解的豐收期。[1]
- 晚年因過量抽食雪茄，患上下顎癌，動了過百次手術，要求安樂死而逝世，終年八十五歲。

1 Cerald Corey, *Theory and Practice of Counselling and Psychotherapy*（Pacific Grove, CA: Brooks Cole, 2001）, 125.

- 著有《夢的解析》(*The Interpretation of Dreams*)及《精神分析引論》(*Introductory Lectures on Psycho-Analysis*)等。

3.1.1.2 學說：精神分析學派

1. 主要學術概念

- 自我的人格構造：包含「原我」(id)、「本我」(ego)、「超我」(superego)。
- 意識與潛意識理論。
- 成長理論：性本能、尋死本能、內驅力。
- 防衛機制。

2. 治療手法及技巧

- 自由聯想。
- 夢的解釋。
- 移情及反移情。

3. 人觀

- 人等同一副受內驅力所支配的機器。
- 人生的目標就是邁向死亡，人類生活的行為受潛意識所決定。
- 人類潛意識具有生存和死亡的本能，即是性驅力和侵略性衝動。
- 成年人的行為主要受到人類出世後頭五年的無理性動力、無意識本能和個人性心理經驗發展所決定。
- 人的自我，是「本我」、「原我」、「超我」三者互相制衡的能量系統。

- 人類所有行為都是由趨樂避苦的原則（pleasure principle）所決定。

4. **世界觀：自然主義和決定論**

- **自然主義**假定宇宙完全由物質和能量組成，萬物現象都可以單憑物質的因果定律作出解釋，超自然世界並不存在。自然主義者認為宇宙本身是一副龐大的機器，其中有著複雜的因果互動。宇宙萬象背後，並沒有任何神聖計劃，現實世界本身呈現殘忍嚴苛的鬥爭，這是一個所有事物都受「偶然因素」和「機緣巧合」所支配的世界。
- **決定論**假定人類一切思想、行為、決定，都只源於一連串的前因所導致。所以，基本上一切行為現象都是受前因所決定的。

3.1.2 回響

1. **猶太精英**

結識了這位奧地利猶太醫生，你有甚麼感想？筆者會倒抽一口涼氣，又佩服又心寒！這位猶太醫生的確聰明、機敏、勤奮、好學，思想系統既精微又龐大，不愧是猶太的精英！無論讀者喜不喜愛佛洛依德，他畢竟是二十世紀戰後四十年代一個思想巨擘，美國詩人奧登（Wystan Hugh Audew）評論佛洛依德說：「對我們而言，他現在不再是一個人，是整個輿論氛圍。」[2] 佛洛依德對文學和心理學界的影響是很深遠的。他的思想有如對現代精神的一種「腐蝕劑」，「顛覆了傳統價值觀」。[3] 世界上再

2 轉引自羅蘭．斯特龍伯格：《西方現代思想史》，劉北成、趙國新譯（北京：中央編譯，2004），頁 450。

3 斯特龍伯格：《西方現代思想史》，頁 450。

沒有神、沒有罪、沒有良知道德、沒有邪惡好壞，人生只是一連串互為因果的生物驅動力的必然現象。

容許筆者大膽評論：佛洛依德，聰明、機敏、才智過人，但卻不可愛。他的故事告訴我們，他基本上是一位冷傲自恃、不易親近的人物。難怪他所主張的治療手法，要輔導員與案主儘量保持距離，無需親近接觸。筆者會在後面的篇幅引述例子詳細說明。

從佛洛依德的人生，筆者有一個領悟：一個大膽、聰明、勤奮、成就慾強的人，加上後天的機會，就會成為著名人物，要不是成就大善，就是成就大惡！在此，眾生必須祈求上主憐恤，救我們脫離兇惡。

2. 學說的源起

佛洛依德的研究並非出於對貧苦病患者的具體承擔與關懷，而鑽研出來的一門精神病理學；他只是一個出名的優異學生，在學說叢中碰撞摸索，開出一條可以獲得榮譽的路途。這也是眾生常常選取的路，這個研究的動力既不是性驅力，也不是死亡驅力，而是「榮譽驅力」。可惜佛洛依德卻沒有特別研究這一點。

佛洛依德人生的碰撞過程是這樣的：起初是研究鱔的生殖細胞，希望藉此了解猶太人種族和不斷流徙的關連，可是他的研究失敗了。傳記研究學家推斷，這個生殖研究的挫敗經驗，也許埋伏了他日後對「性要求」、「性挫折」高度強調的潛在深因。[4]

4 B. R. Hergenhahn, *An Introduction to the History of Psychology* (Belmont, CA: Thomson Wadsworth, 2005), 475; D. Hothersall, *History of Psychology,* 3rd ed., (NY: McGraw-Hill, 1995); Expertensprechen zum Thema Aale web research.

佛洛依德使用id（原我）一詞，是受一位德國醫生格羅得（George Groddock）以及尼采的啟發。尼采更認為人性中隱祕的、未被文明化的「原我」（*das es*）的力量，潛藏在無意識之中。受到這些啟發，佛洛依德沿著人類趨樂避苦的傾向去創造出「超我、原我和本我」的觀念。**趨樂避苦是人性的傾向，卻不是必然的選擇，更加不是人生的目的和理想。**但自佛洛依德學說流行以後，趨樂避苦成為了似乎是必然和合理的選擇。相反，人類對良知、理想、美善人格的追求，被標籤為「超我」，被判為古老宗教權威的殘餘記憶。這個微妙的偷步轉化，直到今天仍然影響深遠，甚至成為人生態度的指南。

因為研究鱔的生殖生態無所收穫，佛洛依德轉到了醫學系。聰明的佛洛依德受到熱力學（thermodynamics）第一定律啟發，認為人類是一堆能量系統，逐漸發展出潛意識能量的心理學說。

佛洛依德的「自由聯想」治療手法本來是容格獨自發明的，[5] 佛洛依德借用之。筆者曾醉心文學，立即很明瞭「意識流」的小說技巧與「自由聯想」的共通之處，而這共通之處也是靈修操練中的默想、默觀、內觀的共同通道。潛意識和自由聯想，也是文學和戲劇的表現手法，經常用來呈現人類內心的善惡鬥爭。

佛洛依德憑他出色的推理和整合能力，在學術叢中碰撞、收集、整理，總結出他的理論。[6]

3. 驚人的影響力

據筆者觀察，中國人有盲目崇拜權威的傾向。於是，有一種普遍思想存在於中國人心裏：凡是有影響力的立論，大概不

5 斯特龍伯格：《西方現代思想史》，頁 388。

6 斯特龍伯格：《西方現代思想史》，頁 388。

會是「錯」的；但凡是博士及學者的立論，一定可取。結果如何？這樣的思想模式籠罩著社工羣體和輔導人員，形成自卑、崇拜權威、不求甚解的學習風氣。這現象讓我們體會胡適先生通過描寫「差不多先生」所發出的吶喊——說出中國人欠缺精確的思想和批判精神，要戒除中國人不求甚解的陋習。

筆者借佛洛依德來觀照一下「凡有影響力，就幾乎是真理」的思維。

首先，筆者絕不敢抹殺佛洛依德對心理學界及文學界的重大影響和貢獻，筆者只想提出不同學者研究佛洛依德立論產生影響力的因素。[7]

1）佛洛依德出生於仍然視「性」為禁忌的十九世紀。香港藝人森美和小儀的「出位」言論也曾引起公眾輿論的效果。佛洛依德在十九世紀大膽發表「性幻想」、「性衝動」這些立論，而且將這些討論由原本的「色情」層級提升至大學殿堂，怎能不引起嘩然反應？

2）佛洛依德把創傷性的體驗定位於童年經驗，認為精神病理來自孩童的戀母情意結。這立論大大刺傷了充滿浪漫色彩的維多利亞精神，孩童是天真爛漫的，這信念一下子變成神話。這當然會引起反感，而反感也就是「反應」，結果當然是引起廣泛注意。

3）十六世紀，教會因宗教改革運動而分裂，隨後馬克思（Karl Marx）、達爾文（Charles Darwin）的思潮使教會充滿危機感；浪漫主義過去以後，又到實證主義抬頭。普法戰爭中德意志思潮勃興，人類精神苦悶，尼采說：「上帝已死」。

7　斯特龍伯格：《西方現代思想史》，頁 388。

佛洛依德對於「人」的思考，全面又廣泛，正好填補這個精神苦悶的空位。

4） 按斯特龍伯格（Roland Stromberg）觀察，佛洛依德成為一代奇才的關鍵，在於他文學根柢深厚，他倡導的概念如：「戀母情意結」（Oedipus Complex；又作伊底帕斯情意結，源自希臘神話）、「自戀情意結」（Narcissism；又作水仙子情意結，源自希臘神話）、「情感淨化」（Cartharsis；又作清滌作用，原為文學理論之一）等，全部有文學的根源可尋。這有助於使他倡導的概念普及化，並且產生說服力。[8] 他的影響力，其實也來自文學的共鳴和震撼力。

5） 筆者認為佛洛依德提及的性衝動、生死驅力、戀母情意結、夢境的內涵等等，觸及人類心靈深處的共同經歷。佛洛依德經歷中年危機後，情緒困擾、抑鬱、失眠，但這也是他觀察和創建的豐收期。由此可見，當一個人深入體驗和觀察自身痛苦的時候，才能發現人類共通的心靈流動。佛洛依德只不過為自身經驗冠以新的心理學名詞和機械論的解釋而已。

這就是我們對心理分析學說不能完全接納，又不能完全忽視的矛盾之處，因為人的性衝動、生死張力、夢境內涵是人類心靈深處共同體驗的原素材，佛洛依德運用他的聰明，巧妙地奪取了獨家解釋權而已。佛洛依德不但影響心理學，也影響文學，甚至影響維根斯坦（Ludwig Wittgenstein），也難怪李普曼（Walter Lippmann）這樣評論：「這位維也納心理學家已經對人類的思想和行為產生了衝擊，其後果很少有人敢去預測。」[9]

8 斯特龍伯格：《西方現代思想史》，頁 386。

9 斯特龍伯格：《西方現代思想史》，頁 449。

4. 佛洛依德的學說如何直接間接影響心理治療？

在此，筆者願以婚外情個案作實例與各位讀者分享討論。

我無法控制自己

在輔導室，我們經常聽見案主說：「我無法控制對她的感覺和幻想。」

「我不知不覺愛上了他，這是我無辦法的。」

若人類是一堆能量系統和決定性的潛意識的驅力，人類的確可憐，的確無法自我控制。

案主說：「我不停在壓抑，沒有用，我覺得自己好虛假，我不能再壓抑下去。」

「……我知道她有男朋友，我又結了婚，我實在不應該向她表示愛意；但我真的有這個衝動，為何要壓抑呢？」

輔導員說：「你既然這麼痛苦，就依你所喜歡的去行吧！」

各位是不是很熟悉以上的論調呢？（還有更多，不能盡錄。）

如果這個宇宙沒有終極的美善邪惡，也沒有終極的人生目標，趨樂避苦不是最切合人情的嗎？可是這個人的快樂若造成別人痛苦，那又如何計算呢？佛洛依德晚年時，對於個人衝動與集體利益的矛盾衝突存悲觀看法，認為這矛盾是永遠也不可以解決的。[10]

其實佛洛依德持一個自然主義世界觀，若然忠於他的思想，應該對人生現象持一個「純粹白描」的態度——描述所有事

10 斯特龍伯格：《西方現代思想史》，頁 449。

物間的偶然碰撞和關係，而不指出任何價值取向。可是，他的言論其實又隱含了價值取向。例如：性壓抑造成了精神病，因為精神病是不好的，所以性壓抑也是不好的。又例如：一個人的「本我」想侵犯一個異性的肉體，但他的「超我」卻說那是不尊重人的行為，那麼該由誰來掌管判辨「本我」和「超我」? 誰能評價「本我」性侵犯的慾望是正常的，還是不可取的？誰可以評價「超我」的約束機制是美好的，還是壓抑「真我」的規條？若根本完全沒有外於本體的恆真判準，那就根本不必掙扎了？

當輔導員以趨樂避苦原則為判準，鼓勵案主追求自己的「喜好」，輔導員已經離開了唯物論和自然主義，把趨樂避苦原則晉升成為終極真理，整套輔導理念裏的世界觀就完全自相矛盾！

當輔導員隱約認同釋放「本我」的本能衝動等於釋放「真我」，就是把人類的「真我」貶低為動物本能和不受控制的衝動。這是對人類怎樣的描寫？怎樣的侮辱？[11]

5. 弱點和限制

佛洛依德影響深遠，但卻與好幾個重要的心理學大師交惡，在學說上分道揚鑣，這現象說明了佛洛依德學說的一些限制。

a. 容格：「形而上學」觀點分歧

佛洛依德出版了《夢的解析》一書後，震撼全歐洲。容格慕名拜訪，二人惺惺相惜，興趣相投。可惜，彼此親如父子的關係只維持了九年。1909 年，容格有一天就預知論和心靈學垂詢佛洛依德的看法，佛洛依德劈頭回答：「純粹是胡說八道！」佛

11 佛洛依德本人的性道德如何？曾有人推斷他與小姨發生性關係，並懷孕墮胎。若然事實果真如此，想來也並不稀奇。Hans Jurgan Eysenck, *Decline and Fall of the Freudian Empire,* revised edition（Edison, NJ: Transaction, 2004）, 146.

洛依德對心靈世界如此粗鄙和膚淺的回應，使容格和佛洛依德從此各走各路。[12]

b. 貝爾斯：切割抑整合？

完形學派（Gestalt Theory；又作格式塔理論）的貝爾斯（Fritz Perls）也曾經追隨精神分析學派，而且他當時已是一位出色的精神病治療師。1936 年，貝爾斯也慕名親自拜訪佛洛依德，希望彼此交流意見，佛洛依德聽了幾秒鐘，然後閉上眼睛說：「嗯！你打算甚麼時候走？」[13] 佛洛依德的傲慢和侮辱，深深地刺傷了貝爾斯的自尊心。筆者觀察到，日後貝爾斯所發展的完形治療，背後的假設與傳統精神分析學派完全背道而馳。佛洛依德將人內在潛意識不斷切割成更細的組件而作出審視和分析，例如：將一個我細分為三個我、將慾望細分為兩種不同驅力；而貝爾斯的完形治療則把人內在分裂的潛意識整合共融，例如：將在上我（upperdog）和在下我（underdog）結合、將對立的理性和情感結合共融等等。貝爾斯走跟佛洛依德相反的路。

c. 阿德勒：對於價值觀的挑戰

還有一位心理動力治療師值得一提，雖然他並沒有與佛洛依德明顯交惡，但他提出重要的治療觀點，徹底挑戰佛洛依德的想法。

阿德勒（Alfred Adler）認為心理動力學**若不談及「人類基本價值的考慮，根本就沒有完整的人生**」。[14] 阿德勒認為人類不能單單由自我審視、自我分析而產生自我理解，藉此就能獲得幫

12　盧德：《容格宗教心理學與聖三靈修》（台北：光啟文化，2004），頁 50。

13　彼得．班克特：《談話療法：東西方心理治療的歷史》，李宏昀、沈夢蝶譯（上海：社會科學院，2006），頁 312。

14　班克特：《談話療法》，頁 146。

助，治療關係一定要建立在基本價值和意義追尋之上，對別人的關懷、鼓勵是治療的重要基礎。不久，阿德勒也在日後的發展中離開了精神分析的陣營。

6. 精神分析學派對信仰的潛在貢獻和整合方向

a. 每一個抵制力都反映上主的奧祕

寫到這裏，請容許筆者崇拜頌讚我們的上主是多麼奧妙神奇！祂可以容納反對者，並使敵對者變成協助者，萬化在祂掌握之下，人類每一個漏洞都可以彰顯出祂精心的設計！

佛洛依德是一位無神論者，此事人盡皆知，他對宗教心存鄙視，完全抹殺一切有關神祇和靈魂的信念。可是，他一生匯集和推論出來的學說卻與聖經的啟示如出一轍！

b.「本我」與「超我」的交鋒就是「肉體」與「律法」爭戰的真理

佛洛依德說「本我」與「超我」恆常交鋒爭戰，看深一層可以成為羅馬書七至八章的輔助解經材料，彼此所說的是同一個啟示、同一個真理。筆者會在「婚外情」應用篇中詳細說明此理。

c. 潛意識與心靈有一條通道

佛洛依德提倡，在人類意識底層的潛意識和種種心理流動，是理解人類心靈的另一種語言、另一個輔助工具。「自由聯想」的治療手法亦參考了文學的「意識流」小說技巧，事實上，這個小說技巧本身呈現人類內在豐富的心靈寶庫，超越人類理性可以表達、陳述、整理的語言觀點。筆者曾經修習靈修操練，更發現，默想、默觀、內觀、覺醒都是走在同一條通道中。當筆者學習催眠、完形治療及眼球運動減敏法（EMDR）等深層治療時，也發現當中所經驗的是走在同一通道上。

正如貝內爾（David Benner）在《心靈關顧》（*Care of Souls*）

裏所說：「人的內在世界並沒有分隔出心理和心靈的間隔。」[15] **人的心理世界與潛意識流動，都是共同的心理和心靈現象，其中最核心的分別，就是人的潛意識是否與更超越的聖靈感通、接觸、交往、接受滋養和引導。沒有更聖善的靈的滋養引導，人的內在世界可以是混亂、原地踏步，或者是空寂無憑的（emptiness），因而產生焦躁不安、頹喪悽惶。若再加上缺乏人羣相愛的滋養，便很容易產生精神病狀。**

這個範圍裏還有許多研究探討的空間。基督徒精神科醫生在專門給病人配藥之餘，實在有責任深入探討和研究上述範疇。

d. **佛洛依德的防衛機制學說最具有實用價值和貢獻之處**

各種防衛機制，清楚顯示人類如何迴避內在的焦慮和痛苦，指出人類實在沒有能力去承擔自己內在的真像，因而用各種防衛機制去掩飾內在的真相。心理自衛學說協助人類（包括基督徒）對自己心靈實況更有警覺、更加真誠；有時候，宗教術語、不假思索的慣性宗教行為，都可以是掩飾的自衛手法。

筆者對佛洛依德學說惟一不敢苟同之處，就是如何對待心理防衛機制。

佛洛依德對案主保持冷漠抽離態度，運用照射和反映的技巧，以及毫不容情的治療手法。惟有在無條件接納的愛與關懷中，人類才能放下自衛的心態，羅杰斯（Carl Rogers）對案主的無條件關懷，正好補充了這方面的不足。基督教神學主張人不能自救，必須靠賴他者 / 他力去獲得自我知識和自我更生，這位他者就是充滿恩典的主耶穌，以及願意披戴上主耶穌心腸的「好鄰舍」或輔導員。

15 David G. Benner, *Care of Souls: Revisioning Christian Nurture and Counsel* (Grand Rapids, MI: Baker, 1998), 110.

e. 除去「罪」的名詞，仍舊經歷「罪」的狀況

人類被困在慾望和衝動的世界，成為無法自主的奴隸，受過去的陰影和內在驅力所支配，產生精神病狀。這是人類墮落，脫離創造的源頭的惡果。痛苦呻吟是奴隸的準確寫照。佛洛依德對人類的慾望和本能驅動力的解釋，其實就是對「罪」的解釋，佛洛依德雖然刪去了「罪」這個名詞，但他所描述和經歷的，卻仍然脫離不了「罪的狀況」。甚至他本人最後也是採取自殺（安樂死）方法去了結自己的生命。

親愛的佛洛依德先生：

當我寫「親愛的」這三個字，我又立即想把它刪除，因為我還未能感到你有親切的情感，而且你也不一定喜歡這些有感情的親切言詞。

你與馬克思、達爾文一起顛覆了十九及二十世紀的歐洲世界，搗亂了十多個世紀以來大家相信的價值秩序。寫信給你，真的是心情矛盾，愛恨交纏。

我並不仰慕你（請你不要介意我直言），有機會也想見你一面，可是就算有這樣的機會，我亦不一定會選擇見你。

首先，我一定要向你陳明清楚，你與我都是被創造的、尊貴的人類。因此，即使我不喜歡你，也會尊重你；你雖然認為我寂寂無名，但也沒有資格蔑視我，一如蔑視貝爾斯、容格的靈性觀和蔑視神那樣。

若然我可以請你暫時收起你的驕傲，那猶太人身分的自卑和自大，以及自幼成績驕人所產生的自視情緒；這樣子，我們才可以好好傾談一下。

我為你感到悲哀，你不懂得珍惜自己，以致濫食雪茄去鎮定內在神經緊張的情緒，出入醫院無數次，甚至選擇安樂死。

你實在不認識生命，也不懂得珍惜生命。

如果你肯平靜而平等地君子相待，我會邀請你與我一起查考書羅馬書七至八章，那段經文所說的正正就是你直覺領悟到的：道德與本能在人內心交鋒，「超我」和「本我」那劇烈又無止境的爭戰。

若然你肯拋開宗教成見，與我一起探討一下這個課題，你會有所發現，而且會被你所蔑視的上主所吸引。你不懂得珍惜生命，因為你蔑視生命的源頭，你生命的脈象也因此枯竭。儘管你這麼聰明，仍舊與人交惡、內心不快。

我要多謝你發現了許多重要的現象。

但我想詢問你一個問題：你腦海裏整天想著甚麼東西？這些東西能否曝露在日光之下？

如果你沒有靈魂，只是一堆能量，而且不需面對審判，你又怎麼會掩飾你的想法？心理防衛機制捍衛著甚麼？捍衛自己心靈深處的私隱？私隱若不幽暗，又何以需要掩藏？沒有心靈，又沒有幽暗，又沒有私隱，又何苦自衛呢？

請容我告訴你，聖經也容許心理自衛，只不過上主不是採用冷漠地揭示、分析、解剖的手法，而是體貼地為亞當夏娃做衣裳蔽體。若你還有興趣，我一定與你一起查考創世記，你會為你的理論與創世記的故事而著迷。

老實說，我不太喜歡你，甚至有些反感；同時我也喜歡你，因為你聰明、與眾不同……

但惟有主耶穌可以完全了解你、明白你。

若你肯接受羅杰斯一次諮詢輔導，重獲人世溫暖，再去見艾利斯，釐清自相矛盾、鑽牛角尖的思想，我願意與你做朋友，介紹你認識主耶穌。

有一天，你就會知道如何修正你的理論，你的理論就會發出祂的光輝！

多言了。就此擱筆，慎思明辨！

活在百多年後的對話者
霍玉蓮

3.2 認知行為學派

認知行為學派可籠統地概括為三個組羣：（1）史堅拿的激進行為療法；（2）艾利斯（Albert Ellis）的理情療法；以及（3）班度拉（Albert Bandura）的認知行為療法。他們倡導的治療方法之間雖然有些微差異，但源於相似的思維系統。他們相信精神毛病或情緒失調源於不適當的行為，而行為受環境條件制約支配；或者相信個人的非理性信念影響認知觀點，觀點影響情緒，情緒又影響行為。總之，追蹤不協調行為背後的環境、信念、情緒和行為之間的一連串相互關係，逐個擊破，加以糾正，人類不協調的行為就會消失。

史堅拿在行為治療方面有激進立場，不能不去認識。讓我們與史堅拿做個朋友，認識他如何發展出他的理論。可是，他的思想理論大受抨擊，應用範圍也較為狹窄，所以筆者也必須帶領你同時認識影響近代心理治療界的理情療法和認知行為療法。香港社會福利機構及臨牀心理學家就大量採用這些療法。

所以，來讓我們也一起認識一下艾利斯和班度拉等人，以及他們如何發展出他們的見解。

3.2.1 史堅拿小檔案

3.2.1.1 史堅拿生平小傳

- 史堅拿（Burrhus Frederic Skinner）於 1904 年生於美國賓夕泛尼亞州，父親是律師，有一名弟弟。
- 早年在紐約讀書，志願成為一個小說作家。自覺缺乏人生經歷，對人的生命亦沒有宏大的視野，寫不出文學作品，終於放棄這個志願。
- 在這失敗的「黑暗」年日，他有機會閱讀羅素（Bertrand Russell）的《哲學的概論》（*An Outline of Philosophy*），其中討論約翰華生（John Watson）倡導的行為主義，令他大為著迷。
- 因而，放棄文學轉攻心理學。經以實驗驗證後，他提倡條件制約行為理論，倡議激進行為學派。著名的「帕夫洛夫小狗實驗」引起廣泛注意。
- 1931 年取得博士學位。及後在明尼蘇達大學（University of Minnesota）、印第安娜大學（Indiana University）和哈佛大學（Harvard University）任教，終生教書為業，一生順遂。1936 年結婚並生兒育女，1997 年因血癌病逝。
- 著有二十一本書及一百八十篇論文。

3.2.1.2 學説：激進行為療法

1. **主要學術概念：行為制約理論**

- 動物由刺激而作出反應（stimulus-response）。
- 在發出刺激的同時，附加正面鼓勵（positive reinforcement）

或負面阻嚇（negative reinforcement），會直接引致該行為反應加強或減弱。例如：一隻老鼠按壓老鼠箱的活桿，就有食物出現，這就會加強老鼠按壓活桿的行為；相反，老鼠一旦按壓活桿，即刻會遭電擊，就會減少老鼠按壓活桿的行為。

- 遊戲治療師理盧幼慈（Norma Leben）經常採用行為制約理論，去加強孩子的學習能力，或減少孩子過動而產生的騷擾行為。
- 渥爾坡（Joseph Wolpe）順著行為制約理論開創系統減敏法（Systematic Desensitization）和缺堤法（Flooding），去治療病人的恐懼症。

2. 人觀

- 「一個人並不是原創力的代理人，他是一個處所，是許多遺傳基因及環境趨勢所匯聚之點。」[16]
- 人是一個「刺激—反應」的神經系統，完全沒有自由意志，行為可以被觀察、控制、預測和制約。[17]
- 因此，人有如發條玩具，由環境制約行為；所以，人不需要對行為負責任，可廢除一切刑法。[18]

3. 世界觀

- 行為主義 = 自然主義 + 邏輯實證主義 + 環境主義 + 決定論

16 B. Skinner, *About Behaviorism*（New York: Vintage, 1976）, 185；轉引自瓊斯、巴特曼：《當代心理治療》，周文章譯（台北：中華福音神學院，2004），頁 176。

17 班克特：《談話療法》，頁 234。

18 瓊斯、巴特曼：《當代心理治療》，頁 185。

3.2.2 艾利斯小檔案

3.2.2.1 艾利斯生平小傳

- 艾利斯（Albert Ellis），生於 1913 年，卒於 2007 年。
- 出生於美國猶太家庭，為三兄弟姊妹中的長兄。父親從商，與孩子關係疏離；母親患有抑鬱症，常滔滔不絕，與兒女無法真實地溝通，常常睡覺及自言自語。
- 身為長兄，他負起照顧弟妹的責任。幼年多病，八次住院，父母漠不關心，艾利斯學習自強、自我勉勵。
- 艾利斯先唸文學，曾經經商，再成為作家。寫作不能謀生，及後轉攻臨牀心理學。在哥倫比亞大學修讀精神分析學，及後對精神分析學心灰意冷，倡導另一套學説。
- 學説受凱倫康利（Karen Horney）、阿德勒、佛洛姆（Erich Fromm）、沙利文（Harry Stack Sullivan）等人影響。1953 年完全放棄精神分析學，轉向理性治療。
- 雖然艾利斯學説包含了情緒和理智，但強調理性能改變情緒及行為，因而與其他同僚產生重大分歧或交惡。
- 1965 年著作《同性戀：其成因與治療》（*Homosexuality: Its Causes and Cure*）和《性與解放的男性》（*Sex and the Liberated Man*），開始改變立場。
- 是 America Sexual Revolution 的創辦人，1959 年成立 The Institute for Rational Living。
- 1950 至 60 年代，認知行為療法的臨牀科學數據和成功案例，使之大為流行。
- 工作狂，每天工作十六小時，一直工作到九十三歲自然離世。
- 生前共著有八十本書和一千二百篇文章。

3.2.2.2 學説：理情療法

1. 主要學術概念

- 「前因—行為—後果」模式（ABC Model；即前因〔Antecedent〕影響行為〔Behaviour〕導致後果〔Consequences〕）。
- 人的信念和觀點影響決定，由是影響一個人的行為，繼而帶來情緒困擾的後果。
- 提出十一個非理性信念。（見本書頁 94~95）

2. 治療手法及技巧

- 追蹤 ABC。
- 運用對質、攻擊、挑戰、提問、辯論、懲處、鼓勵、命令、建議等等，去改變非理性信念，以期帶動合情合理的行為。
- 角色扮演，家課練習。
- 討論非理性信條是否非理性。

3. 人觀：人不必為自己作出評價，不必玩「自我」遊戲

- 人並非童年經驗受害者，人擁有大量資源改變自己，滿足自己的需要。
- 人是理性的動物。
- 剔除非理性思想，人就可以活得滿足快樂。
- 思想、感受、行為是同時發生的。
- 改變思想就能改變感受與行為。
- 接納現實，自我調節，邏輯辯論。

4. 世界觀

- 人本主義。

- 伊壁鳩魯（Epicurus）的「自我快樂主義」/ 享樂主義。
- 實證主義 / 理性戰勝一切。[19]

3.2.3 其他認知行為療法：班度拉、梅晨保和貝克

3.2.3.1 主要學術概念

1. **班度拉（Albert Bandura）：社會學習論**

- 自我規範：班度拉認為人類不單單受環境制約，而且能夠透過記憶、預期和言語去內化他們對自我行為的控制，這稱之為「自我規範」。例如：一個能夠自我規範的孩子，看見美味的巧克力不一定要立即搶來吃。
- 交互決定論：班度拉又發現人類有評估自己的表現效能的能力，這評估又與人的社交互相彼此影響制衡，又同時反覆影響自我效能的意識和自我規範。例如：一名小孩子約束自己不偷吃巧克力，獲得成年人讚賞，就會加強自我規範的意識和行為。

2. **梅晨保（Donald Meichanbaum）：自我指令訓練**

- 找出一個適應不良的行為，如：焦慮、緊張的表現；再找出相關的想法，例：「我是一個差勁的人」。
- 尋找替代性的自我宣言（self-statement）。例：「我並不比其他人特別差勁，我只是態度認真而引起焦慮情緒。」
- 履行新的認知，而享受良好的改變。例：每次嘗試新事物之前，重讀新的自我宣言五次，經驗情緒較為放鬆的良好感覺。

19　班克特：《談話療法》，頁 268~269。

- 「自我指令訓練」可用於焦慮、精神分裂和脾氣暴躁的求助者身上。

3. 貝克（Aaron Beck）：認知療法

- 貝克的認知療法可以與艾利斯的理情療法平衡使用，互相取長補短。
- 貝克與艾利斯同樣注意認知對人類行為的影響。艾利斯著重分辨理性和非理性思想，貝克著重適應良好和適應不良的思想。
- 貝克指出適應不良的思想包括：以偏概全、非黑即白等。
- 貝克察覺認知療法有時傾向以膚淺的方式去理解案主的認知思維，於是便強調需要進入案主的「核心信念」。貝克這樣強調是很好的提議，但核心信念可能包藏不覺察的情緒、誘因和潛意識經驗，這是認知療法的限制。
- 貝克與艾利斯對待案主的態度大大不同：艾利斯用較激烈的對質和挑戰方法，貝克則用堅定而溫和的邏輯及勸說態度對待案主。而且，貝克喜歡鼓勵案主參與治療過程，一起「合作」做家課、觀察、搜集證據等等，治療師與案主的關係平等而互動。

4. 人觀

主張認知行為治療法的心理學家，都是以機械化的方式來構思人類行為。由史堅拿到貝克以至艾利斯，都認為人的自我是藉由普遍行為定律發展而成，基本上是以決定論來形構人觀。

史堅拿和貝克分別代表了強硬和溫和的決定論思想。

史堅拿的人觀認為人基本上有如一個發條玩偶，是一個「刺激—反應」的自動制約神經系統，完全沒有自由意志可言。所以，人類行為是可以被客觀觀察、記錄和準確預測並加以控制的。因此，人不可以，亦不需要，為自己的行為負上責任。一個罪犯是由千百種「刺激—反應」和正負制約所產生的結果，是由遺傳基因、社會環境和家庭制約等產生的，他主張我們應改變社會制約，而不是去懲罰罪犯。

相反，貝克對人性持較溫和的態度。如果人是一部機器，那麼，人就是一部會思考的機器，會覺察、自我審視和自我評估。由於擁有這些能力，他主張人要在社會環境制約底下活出有限度的自由，於是，也要付出相應的道德責任。

其他認知行為療法的心理學家都在這兩個極端之間擺動，對人類心靈和宗教信仰，他們主要採取無神論或不可知論的立場，但亦包容有宗教信仰人士採用認知行為療法。

對於無神論者或不可知論者，宗教信念會被視為「非凡的信念」，或者是製造精神毛病的麻煩的認知想法。但對於有宗教信仰的治療師，宗教信念可以是最合理和優良的適應性認知思想。由於認知行為療法對人類沒有甚麼前設，只有微型行為動態觀測，因此能兼容各種不同的信仰；與此同時，不同的治療師可以藉此療法推展出完全不同的效果。

5. 世界觀：唯物論、實證主義、享樂主義、功利主義

在行為療法及認知行為療法底層立足的哲學思潮，都是流行於十八至十九世紀的唯物論、原子論、科學至上論。

a. 實證主義

實證主義是一種哲學思想。廣義而言，任何哲學體系，只要囿於經驗材料、排斥先驗或形而上學的思辨，都為實證主義。狹義而言，實證主義則指法國哲學家孔德（Auguste Comte）的哲學。孔德生長的時代，正是一個宣揚理性主義及科學至上

的時代，在「科學萬能」思想的衝擊下，人們對形而上學產生懷疑，逐漸以注重經驗的科學方法觀察、研究事物，探求事實的本原和變化的現象。

孔德認為人類非生而知道萬事萬物，必須經由學習過程，從不同的情境中獲得知識。透過直接或間接的感覺、推測或體認經驗，並且在學習過程中進一步推論還沒有經驗過的知識。超越經驗或不是經驗可以觀察到的知識，不是真的知識。實證主義又稱實證論，其中心論點是：必須透過觀察或感覺經驗去認識事實，去認識每個人身處的客觀環境和外在事物。客觀理性比形而上靈性知識更加真實和優越。

b. 享樂主義

艾利斯的理情療法看來比較接近伊壁鳩魯的享樂主義（Epicureanism）。

伊壁鳩魯認為快樂是人生的惟一目標，快樂是人生最大的善。人時常要面對快樂，以及因娛樂而來的抉擇，又或因快樂而招致的痛苦，在快樂的抉擇和取捨之中，尋找最大、最持久的快樂。

伊壁鳩魯是一位原子論者，他相信一切事物都是由原子構成，倘若身體內的原子運作失去規律，快樂便不持久。

所以，伊壁鳩魯主張的快樂不單是物質的慾樂，也是心靈上的愉悅；因此，智慧、公平、忠信，都是快樂的源頭。伊壁鳩魯是無神論者，他的道德根源並非來自神靈，而是來自「自我」。艾利斯對信仰和神祇沒有清晰的觀點，他只停留在邏輯推理的渺茫機會之上，不進又不退。艾利斯不反對宗教信仰，但反對硬性的宗教規律，認為人是自給自足的整體。

c. 功利主義

班度拉和貝克等人的認知療法比較接近功利主義

（utilitarianism），即是以有限的能力成全最多數人最大的利益。所以，認知療法著重人與環境的互動，更著重個人行為對自我的效益。貝克等人採用認知療法於婚姻輔導之上，他們主張有目的的利他主義，即是人類「極力要獲取他們最大極限的個人滿足」。他們認為人沒有理由善待他人，利他主義只不過是延遲眼前的利益去達到長程的個人滿足。秉持認知行為療法的心理學家認為：「人們基本上都是以自己為出發點，人們的終極關懷只是自己的福祉而已。」[20]

3.2.4 回響

1. 簡約化

每當筆者閱讀行為主義、理情療法或認知行為主義的理論和方法，總會想起女兒們天真快樂地飼養小倉鼠，她們勤快地餵水餵糧、調節空氣溫度和濕度，製造良好條件讓小倉鼠快快樂樂地生活下去。

史堅拿理直氣壯地相信人類完全沒有自由意志，而是由一堆遺傳基因及環境相匯因素決定其行為取向。他這麼理直氣壯、這麼充滿熱情地相信人是一個發條玩偶，明刀明槍地把極複雜的人簡化和約化成這樣子。他不是天真，就是幼稚！艾利斯的人觀比史堅拿的多留了一點餘地，可是，他將人類綜合為「前因—行為—後果」的模式，又列出十一條非理性大罪狀，這些做法也叫筆者感到他太率直簡單！試問人類非理性思想又何止十一條呢？

因為行為治療學派的心理學家，基本上是唯物論和邏輯實證

20　瓊斯、巴特曼：《當代心理治療》，頁 257。

者，他們相信科學至上：人生裏一切可觀察的事物，都是可以分析或論證的；若遇到不能分析又不能論證的東西，例如「愛」、「信任」、「關懷」、「神」、「盼望」等，便將之列入非科學範圍，不作否定，也不作處理。於是乎，在處理人類情仇愛恨恩怨糾纏的婚姻輔導，或婚外情抉擇時，認知行為療法的貢獻有限。

2. 實用主義

認知行為療法是一套注重短期實用性的療法。這套療法最擅長改變具體、可以量化的行為症狀，例如：焦慮症、強迫症。其次，這套療法也擅長技巧訓練，那就是修正不良習慣，促進解難能力和認知重組。

中國人務實，所以不少華裔臨牀心理學家和社工，都喜歡選用認知行為療法。講求實用，是認知行為療法的強項，也是其弱點。

3. 由於實用而不實用

認知行為治療法強調價值中立，沒有任何道德價值取向。所以，當案主未有作出改變的動機，或者認為改變所產生的結果比維持現狀的效益更少時，治療師若以自己喜愛的方式來運用認知行為療法，會產生截然不同的結果。

舉例說：一位男士暗地裏金屋藏嬌，因此對婚內性行為毫無興趣。倘若這名男士認為同時保持婚外情與婚姻關係，是令他獲得個人最大滿足的選擇，運用認知行為療法的治療師，可以引導案主設計讓自己舒服的想法，然後再去與太太行房，以求她不會識破婚外情的祕密。另一位也是運用認知行為療法的治療師，可能挑戰案主，長遠來說，維持三角隱形關係是對案主自己不利的，於是引導案主放棄其中一方——可以放棄婚姻，也可以放棄第三者，全看案主如何取決自己的人生利益。兩位治療師同樣是運用認知行為療法，卻可以產生截然不同的結果。

除了缺乏改變動機，對於在兩難抉擇的個案，認知行為療法也顯出很大弱點。婚外情的案主常常是情慾相爭、內外矛盾，任何環境重塑、理性的挑戰、攻擊、勸說，都無助於制約他們的行為。有時候，筆者聽案主提及曾經向別的輔導員求助，該輔導員質疑、斥責、挑戰他的行為和信念，這只有叫他惱羞成怒，更加焦慮和退縮。有些牧者和傳道人以聖經原則來跟求助者對質，或進行游說，或曉以大義，這只有令求助者反感或退縮。

案主經常說：「他們所說的我全都知道，我自己也懂得對自己作出分析。沒用的，我不想見任何人，任何人都不能幫助我，我知道他們會說些甚麼。」

人不單單受理性支配，人心靈深處有許多戰場。

若行為主義者細心求證，逐一研究婚外情的個案，就不難得出一個結論：人在行為之外、觀察以外、理性之外，實在有一個時常處於掙扎之中的微妙心靈世界。

4. 忽略了心靈的奧祕

一如所有心理治療學派，認知行為療法同樣忽略了或否認了人心靈的奧祕。認知行為療法和理情療法，同樣強調剔除扭曲的理性就可以消除情緒症狀；因此，治療師在治療的時候，會根據案主信念的「實用性」作行為標準，而罔顧其信念的「真實性」。譬如說：一位男士召妓，心裏感到內疚，覺得自己是一個差勁的人，對不起太太。倘若「自己是一個差勁的人」這信念導致他心情焦慮和抑鬱，治療師可以千方百計摧毀這個「自已很差勁」的信念，以新的認知取而代之，例如：「十個男人九個偷，最重要偷得有技巧」、「你只要能保守祕密，沒有任何人受到損害，又何罪之有？何需內疚？」

對於實用至上的治療師來說，只要能維持良好的表面局面，或者脱離自責和抑鬱情緒，提高自我效能，案主可以擁有任何思想信念。對於人內心有沒有心靈的真相，人性裏有沒有善惡的真理，採用認知行為治療法的治療師並不十分關注。

人不單未必遵從理性規律，而且，內在更有另一些慾望的規律，使人追求幻象，可以為了自圓其説的快樂，而放棄自己同時也喜歡追求的善良。

情與義、人生終極關懷、盼望和安慰，嚴格來説，對於認知行為治療師都是太龐大、太抽象的東西，必須切割得細小一點再行納入行為上可觀察的理性系統，才可以處理得了。一個被丈夫出賣的太太，不知道自己應不應離婚，處於兩難的抉擇之中；以利益逐一計算，應該選取一個會帶來最大快樂的決定，可是左右思想，仍舊逗留在婚姻之中受苦，肯定是非理性的行為，不可取。又若然一名丈夫有婚外情，為了自己最大的滿足，終生欺騙太太、欺騙兒女、欺騙自己，永遠虛假地掩藏婚外情，那又如何呢？倘若滿足，也是可取；但精神痛苦，又如何呢？調節信念好了。

由於認知行為療法背後採取自然主義的人觀和世界觀，人的快樂沒有層次上的判準，在倫理矛盾的個案中，治療結果很在乎治療師的個人信念和個人反省。

5. 飄忽的神觀

在社會的現代思潮中，反宗教、無神論理性科學精神，等同優越進步的人格思維；談及神、聖靈、心靈、謙遜、反省等名詞，等同落後、等同迷信古老愚昧精神。許多大學生一窩蜂盲目跟從科學實證主義，為了認同前者而脫離後者。

事實上，**真正嚴謹的科學精神，應該是承認人類頭腦的限制，承認人無能力去絕對推斷、判決形而上精神世界的真相。所以，應該存而不論，並非由「不知道」有沒有神，偷步到認為神「不存在」。這是知識分子的自欺（lack of intellectual honesty）**。就這方面，艾利斯思想發展的進程正正表現出科學精神該存有的謹慎嚴謹：他早期的立場是不能確定有沒有神（存而不論），但後期偷步到「因為神祇存在的機會率很低，所以我採取『無神論』」。於是，艾利斯對上主、對教會、同性戀的議題，一忽兒反對，一忽兒贊成，只是迎合時代空氣而來回飄忽。[21]

6.　甚麼時候有用？

公允而中肯地說，認知行為療法在婚外情個案某些環節和情況裏是有其實用性的。

一些鬆弛練習、減壓方法、自我指導、系統減敏法，在應付創傷後的應激情緒（acute stress symptoms）有實際幫助。因為配偶出現婚外情，案主受到創傷打擊，會出現應激情緒和創傷後壓力症（PTSD）。此外，當夫婦倆度過了最動盪時期，雙方決意復合，一些具體的行為協議、雙方行為制約等，都有助重建信任。當夫婦已重建彼此間的信任，想進一步促進關係、鞏固婚姻，有系統的溝通技巧訓練亦都是有益處的。

當中，似乎有一個金科玉律：要雙方肯合作，進行計劃、

---

21 Albert Ellis, "Can Rational Emotional Behavior Therapy (REBT) be Effective with People Who Have Devout Belief in God and Religion?", *Professional Psychology Research of Practice* 31, no.1 (Fall 2000): 29~33.

協議、行為重塑，亦即雙方必須經歷了愛、接納，以及有一定程度的信心和盼望，這些技巧才會奏效。

間中使用認知行為治療法的心理學家班克特（Peter Bankart）問了相類似的問題：[22] 甚麼時候應用行為療法較有效？他的意見是：當要解決的問題主要涉及大量重複行為，例如：創傷後應激狀況、強逼症；並在處理我們能理解和控制行為的環境因素的情況下，例如：恐懼症、焦慮症、過動症、成癮症、認知行為療法都可發揮較佳效果。

此外，認知行為療法對反照和重塑自我抵消／封鎖行為（self-defeating behaviour）也有一些成效。在婚外情個案中，沒有婚外情的一方（尤其妻子），常常困鎖在自我抵消的惡性行為循環中：一時要丈夫立即收拾行李滾出屋外；一時又情急後悔，跪地哀求，希望一切可重新再來；一時學習輕聲細語、平心靜氣，忽然又「有理不饒人」把對方罵個狗血淋頭。若治療師顯映其行為的惡性循環所帶來的自討苦吃，當刻對案主確實會有一點啟發，但終究不能成為持久的幫助。

在實務經驗中，筆者覺得單單反映行為的錯誤也是好的，但卻不能只止於此。每當筆者深刻理解對方的痛苦、惶恐，給予情緒支援和鼓勵，以羅杰斯的「無條件的關懷」接納案主，對案主十分受用。治療師深入理解案主對未來的恐懼、被出賣的不公平、內在創傷，對案主是更為受用的。若筆者再加以一點智慧亮光，例如說：「你追求公平公正是好的，他也的確該受懲罰。你這些反覆問責行為，用在區議會、立法會的會談上，應該十分有效，倘若使用在情感關係上，卻不合適。這只會令對方更加誤會你，使你蒙受更大冤情……」案主常常因為在情義上

22 班克特：《談話療法》，頁 237。

受到準確的指導而得到安慰。若然筆者再與當事人俯瞰全圖,指出座標、訂出路線、帶出盼望,非理性的強迫行為才有得到自我調整的機會。

許多時候,筆者聽見一些夫婦去求見輔導員,輔導員見了丈夫一次兩次,就告訴太太:「你們沒緣分,你死心吧!」

筆者往往好奇,這些輔導員何以具有這偉大的預測能力,宣告別人關係的生死?

筆者相信,生命中一切自我展現的路程,每一個微小的抉擇都可以扭轉歷史,未到最後一刻,沒有人可以預計結局。[23] 事實上,每一次筆者以忍耐、誠信、關懷、盼望陪同案主走過婚姻的崎嶇路,常常會看見出乎意料之外的美好結局。誰能掌管明天呢?

但對於正在受苦的案主來說,他們經歷到輔導員憑信心陪他們行過死蔭的幽谷,這才是最實在、最真摯的經驗。這樣的例子,多不勝數。

對於在抉擇之間的兩難,「魚與熊掌」的取捨,孟子的體會比認知行為療法專家更有深度:

> 魚,我所欲也,熊掌,亦我所欲也;
> 二者不可得兼,捨魚而取熊掌也。
> 生,我所欲也,義,亦我所欲也;
> 二者不可得兼,捨生而取義者也。

孟子的殺身成仁捨生取義,點出了人類生存的意義有層遞性的

23 霍玉蓮:《婚姻與家庭治療:理論與實務藍圖》(香港:突破,2004),頁279~282,説明了筆者的世界觀。

輕重深淺。

史培利（Roger Sperry）與孟子的思想不謀而合。史培利認為，一個複雜的人類現象，可以涉及基本過程（如典型的行為制約）、中級現象（如期待、失望、賦予記號意義、正面鼓勵行為）和最高級過程（如人類責任與存在的真相）。[24]

不同的人活在不同的意識層次，適合的介入和療法亦有不同，但不代表人不能逐步從物理現象超越到心靈掙扎的境界。

7. 人性超越生物原理

還有一點，行為主義學派認定一切行為是複雜的原子碰撞，「刺激—反應」的能量信號，所以，只要有精密的邏輯和科學頭腦，就可以準確預測、預防和調整人類的行為。

筆者完全不反對科學和邏輯，而且也經常運用精密的邏輯、觀察、推理，可是，在人生的路程和重大的抉擇上，往往柳暗花明，難以預料。

這一點，婚外情個案正正能顯明人類心靈超越了邏輯生物原理。

瓊斯（Stanton Jones）和巴特曼（Richard Butman）引述史培利的實現論（emergentism）的觀點去批判認知行為療法的缺欠，筆者覺得一矢中的。[25]

史培利的實現論觀點是這樣的：人類思想的確建立在物質基礎之上，但卻以「有限的方式」去超越物質基礎。有如橡膠輪胎，橡膠分子被塑造成輪胎的形狀，但其暢行無阻的滾動，卻是其物理特性無法預測的；暢行無阻是輪胎的特性，而不是橡

24 瓊斯、巴特曼：《當代心理治療》，頁 251~252。
25 瓊斯、巴特曼：《當代心理治療》，頁 257。

膠的特性。人受造，的確有其生物和物理性的基礎，但人類的行為經驗比輪胎更難以預測，超越了邏輯推論的物理定律，並會由自然主義觀點跳躍到超驗觀點。

8. 相容性強

此學派因重視科學測量，做了大量臨牀個案測量，其輔導目標是可量化、可觀察的行為（不是無法觀察的潛意識、態度、形而上的精神改進），所以實務成功率看來很高，使這個學派在 1950 至 1960 年代大盛。

由於認知行為療法以微觀的角度去觀測和理解行為，由行為延伸的內在情理流動，可以推展包容至最新流行的敍事治療法，去探索一個人內在的敍事框架（internal narrative / internal schemata）；也可以由行為向外推延至人與環境的互動，與家庭治療系統互動理論亦可相容。認知行為療法著重觀察可量化的行為症狀，也重視理性和科學研究，沒有特定堅持任何人性的前設，所以，這套療法的相融力量很大，能與各種新發展的理論相容，開拓較繁複的視野。相容性強也是認知行為療法一大優點。

3.3 人本療法

人本治療學派的創始人是羅杰斯。他畢生致力學術研究和治療工作，與佛洛依德平分秋色，是二十世紀一名出色的心理學家。他多次獲獎，肯定了他在心理學説上的貢獻，晚年的時候，更由於以人本精神去調解不同國家的國際衝突和糾紛，獲選為諾貝爾和平獎得主。

羅杰斯的人本療法具有濃厚人文主義色彩，對於當時的唯物、實證的心理學主流，這無疑是一股清泉；這也為機械、唯物的心理學研究，鋪設另一條較為人性和有血有肉的出路。

3.3.1 羅杰斯小檔案

3.3.1.1 羅杰斯生平小傳

- 1902 年，羅杰斯（Carl Rogers）出生於美國伊利諾州的虔誠基督徒家庭。在家中六個孩子中排行第四。父親是一名富商，母親是敬虔保守的信徒。
- 十二歲，父親為了幫助孩子不沾染世俗誘惑，買了一個農場給孩子消閒。
- 自幼在農場生活，培育他豐富的科學知識和良好的科學頭腦。
- 自上幼稚園便熱愛閱讀，長大後，在威斯康辛的麥迪遜大學（University of Wisconsin-Madison）先後研讀農業、歷史及宗教。
- 1922 年，是羅杰斯人生的轉捩點。羅杰斯當年二十歲，被選派前往中國參加國際基督徒學生會議，羅杰斯首次看見樸實而純良卻並沒有信奉基督教的中國人，亦對德國法國的國家仇恨深惡痛絕，因而對宗教產生懷疑。後來更因嚮往學術界思想自由，正式脱離基督教，轉而研讀心理學。
- 1951 年，完成有關「人本治療」的著作。
- 1956 年，羅杰斯獲獎，成為美國心理學會主席，後因捲入精神病學術界的政治漩渦，對學術界大為失望。
- 1964 年，再次獲獎，轉往WBSI（Western Behavioural Science Institute）進行學術研究。
- 晚年，羅杰斯致力於用「人本療法」去協調國際糾紛，調解基督教與天主教、黑人與白人之間的分歧，歐洲、蘇聯、日本、北愛、南非等地都受他的著作影響。羅杰斯獲頒諾貝爾和平獎。

- 羅杰斯卒於 1987 年，一生對美國心理治療界有莫大貢獻，與佛洛依德平分秋色，是二十世紀最出色的心理學家之一。

3.3.1.2 學說：人本療法

1. **主要學術概念**

- 「人本療法」的焦點是「人」，不是「問題」，目標是助人獨立、統合、成長，多於純粹解決問題。
- 認為心理學是一門科學：結合內省的主觀認知及經驗中的客觀認知。
- 人成長的最終目標是：「自我實現」。
- 相信人內在有絕對潛能去自由選擇和創造，所以必須為自己的選擇完全負責。
- 「人本療法」是第一個強調治療關係的理論，及後眾多研究顯示良好治療關係是導致良好治療效果的首要元素。
- 治療師重視案主當下的情緒狀態。著眼於案主的現象世界，以無私的同感心去了解案主對世界的參照系統（frame of reference），彼此全然投入，溫暖互信。
- 人類精神毛病是由於人類對自我不夠真摯所產生。
- 「人本療法」基本上是一種態度和信念，多於是一套理論。

2. **治療手法**

- 著重無條件積極關懷（unconditional positive regard）。
- 輔導關係：平等、尊重、非指導性取向，以案主為中心。
- 輔導精神：信任、接納、同感、投入、傾聽。

3. 人觀：人文主義

人文主義是文藝復興以後誕生的思潮。人文主義者相信人類生而尊貴，擁有價值及眾生平等，其中所強調的倫理、德行、公義、慈愛、責任、自由等精神，完全與基督教信仰吻合。

人文主義與基督教信仰的主要分別，在於前者相信人性本善，有充足的能量資源，自我完善，無需與神靈建立關係和得其恩寵，人可以憑理性生活、獨立自主。但人文主義亦可以同時容納宗教人士和無神論者。

4. 世界觀

a. 理想主義 / 人文主義

羅杰斯對人生及世界抱持浪漫、積極的樂觀精神，相信人性本善，充滿資源，只要所有人都遵從善性而行，平等互信，世界就會不斷進步，邁向美好。

b. 理想主義

柏拉圖是理想主義的始祖， 德國哲學家黑格爾（Georg Hegel）就是根據理想主義創造了歷史世界的整體觀。理想主義追求的，是絕對的真理與價值。理想主義更帶著一種對人類終極目標的關懷，其內涵是人類對現實的永不滿足，對未來堅持一種更高尚的追求和更美好的嚮往，而為了這種追求和嚮往去作艱辛的探索和不懈的努力。它還體現出人性中的利他性和集體主義精神。

c. 人文主義

人文主義以理性思想為基礎，同時和人本主義以及人道主義有密切的關係。在歐洲歷史和哲學史中，人文主義主要被用來描述十五到十七世紀間那較中世紀思想先進的思潮。一般來說，今天歷史學家將這段時期的文化和社會上的變化，稱為「文藝復興」，而將教育上的變化運動，稱為「人文主義」。人文主義是一種建基於理性和仁慈的哲學理論和世界觀。作為一種生活哲學，人文主義主張跟從仁慈的人性啟示並通過理性地推理來指導生活。人文主義以理性推理為思想基礎，以仁慈博愛為基本價值觀。推崇個人的興趣、尊嚴、思想自由、人與人之間的平等、和平等等。[26]

3.3.2 回響

1. 心理學的「易經」

羅杰斯的心理學學說，可以說是心理學上的「易經」；亦即是最高深，但同時亦是最簡易顯淺不變的道理。

初習羅杰斯學說，一點也不能被它所吸引，因為看來熟口熟臉、耳熟能詳。他所說的跟筆者青少年時期在學校團契所學習的根本一模一樣：信任、真誠、鼓勵、傾聽。

「所以，你們在基督裏若有甚麼勸勉，有甚麼愛心的安慰，有甚麼靈裏的契通，有甚麼慈悲和憐憫，就應當有同樣的思想，同樣的愛心，要心志相同，思想一致，使我充滿喜樂。不要自私自利，也不要貪圖虛榮，只要謙卑，看別人比自己強。」（腓二 1~3；《新譯本》）這段顯淺的經文內容，與羅杰斯人本療法的手法精神如出一轍。

所以，基督徒若學習羅杰斯的心理輔導理論，會覺得一點也不陌生，羅杰斯的心理學說不但與青少年基督徒團契所指導

26 參維基百科（http://zh.wikipedia.org/wiki/%E4%BA%BA%E6%96%87%E4%B8%BB%E4%B9%89）；瀏覽於 2009 年 7 月 24 日。

的人倫原則相似，與中國儒家主張仁義忠恕的那種悲憫融和的精神也十分貫通。筆者自小學開始學習論語，初中開始參加學校團契。中學時期，每天小息和午膳，都善用時間傾聽同學家庭的悲傷故事與及一籌莫展的生活困難；筆者與同學散步，信任、傾聽、保密、鼓勵、同感。中學畢業以後，有一次，一位好同學給我一張感謝卡，說我的傾聽和陪伴「點亮她的生命」（"Light up her life"）。現在回想起來，原來那已經是人本治療輔導的實習階段，如今方才乍然明白過來；當時只覺是朋友之間友愛的感謝，如今卻覺得受之有愧。

羅杰斯的人本輔導理論就是這麼核心、這麼基本、這麼淺易，卻不可不讀。因為人是有靈魂的生物，而人本輔導的理念正是靈魂深入相交的惟一道路和基本法則。所以，筆者認為羅杰斯的人本治療法是心理學的「易經」。日本人差不多完全摒棄西方心理學，他們惟獨覺得羅杰斯的人本治療理論是比較可取的。[27]

2. 逆流而上的人文主義者

對於持守儒家精神的基督徒，人本主義的談話精神顯得輕鬆平常。但羅杰斯身處的那個時代（亦即 1940 年代），是宗教衰殘、科學主義抬頭、佛洛依德統帥的年代，是精神科醫生雄據精神病學、心理學仍是初生嬰兒的時代，也是史堅拿研究帕夫洛夫小狗實驗的時代。電影《飛越瘋人院》（*One Flew Over The Cuckoo's Nest*）描繪的，正是當時精神病學界的治療氣氛；亦因此，福柯（Michel Foucault）那本《癲狂與文明》（*Madness and Civilization*）能引起回響。在這樣的一個年代裏，羅杰斯高舉上述「信任、傾聽、鼓勵、無條件積極關懷」作為治療理論和

27 班克特：《談話療法》，頁 291。

實踐，被人們視為一堆廢話或荒唐無用的笑話，這結果並不教人意外。羅杰斯也因此展開一場與精神病學家進行的地盤爭奪戰，奮力逆流而上。羅杰斯自稱這場抗爭是他一生中最為恐怖的鬥爭。[28] 幸而，羅杰斯出生在尊重言論自由的美國土地上，啟蒙精神帶來的言論自由，讓他可以在學術界取得一席位，不致被問吊而死，這是自由民主精神可愛可貴的地方。

1964 年，羅杰斯被美國人文主義協會（American Humanist Association）選為當代的人文主義者（Humanist of the Year）。心理學家法森（Richard Farson）評價羅杰斯是一位沉靜的革命家。[29]

3. 專業界限

在輔導界，臨牀心理學家、治療師、精神分析師，都要嚴守專業界限。否則，專業地位立即下降。輔導員與案主不是朋友，更要提防彼此心理移情，形成不健康的依戀關係，這是專業輔導員的守則。然而，當這些界限形成一堵名為「專業」的巨大圍牆，並且違反了基本人性的時候，這些所謂「界限」就有很大商榷餘地。而羅杰斯的輔導手法正正糾正了這些高高在上的專業和界限的無稽之處。

保持專業界限，通常有外在和內在兩種方法。內在方法就是治療師透過一副特別的心理鏡片看人。倘若你修習精神分析，你一看就立即看見人充滿自衛和把戲：他哭泣，也許是幼年的退化行為；他搖頭，是「否認」事實的自衛；他常常偷偷望治療師，可能是「依戀」母親的投射；他帶來一大疊日記和信件，可能是爭取同情、爭取注意的技倆⋯⋯透過這副鏡片，案

28 Carl Rogers, *A Way of Being*（Boston: Houghton,1980）, 54~55.

29 R. Farson, "Carl Rogers, Quist Revolutionary", *Education* 95, no.2（Winter, 1974）.

主一舉手一投足都是心理密碼，都是提供分析的記號，所以，他不是抑鬱，就是邊緣人格病症，治療師負責準確診斷、準確地反移情。倘若你修習行為治療法，你也要準確診斷案主正用甚麼行為去獲取甚麼利益，博取怎樣的注意，他背後有甚麼負面思想、情緒障礙，以免受案主播弄（manipulation）和控制（control）。

其實，治療師不自覺戴上這些專業鏡片，有點高高在上的優越感，像在說：「我曉得，你不曉」，又或是存在「我診斷，你服從」的層級關係，案主不能跳出精神分析治療師推演分析的五指山。案主不再是一個有血有肉的「人」，而是一個充滿病徵的「個案」。

羅杰斯出生在一個非常純品（或稱為非常「古板」）的基督徒家庭，著重從人羣中「分別為聖」；因此，對於他人抽煙、飲酒、跳舞、打牌、濫交等行為非常不滿。於是，純品的羅杰斯在青春期與人交往的時候出現困難：「現在我意識到自己很古怪、不合羣，我在人羣中找不到自己的位置。在社會方面，我極其無能，只能應付一些最表面的交往……也許治療師會把這種情況歸類為精神分裂症；所幸的是，我從來沒有和心理學家打過交道。」羅杰斯曾經在自傳中這樣自我幽默一番。[30]

是不是很風趣幽默呢？不要以為這種情況單單出現於 1940 與 1950 年代的美國社會，今時今日，在香港，筆者常常聽到或見到一些忠誠孝順的行為被診斷為「救世主情意結」，一些性格偏執的人被診斷為「邊緣性格失調」（Borderline Personality Disorder），即使基督徒輔導員也會偶爾犯上這些斷症上的毛病。

30 轉引自：班克特：《談話療法》，頁 287。

筆者並非一筆抹殺精神病理學的知識和分類方法，筆者只是想發出一個警告：潛在的「專業態度」使案主變成一堆困難和病症，輔導員抱著猜測、診斷、遠距離觀看的目光來進行輔導，這毀滅了人類相交的信任，進而產生進一步的「治療創傷」與誤會。[31] 這是羅杰斯治療手法最能糾正時代流弊的地方。

而保持專業界限的外在方法，就是設定時間、身體和情緒距離。倘若定了每節會談為五十分鐘，而案主正正談到傷心處，忍不住哭泣，輔導員就會說：「時間到了，我們下次再談！」又或者每分鐘計算收費。當然，毫無時間觀念、嘮嘮叨叨，是絕不可取的，但作為專業界限及對超時行為的負面阻嚇，分秒算盡，還要施以威嚇，這背後對「人」有何假設呢？至於眼神接觸、為案主流淚、身體接觸，以前統統稱為逾越專業界限，一概列為並不可取。

筆者必須補充，輔導關係與友誼關係存在著具體性質上的不同。「移情作用」是一個很有洞見的心理知識，輔導員必須自我覺醒，自設界線；可是，這些界限與真誠信任、積極關懷、與人性的自然流露，並非必然抵觸。**我們先學會做一個「人」，才可以學做一個「助人的人」。**

4. 人文主義的弔詭

筆者讀神學的時候，一位教授介紹西方思想，說人文主義是宗教人士和世俗信念之間的中途宿舍。這句話說得很好，人文主義所倡議的自由、博愛、寬容、和平、接納、創造力等等信念和精神，完全合乎基督教精神。人文主義者本來就是由基

31 艾達．鮑蘭的案例，佛洛依德猜測案主愚弄他，約他見面，剛剛是 4 月 1 日——亦即「愚人節」，他才不會中他的圈套！詳情見：班克特：《談話療法》，頁 342~345。

督教精神餵養長大的，但由於不滿宗教的教條偏狹，或者宗教仇視、教會罪惡等等，這些熱情的浪漫主義者才捲起鋪蓋離家出走，可是他們又不願投身那冷漠、機械、享樂自娛的無神社會，於是就自立門戶，號稱「人文主義」。的確，美國立國一百年來，富強安樂，未經憂患；在美國中西部農場長大的美國年青信徒，的確想掙脱父母枷鎖，超現實地興建他們的浪漫城堡。直到二次世界大戰之後，現代科技社會「惡」患叢生，這座城堡才開始搖搖欲墜。

5. 對人性過分樂觀

先談實務，人本療法的理念和精神都很好，尤其是對於能內觀自省、可以理解和自我表達的知識分子與受教育人士，是有效和符合人性的療法。

可是，這套療法對人性太過天真樂觀。案主一旦有複雜的動機和矛盾的心理纏結，單憑無條件積極關懷，未必就能產生重大改變。

同時，這套療法欠缺一些相關具體的工作技巧，對於人類僵固行為、惡習和扭曲的思想行為，需要加上其他實務技巧配合，才見果效。

除了對案主的人性過分樂觀，對輔導員的人性和要求也非常樂觀：輔導員要分分秒秒對案主付出無條件積極關懷。沒有上主聖善的靈運行，也許不容易實踐。

6. 「自我實現」還是「捨己」

再談對人性過分樂觀的結果，人本療法相信人類有自我實現的無盡潛能。羅杰斯的人類自我實現觀點，到今天仍舊是許多人的人格理想。可是，自我靠怎麼樣的途徑去實現怎麼樣的自我呢？到甚麼地步，自我才算實現了呢？**未實現的自我又如何有高度、深度、智慧、能量去實現尚未實現的自我呢？以未實現的自我去實現自己，實在是小貓咪追逐尾巴的自我遊戲，一個不慎，就會產生自我崇拜、自我膨脹，這個後果會帶來個人和社會嚴重的自欺及理想的幻滅。**

早前提及保羅在腓立比書對信徒的勸勉：「所以，你們在基督裏若有甚麼勸勉，有甚麼愛心的安慰，有甚麼靈裏的契通，有甚麼慈悲和憐憫，就應當有同樣的思想，同樣的愛心，要心志相同，思想一致，使我充滿喜樂……只要謙卑，看別人比自己強。」（腓二 1~3；《新譯本》）這一切若果可以實現，不是因為人內心有無盡潛能，而是由於效法基督，讓基督內住心裏，「以基督的心為心」。（腓五 5）

對！人的內心若然可以因為有基督謙遜的靈內住而有無盡的為善潛能，也可以由於脫離基督而有無盡的為惡潛能。羅杰斯在精神病學界被精神醫師「踐踏」的恐怖鬥爭，本身證明了他對人性過分樂觀，只可惜，一生順利、天性純品的他，還未懂得將這些險惡經驗整合到他的理論中。

一個人倘若可以邁向羅杰斯所主張的，即向案主付出「無條件積極關懷」，必須要細閱保羅在腓立比書所說：「你們應當以基督耶穌的心為心：他本有神的形像，不以自己與神同等為強奪的；反倒虛己，取了奴僕的形像，成為人的樣式；既有人的樣子，就自己卑微，存心順服，以至於死，且死在十字架上。」（腓二 5~8）

這番說話，需要在人生體驗中來回咀嚼許多次，人才開始醒悟，逐漸明白。

耶穌基督本人有至善至美至高至尊的本質，但祂並沒有追求自我實現，祂活出來的反而是捨己。弔詭的是，在徹底虛己和捨己以後，神又「將他升為至高，又賜給他那超乎萬名之上的名，叫一切在天上的、地上的、和地底下的，因耶穌的名無不屈膝，無不口稱耶穌基督為主」(腓二 9~11)，盡享尊榮。

人若要在本質上實現至善至美至光輝的原貌，原來來自虛己和捨己。

所以，「凡得著生命的，將要失喪生命；為我失喪生命的，將要得著生命」。對馬太福音十章 39 節這樣奧妙而美麗的真理，羅杰斯未有花時間深入去融會和了解。

若然上主喜悅，筆者希望日後會另外著述，分析和追蹤心理學說對「自我觀念」，與上主所啟示的「人的自我」的真理，兩者有何分歧或可整合之處。

7. 為自己負責任

羅杰斯的人本療法，有一套絕對的倫理系統。他認為人類擁有絕對自由，也可以對自己完全負責。羅杰斯的理論對這方面的強調，正好糾正了當代唯物論，對「以人類為機械反應」、「生物乃必然因果互動的能量系統」的論調，作出重大反擊。

將羅杰斯的理論應用在婚外情個案上，是個良好的起點，但卻有不足之處。

一位案主說：「我知道我要在婚姻關係上作出選擇，我知道我要承受，我會為自己的決定負責。」

當筆者聽見案主說出這種論調，會認為總是比「我自己是沒有辦法的」、「我的行為是妻子的冷感造成的」這類說法更誠實、更有勇氣。

無論發生婚外情的背景有多少遠因和近因，有多少令人同情的因素，那統統是脈絡的、處境的因素，不是決定性的因素。無論丈夫有多大脾氣、太太有多麼冷感、工作事業有多麼大的挫折、不順利，一個人發生婚外情緣，一定是他自己的「自選動作」，即使可以諒解、同情，卻不可以開脫責任。

有許多時候，親友（包括牧師和傳道人）為求挽救婚姻，很容易暗中或明顯怪責太太沒有克盡本分、不會「小鳥依人」，導致今日婚外情的局面。這樣的論調是妄顧有婚外情的一方是有自由意志的，無意中對沒有婚外情的一方做成「雙重懲罰」。「雙重懲罰」是甚麼意思呢？配偶不忠，已經是嚴重的傷害，是一重打擊或一重「懲罰」；同時，旁觀者不明就裏，要他 / 她承擔導致對方有婚外情這個「導人向惡」的罪名，是第二重打擊或懲罰。那是好心做壞事，雪上加霜。

單就責任來看，也許，婚姻關係失調、婚姻關係褪色，雙方或多或少都有責任。然而，婚姻出現婚外情這類不忠的事，如同婚姻中出現暴力事件一樣，完全是犯錯者自己需要負上責任的。許多時候，中國人以和為貴，以「寬恕」的名義去遮掩事實和真理，親友、傳道人和牧師都混淆了「寬恕」、「和好」和「責任」三者之間的關係。

基本上，筆者未有聽聞單單採用羅杰斯的人本療法就足以處理婚外情這麼複雜的關係互動的個案。然而，就實務經驗所得，筆者認為人本療法的積極關懷、信任、傾聽精神，對於開始接觸雙方（尤其有婚外情的一方）一定能產生正面效果。

戀上婚外情的人，正處於人生的兩難，非常脆弱、焦慮；在自責又自欺的狀況下，需要無條件的接納、積極聆聽、真誠關懷，才可以放鬆心理自衞，深入去理解自己的行為。

8.　必修的第一課

至於自由和抉擇方面，人本主義的倫理精神是不錯的。只可惜，羅杰斯過分信任人性和人類的能力。有時一子錯，滿盤皆落索。人想對自己負責任，卻無力負上昂貴的代價。譬如說，一位案主不慎發生婚外情，又與婚外情人生了孩子，他想負上責任。這時他如何負責任？對誰負責任？對妻子和妻子的孩子？對情人和情人的孩子？如何負責？案主對任何一方負責，似乎都會或多或少虧待了另外一方。這是一個嚴峻的倫理難題，需要神學家和倫理學家作出慎密的思考。

有一次，筆者會晤一名有婚外情的案主，他十分疼愛婚外情人，卻又不想離婚，他不能作出決定，可是太太並不能忍受丈夫另有外遇。這位朋友對筆者說：「我想選擇搬離家庭住一、兩年適應一下，再作決定，我會為我的行為負責任。」

於是，筆者真誠地支持他負責任的意圖，與他仔細研究事情的後果和責任。

他說：「我搬開以後會對孩子很好，負上當爸爸的責任，我會經常回家探訪孩子，督促功課，與他們玩耍，可能比現在更多親子相處時間，情況更好……」案主有點沾沾自喜。

筆者與案主真誠傾談：「我首先想了解你這樣做想達到甚麼目的？」

「我想每個人都開心。」

「哦，是這樣，你的心腸很好。那麼，讓我們逐一思考各方面的人會不會因此而開心。」

我們首先分析對第三者的影響：「倘若兩年後，發現不能適應跟第三者一起，那時脫離第三者，第三者會不會開心？」細心推敲，第三者會變得自責和埋怨，又怎會開心？

再去思想太太的情況。太太為了未明朗的未來，像等候判刑一般去忍受分居的痛苦，若不是變得麻木，就會精神抑鬱。

至於孩子，看來孩子獲得更優良的親子關係，可是卻要面對父母分離。面對摯愛父母分離的局面，即使父母合力經營親子關係，孩子仍舊難免落入認知失調的困局：

- 若爸爸是好爸爸，很愛護我，為甚麼他不可以愛媽媽？若爸爸不愛媽媽是由於媽媽有一些不好，那麼我未來總有一些毛病，爸爸也是否不會愛我呢？
- 倘若爸爸是好爸爸，媽媽是好媽媽，為何不能相愛呢？是不是我自己不好呢？
- 倘若父母說我沒有犯錯，只是由於父母相處不來。那麼，相處不來就要分開？將來父母與我相處不來，是否也會離開我？我與朋友相處不來，他也會離開嗎？
- 既然摯親的人也不關愛摯親的人，那麼，愛到底有沒有可能在人間發生呢？

這種種認知難題，很自然會造成情緒困擾，甚至長期信念傷殘。那麼，對孩子長遠和深層的心靈打擊和信念摧毀，又可以如何負責和彌補呢？案主默默思考，無言以對，筆者也十分欣賞他肯誠實面對。

～•～

總體來說，羅杰斯是一名十分傑出誠懇的心理治療師。他的人本療法正好抗衡當時流行的物理主導及機械式觀點的其他心理療法。

直到今天，筆者仍認為人本療法是所有輔導員、治療師、相關學科的教授、社工第一步要修習的下盤功夫，是必修的第一課。

附記一：十一條常見的非理性信念[32]

筆者十分欣賞艾利斯細心列舉出來的十一條非理性信條，不知道他是如何找出這十一條信條來。實際上，人類非理性的信條又何止十一條？筆者忽發奇想，很希望邀請孔子、老子與艾利斯先生就這十一條信條進行一次思想交流會，那一定是一場十分精彩的討論。

第一條非理性信念： 認為成年人極度需要得到他所屬團體中每一位重要人物的喜愛與肯定。

第二條非理性信念： 認為一個人如果要感覺自己有價值，他就必須盡可能在各方面都能勝任、適應，並有高成就。

第三條非理性信念： 認為有些人是壞人，是邪惡卑劣的，他們的兇惡應該受到嚴厲的譴責與懲罰。

第四條非理性信念： 認為事事不如意時，就是可怕的災難。

第五條非理性信念： 認為人類的不快樂是外在因素造成的，人們幾乎沒有能力去控制他們的憂傷與困擾。

第六條非理性信念： 認為如果某件事情是危險或可怕的，一個人就必須迫切關心這件事，並且持續注意它隨時發生的可能。

第七條非理性信念： 認為逃避某些生活的難題與個人的責任

32 A. Ellis, *Reason and Emotion in Psychotherapy*（New York: Lyle Stuart, 1962）；轉引自《理情療法》，頁 213。

比面對它們更容易多了。

第八條非理性信念：　認為一個人應該依賴別人，並且需要一個比他堅強的人來倚靠。

第九條非理性信念：　認為一個人過去的歷史是決定現在行為的惟一重要因素，以及如果某事曾經深深影響一個人的生活，它必會產生類似的效應。

第十條非理性信念：　認為一個人對於他人的麻煩與打擾，應該感到非常生氣。

第十一條非理性信念：認為人類的問題一定有個不變而正確完美的解決辦法，若找不到這個完美的解決辦法，就會有大災難。

第 4 章
為輔導心理學把脈（二）：家庭治療學說

一般來說，家庭治療理論多是在輔導室裏，大膽創新小心嘗試下建構出來的。鮑恩（Murray Bowen）、曼紐秦（Salvador Minuchin）、沙維雅（Virginia Satir）、米高維（Michael White）等人，並沒有修讀甚麼系統家庭治療課程，然後才獲得資格，在輔導室施展他們自以為「是」的治療方法。

一方面，筆者佩服各位先驅的熱誠和魄力，開創新的輔導手法給後學者參考；另一方面，筆者更渴望明白這些輔導模式背後的理論架構有何依據。它們是怎樣成立的？更有趣的是，新興的家庭輔導該如何為自己定位呢？是棲身於心理學、教育抑或社會工作的範疇裏？還是應自立門戶？

家庭輔導的定位因何如此尷尬呢？原因是尼采在十九世紀宣判上帝已死。於是乎，宗教成為少數邊緣人士尋找心靈寄託的玩意，人生的目標和意義成為無聊的話題。既然形而上的討論枉費精力，哲學探討也被打入冷宮，到了二十世紀，哲學思潮便得讓位給講求實用效果的心理學說。再加上二十世紀兩場世界大戰，令歐洲震驚錯愕不已，久久不能在震驚中回過氣來。社會、政治、經濟成為西方人的思想焦點：我們應該選擇資本主義抑或共產主義？於是，原本討論形而上學的哲學，趨向只談論現象（現象學），只問存在的直接經驗（existential anxieties）的存在主義一枝獨秀。哲學討論變得何等寂寞孤單！

十八世紀以後，教會趨向世俗化，教會的聲音變得空洞和薄弱，惟有潘霍華（Dietrich Bonhoeffer）在德意志的強橫霸道之下，孤單地在獄中苦苦思索上主與現世政權的關係。這是思想真空的日子。神是誰？神在哪裏？沒有人知道，也沒有人介意。二十世紀，心理學說又憑甚麼去認識人生、思想人生，又如何知道這種治療或那種治療是否符合人的真正需要？若不探究上述的人生議題，一切思想理論都只是一種自我斷言（self-assertion）。

在芸芸輔導學派中，惟有弗蘭克（Victor Frankl）提及人生意義，他在集中營裏歷煉人生至苦，從中領悟到治療的盼望，必定涉及人生的終極意義。只可惜，他對此治療方針的發展未夠詳盡，而在實用思想和樂觀進步精神的氛圍下，此治療方法曲高和寡，沒有得到美國人的青睞。

家庭治療與個人輔導理論的拓展過程有些不同。個人輔導理論基本上是不同的人物各自在自己的實驗室和輔導室發展自己的思想理論，他們同樣是想解決人類的精神困擾，只是各自尋找出路。家庭治療在早期建構理論的實務之時，卻是一羣有心人在美國東岸或西岸，一起作出實務試驗和研究。美國東岸的鮑恩、沙維雅、艾加文（Nathan Ackerman）、曼紐秦等人，一同借助人類學家貝臣（Gregory Bateson）的生物系統理論，去揣摩和實驗家庭成員的互動，並人類精神困擾的關係。早期的會談錄像帶顯示，同一個個案會交由鮑恩、沙維雅、華特克（Carl A.

Whitaker)、曼紐秦等治療師分別進行家庭會談。譬如說鮑恩做了一節會談，下星期沙維雅進行第二節會談，曼紐秦又主持第三節會談。會談過後，治療師會聚在一起商談那個家庭出現的行為特徵、互動模式，以及如何介入去促使改變。不同人物以不同風格會晤同一個家庭，也是筆者在1980年代初，於香港家庭治療協會及公教婚姻輔導會與家庭面談時，所運用的團隊協談模式。

家庭治療本源於相似的家庭系統理論，然後，不同的治療師再以個人傾向和個人風格決定自己的治療焦點，再加以發揮。由於這個緣故，讓我們對這分屬三大陣營的四大家庭治療學派作出綜合評論。

家庭治療學説的主要流派：三大陣營

經典的家庭治療學說可以分為三大陣營。

第一大陣營，著重家庭系統結構，家庭成員間互動因素，包括：(1)結構學派；(2)策略學派；及(3)米蘭學派。這一大陣營強調觀察家庭成員間的互動和結構，尤其策略治療及早期的米蘭學派，十分著重人類之間經常玩弄的權力遊戲——無論是父母子女之間、夫妻之間，明裏暗裏在爭權和操控。所以，這些學派擅長使用「激將法」、說反話、對質、挑戰、正向施藥(positive prescription)、弔詭策略(paradox)等等，去攻破家庭成員間修築的權力堡壘。無論用明確的手法，或暗中的策略，只要能攻破這些權力結構、彼此操控的堡壘，就歸功於輔導得到成功。這一大陣營背後所持的世界觀，是實證主義和機能主義的思想，反對人類具有真、善、美、愛這些抽象唯心思想；因此，人類的相處(包括家庭成員間相處)，實際上是機械功能的互動、一場權力操控的遊戲。

第二大陣營著重核心家庭與原生家庭的跨代流傳（橫向維度），以及家庭成員內在心理流動（縱向維度）。主要流派包括：(1) 鮑恩家庭治療；以及 (2) 沙維雅家庭治療。這一大陣營當然注意到家庭成員間的互動及互為影響。治療師會追蹤這些互動背後的深因（內在渴望、情緒反應）及遠因（上一代及數代之間的互動牽連）。因此，這一大陣營的治療師，喜歡繪製三代家庭圖（雖然沙維雅與鮑恩的家庭圖繪畫方法各異），去綜覽跨代流傳的家庭脈絡。沙維雅著重追蹤家規、未滿足的期望、傷害人自尊的信念行為；鮑恩更深入地觀察跨代間的三角舒張動力、跨代複製的情緒投射、不自覺的自動行為模式和反動情緒。

這一陣營的其中一個特色，是會將家庭整體（即中國人的「大我」）的互動和互相需求，結連至家庭個別成員（即中國人的「小我」）的內心世界。鮑恩用自我聚焦（self-focus）的技巧去探討家庭成員的內在領域，而沙維雅擅用冰山隱喻去了解個別成員的內心深層渴望和期待。所以，這一陣營的家庭治療師重視愛心、尊重、自由，以及人的感受、情緒。沙維雅傾向於泛靈論（animism）的人文主義思維；鮑恩用進化論的思想去探討人格發展的路徑。二者都不是「病理診斷」取向，而是成長取向，著重個人成長的治療模式。

第三大陣營的家庭治療，可說是米高維的敍事家庭治療，在認知論的思維上，可稱為第三波的運動。[1] 第一波是研究個人身心行為的個人輔導模式，第一波的認知論是以客觀實驗方法去觀測和取得客觀證據。第二波的認知論建基於系統思維，亦即是其他家庭治療學派的系統思維。系統思維有別於第一波的

1 "Psychotherapy's Third Wave? The Promise of Narrative", in *The Family Therapy Networker* (Nov./Dec. 1994).

線性因果邏輯思維，這形成了一立體互動、循環的認知理論。觀察者其實不是純粹的觀察者，觀察者無可避免地加入了家庭成員的脈絡中，成為循環互動的主體，主體和客體難以斷然區分。系統思維較諸平面的因果思維，是向前躍進了一大步。

米高維在訓練工作坊中，堅定強調他絕不是系統思維的認知論者，他是第三波的建構和解構主義者，這是甚麼意思呢？假設一個人看見一隻狗。第一波的認知思維會說：「我看見一隻狗。」我是主體，小狗是客體。我與狗隻不同，我看見狗兒真實的物質實象，我可以拉起小狗散步，或拋下小狗自己獨處，可以做各樣行動去改變這個客觀世界。

第二波系統思維認知論者說：「我看見狗兒，狗兒也看著我。」小狗是我這個人的環境脈絡的一部分，我也是狗兒環境脈絡的一部分；我可以影響牠，牠也在持續地影響我。我丟下小狗上班，事實上小狗的影子存在我的心上；我去了旅行，小狗也被影響，甚至沒有胃口進食。所以，我們不是斷然區分的兩個客觀實體，我們每一分鐘的交往都在互相影響：我是主角，也是配角；狗兒是配角，也是主角。誰是因誰是果，難以分曉，循環互動。

持第三波的建構和解構主義思維的米高維，完全不認同第一種世界認知理論，也不認同第二種認知世界的想法，他會問：「你怎麼知道你眼前搖著尾巴，會吠會動的黃毛東西叫做小狗？你又怎麼知道牠向你擺尾是忠心的表現？」這一切都是語言文化建構的現實。在西方社會，對狗隻施以拳腳，會被稱為虐畜；在東方貧瘠村落，同樣的行為，會被稱為「洩一身悶氣」。在西方社會，殺死一隻狗，可以稱為非法行為；中國小村落殺一隻狗，不過是烹煮家畜而已。古語有云：「飛鳥盡，良弓藏，狡兔死，走狗烹。」這些都是約定俗成的文化、社會、政治權力、共同用語言建構的現實。所以，一個人家裏死了一隻狗，可以被建構為淒涼的故事，也可以被建構為值得慶賀的故事。在乎治療師和參與者如何解構（顛覆現實）和重構新的故事。

第三大陣營的米高維家庭治療背後的世界觀，建基於相對主義和解構主義的人生觀。及後，我們再作詳細論述。

在這裏，筆者也要一提，華人子弟到美國學習家庭治療，通常會集中學習普及的家庭系統治療、結構派家庭治療，而且多數滲入策略派家庭治療，或者同時學習到短期、速效、快捷的尋解家庭治療（Solution-Focused Family Therapy）。為何如此？

米蘭學派的家庭治療，源於意大利，並非美國出品。筆者在英國讀家庭治療時，米蘭學派、結構學派、策略學派三者並列教授，但美國的大學卻不會教授當地並不流行的米蘭學派。此外，鮑恩的家庭治療有深奧的義理，卻缺乏清晰的實務技巧。加上鮑恩本人亦不喜歡在家庭治療派別中爭長逐短，其理論也偏向著重深度，而不著重速度。因此，鮑恩的家庭治療並不適合美國人口味，早期只在華盛頓佐治鎮和北美加拿大學府較為流行，故此美國的大學也不一定會著重教授此學派。近年，鮑恩那「獨立自主，以情相繫」（Differentiation；下或簡稱作自主而相繫）的理念，才在家庭治療期刊重獲重視。至於沙維雅的治療學派，因為受到結構學派的男權理性科學至上思想的排斥，[2] 在東南亞的影響力更超越在美國本土的影響力。因此，留美學習家庭治療的學子未必一定會碰得上沙維雅的學說了。

寫這些背景資料有何用呢？筆者想提出一個觀察，那就是：留學美國的家庭治療師、擁有AAMFT[3] 名銜的人，不一定

2 霍玉蓮：《婚姻與家庭治療：理論與實務藍圖》（香港：突破，2004），頁61。

3 AAMFT即American Association of Marital and Family Therapist。

等於對基本的經典家庭治療派別有全面的掌握。這反映上主是多麼的幽默！

早期在美國專攻家庭治療，可能只是掌握了機能主義和實證主義的家庭治療學派，反而在加拿大、台灣或在香港修讀家庭治療，會更多掌握人文主義為基礎的家庭治療學派，這是值得我們深思的事實。一直以來，出於自卑心理，中國人總是嚮往外國名牌，崇拜名銜、證書。「名銜」代表甚麼？可能純粹代表西方霸權壟斷的現實，也可能代表一個人在一個學派上鑽研了幾百個小時，又或下意識受某一種世界觀的長期「洗腦」。「名銜」不代表專家，更未必代表對各種經典學派有全面的基礎了解，這是華人輔導界需要警覺的事實。筆者想強調絕對無意針砭任何人或組織，正如麥當勞在環球開設漢堡包食店，提供廉價的食物、整潔的環境，讓途人歇腳，叫人欣賞，然而高脂高鈉的食品影響身體健康卻是不可否認的事實，筆者只是以事論事，讓有志研習輔導理論者提高警覺。

筆者也曾在另一本著作《婚姻與家庭治療：理論與實務藍圖》中，逐一介紹四個家庭治療的主要學說和倡議者的生平背景。[4] 這裏，筆者再逐一撮要四個主要家庭治療學派的小檔案，以及對各學派的精簡評論。讀者若有興趣作深入了解，可參考上述的著作。

4.1 鮑恩的家庭治療法

4.1.1 鮑恩小檔案

4.1.1.1 鮑恩生平小傳

- 1913 年，梅利鮑恩（Murray Bowen）出生於美國田納西州

4 霍玉蓮：《婚姻與家庭治療》，第 2 章。

小鎮威法利（Waverly）。父親經營救護車及殯儀事業，自幼幫忙救護車工作。十五歲當救護車助手時，見證一名少女入急症後失救，激勵他立志為醫療界尋找更好的答案，因而決定修讀醫學。

- 1934 年入醫學院，專攻內科及精神科。
- 1937 年，二十四歲，在田納西大學（University of Tennessee）醫學院獲頒醫學博士。
- 1938 至 1941 年，二十五至二十八歲期間，在紐約市貝爾維尤醫院（Bellevue Hospital）及草原醫院（Grasslands Hospital）當實習醫生。
- 1941 年，二次大戰期間，服務軍隊五年。
- 1941 至 1946 年，二十八至三十三歲，在歐美等地服役五年。由尉級（lieutenant）升至校級（major），目睹軍人的精神狀況較其他的條件為重要，便決定轉修精神科。
- 1946 年二次大戰後，於肯薩斯的梅寧哲臨牀中心（Menninger Clinic）工作，專心研究罹患精神分裂症病人的母子關係。
- 1954 年進入研究態度開放的精神健康研究所，在當中開創理論。在一次家庭會議上，分享自己在原生家庭的成長和「獨立自主、以情相繫」的過程，此舉帶動治療師進行自我反省，治療他人之前，先自我成長。
- 1959 年受任佐治城大學（Georgetown University）精神科學系，繼續研究及推行理論。這三十一年間，重整理論，及訓練學生。晚年，他於家庭治療界的領導性地位獲得認同。
- 1990 年 10 月，因長期病患而逝世。

4.1.1.2 理念與治療手法[5]

1. 主要治療概念

a. 獨立自主，以情相繫

- 人類兩種基本的需要和能力：

  （1）需要與人連繫。

  （2）需要跟隨內心意願；滿足自己的需要。
- 父母本身的成熟程度；影響親子關係的安全穩定性。
- 較被著重、注意的孩子，較受父母的成熟程度影響。

b. 三角舒張動力（Triangulation**）**

- 二人的糾纏關係是張力最大的系統。
- 容易拉扯第三者，去舒緩二人親疏矛盾的張力。

c. 核心家庭情緒系統（Nuclear Family Emotional Process**）**

核心家庭情緒系統的四種情緒表現：

- 情感抽離。
- 夫婦間衝突。
- 問題被投射在小孩身上。
- 夫婦功能失效。

d. 家庭投射歷程（Family Projection Process**）**

孩子自幼已敏感於父母的情緒狀況，自動發展出相應但又不太健康的行為模式，去滿足父母的情緒需要。

e. 情感截斷（Emotional cut-off**）**

- 孩子無法應付父母過分需索的情緒壓力，借助疏遠或減少接觸，去協助紓解因糾纏不適而引致的焦慮問題。
- 孩子愈是難以與父母（自身家庭）建立一個自主而相繫的關

5　詳見霍玉蓮：《婚姻與家庭治療》，頁 51~61。

係，在其他關係上，就會愈顯得脆弱、愈易受傷。最極端時，可能會放棄與所有人建立緊密關係，與所有人保持一定的距離。[6]

- 一走了之、一刀兩斷，是無法適應二人的糾纏關係的結果，並非理想狀態。同時，走極端、與所有人保持一定距離，又會產生另一些與人建立緊密關係的困難。[7]

f. **跨代家庭承傳**（Multigenerational Transmission Process）

- 指代代相傳的情緒流動歷程。
- 嚴重功能障礙的形成。

g. **家庭排序**（Sibling Position）

個人在家庭中的排序，非常影響他的成長經驗和個性發展。[8] 例如：老大、排中間、老么，都各有不同的特徵。

h. **社會性退化**（Societal Regression）

- 鮑恩發現社會性退化的形成過程，與家庭成員的情緒互動一樣，主要是來自焦慮。
- 長期的社會性壓力，如人口迅速膨脹、失業、資源缺乏、政治動蕩等不穩定因素，會提升社會的焦慮氣氛。
- 若大部分人不肯或不懂得培養自我覺察能力，亦不能提升自己超越父母自主而相繫的成熟程度，再加上都市化、商業化、科技發展不斷削弱個人自主而相繫的成熟程度，整個社會不是邁向進步，而是邁向退化。[9]

---

6 D. Papero, "Bowen's System Theory", in *Comparative Treatments for Relationship Dysfunction*, edited by F. M. Dattillio and L. J. Bevillacqua (New York: Springer, 2000), 25~44.

7 霍玉蓮：《婚姻與家庭治療》，頁 57。

8 霍玉蓮：《婚姻與家庭治療》，頁 57~58。

9 霍玉蓮：《婚姻與家庭治療》，頁 60。

2. 治療技巧

- 運用家庭圖。
- 化解三角舒張力。
- 自我聚焦問句。
- 降低及減輕反動焦慮情緒。
- 生活教練。

3. 人觀

鮑恩強調個人的獨特性，因為他相信每個人在不同境遇、不同情況，都會達到不同的自主而相繫的成熟程度，不應用一個固定分數去為人的成熟程度定高低。人倫關係旁有不少「情緒磁場」，因而產生自然情緒反應。人的自然情緒反應愈大，愈不能主動地、有意志及有選擇地做回自己和面對他人。結果，人們便不能與他人產生真實的親密關係。

鮑恩認為人是有能力改變的，每個人早期發展出來的人格成熟程度，可經後天栽培，而得到開拓和調整。當人們不能自制，被困於內在的情緒壓力之內，便會把矛頭指向對方，結果令自己的盲動情緒反應愈來愈大，愈無法作一個自主、獨立、自由的人。鮑恩重視宇宙生態系統互動的關係，認為人與人的相處關係都是互相影響的，離不開生態宇宙的互動法則，因而在輔導過程都較著重家庭的互動關係，而非強調診斷人生及家庭病態。[10]

筆者感到較難歸納鮑恩的人觀來自甚麼傳統。他並不如人文主義者那樣，一味相信人類美善，有無窮自我完善的資源；反之，他發現人類的發展現象可能是違反進化定律的——並非

10　霍玉蓮：《婚姻與家庭治療》，頁 60。

愈趨進步，而是邁向社會退化。筆者十分欣賞他沒有盲目堅持自己的理念，而是對觀察和研究的結果非常誠實。鮑恩晚年發現社會性退化現象，包括人格內涵不斷退步，以及都市化、現代化、科技化及商業化等現象，這些情況深深影響家庭系統的發展，削弱個人自主而相繫的成熟程度。

另一方面，他亦不受原子物理機械思想所約束。他強調人有個別獨特性，有自主能力、意志力，內在和平及內在自由的向度，同時亦有與人相交相繫的情感向度。而這種種向度與家庭成員、上一代和社會人士構成一個有機體，緊密地互通、互動、互為影響。同時，人亦可以靠後天修養，開拓和調整人格的成熟程度，與父母復和，達致更成熟的人格理想。

鮑恩在晚年曾經唏噓歎息，整個家庭治療界有如「巴別塔」一般，各人在建造這個塔的時候，你爭我奪。這個典故來自聖經，也反映了基督教信仰精神，所以我們可以推論鮑恩的人觀深受基督教信仰影響。

4. 世界觀：科學進化論、自然主義

鮑恩屢次用進化論的言詞去描述他研究的人際關係；由此可見，鮑恩似乎抱持科學進化論的思想去認識這個世界。其實這看法也是啟蒙時期以後，席捲醫學界所有研究範疇的世界觀。

鮑恩在思考家庭關係的時候，致力尋找人類行為的基本法則；可見他假設並相信宇宙之間存在著共通的法則和規律，這些法則不但管理人類行為，而且管理人間的情緒流動。所有活著的東西：包括宇宙、太陽、地球及一切的生物，都互相連繫及影響；在社會或家庭系統中，大家可以彼此依存，求大同、存小異，每個人能發揮獨立自主的能力，又同時以情相繫。所

以，鮑恩希望發現宇宙間隱藏的法則，用以指導人的行為和家庭關係，達致更美好的結果。

4.1.2 回響

1. 貫串融通全面的觀察

在眾多家庭治療模式之中，筆者欣賞鮑恩對家庭和人倫關係作出最為嚴謹貫串融通全面的觀察。雖然他的理論尚未發展圓熟，但他的八個主要治療概念緊密相連，涵蓋人內在的心理動力，如焦慮、自動反應等；又包括人與人之間的交往動力，如功能過盛者相對功能過弱者、親密與疏離的自動調節等；又包括隔代的家庭動力，如跨代情緒流傳；也包括家庭與社會之間的相互動力，如社會退化觀念。

當我們仔細分析研究鮑恩的八項主要觀念，就發現這裏蘊含著一個潛質最豐富、最有彈性、最立體的思想架構，可以發展出多層次現實的家庭倫理觀。

2. 人格成熟的理想——自主而相繫，平衡的自我觀

鮑恩的人觀是「非病態」、「成長」導向的。其中自主而相繫的人格理想有極大的發展空間。人類自主而相繫的人格理想，比其他心理學模式的自我想法更優勝。它不是一個固定的狀態，而是一個發展的光譜，有極圓滿成熟的指向，也有衰弱幼稚衰殘的指向；人在不同場景、不同階段，在這些指向間滑動。這是一個最少標籤，最為動態的模式。

同時，自主而相繫的人格理想內存有的素質，可與基督教信仰和中國文化共融、互相輝映。譬如「內在自由」、「人生使命的確認」，比趨樂避苦、自我實現這些想法更有深度。中國文化

中「君子無入而不自得」、「富貴不能淫，貧賤不能移，威武不能屈」、「結廬在人境，而無車馬喧」皆與「內在自由」思想一致。在基督教信仰中，為上主拋棄一切、「喪掉生命，就得著生命」的內在自由，也是如出一轍。

鮑恩的人格理想，不光是自我滿足，也提及人格的橫向層面，即與羣體的相互關係。求同存異、彼此連繫，與中國文化中「四海之內皆兄弟」，以及耶穌說「愛你的鄰舍」，「把一杯涼水給一個小子，就是給我喝」內中的精神是一致的。這是一個大有發展空間的寶貴概念。

對理想成熟人格有興趣的讀者，可以參閱本書頁 173 至 179 的附記。

3. 情緒流動的規律

鮑恩對情緒流動的重要觀察，又是另一個出色的貢獻。人與人之間似乎有一堵情緒磁場互相牽動，那麼不由分說，那麼蠻不講理。鮑恩發現人與人之間有一些反動的循環模式，互相牽制。這個發現，對婚姻輔導有重大啟示，對情緒和精神病理也有重大的啟發。

情緒的自動反應亦可以與保羅說的「我想做的我不去做，我不願的我倒去做」互相呼應。鮑恩已步行到人類心靈的入口。人類持續的焦慮來自甚麼地方呢？聖經說：「愛裏沒有懼怕，愛既完全就把懼怕除去。」人的內在與自我脫離，產生了持續的焦慮，不能接駁愛的源頭，這個自我脫離是無可避免的。

可惜，鮑恩仍然受制和侷限於他同時代人的種種科學偏見。他只是探討焦慮的現象，沒有再進一步，深入探討人內在世界的愛恨、美醜、善良兇惡。於是乎，他所主張的尋覓自主而相繫的路程，亦只有理性省察這單一支柱，卻未能探討和觸及心靈、靜觀、自我省察、頓悟等等支柱。這是鮑恩的限制，也是西方模式典型的局限。

由於上述幾方面的貢獻，鮑恩的模式對於婚姻輔導和處理婚外情個案的應用，是很有幫助的。一個人若要能與別人相親，必須要與自己相親，既自主而相繫。而且，許多婚姻問題和年幼與父母的親密關係又大有關連，不少婚外情個案可以從跨代情緒流動看到端倪。及後再談。

4.2 沙維雅的家庭治療法

4.2.1 沙維雅小檔案

4.2.1.1 沙維雅生平小傳[11]

- 1916 年，沙維雅（Virginia Satir）在美國威斯康辛州一個農莊出世。她是五名孩子之中的長姊，父親是一個酒徒，母親是一個抑鬱者。
- 母親是一位虔誠基督徒，她在媽媽的影響下相信「神」是仁慈的。母親亦相信透過祈禱，能醫治疾病。年幼時，沙維雅曾經患病而沒有尋求醫生的醫治，結果導致聽覺不靈，這個經驗可能為沙維雅對信仰的看法帶來負面的影響。
- 沙維雅的聽覺不靈使她學會讀唇，使她對人的觀察更為細緻，對人內心的洞察力更為敏銳。
- 自幼在農場長大，在大自然中孕育她對生命的欣賞，她深信生命內蘊醫治的能力。
- 1936 年從威斯康辛—密爾沃基大學（University of

11　譚中嶽：《心理與心靈》，增訂版（台南：聖光神學院，2002），頁 126~130；Virginia Satir et al., *The Satir Model: Family Therepy and Beyond*（Palo Alto, CA: Science and Behavior Books, 1991）。

Wisconsin-Milwaukee）畢業，獲教育學士學位。

- 1940 年任教威斯康辛公立學校，認為：「若我們能醫治家庭，就能醫治世界。」
- 1948 年在芝加哥大學完成社會科學碩士。
- 1949 年首次離婚。
- 1950 年開展私人執業， 曾在依利洛精神病院（Illinois Psychiatric Institute）工作。
- 1951 年完成第一個家庭治療個案，亦同時推動家庭治療而放棄以個人為重心的治療方法。
- 1957 第二次離婚。收養瑪莉和路芙作為養女。
- 1959 年到心智治療中心工作，加入家庭治療及研究的隊伍。
- 1962 年成立精神健康研究所（Mental Research Insititute），身兼總監之職，開始家庭治療訓練。
- 1964 年出版了第一本書《聯合家族治療》（*Conjoint Family Therapy*），說明她的治療概念及治療方法。後期的著作《家庭如何塑造人》（*People Making*）有更多治療經驗的分享。
- 1988 年重寫《家庭如何塑造人》，加入最後兩章，即"Peace Within, Peace Between, and Peace Among"及"Spirituality"，可見她對世界及個人靈性的重視。
- 1977 年成立亞維達沙維雅網絡（Avanta the Virginia Satir Network，今稱The Virginia Satir Global Network）。
- 1988 年患胰臟癌逝世，享年七十二歲。
- 沙維雅是國際知名的家庭治療大師。她相信人可以持續成長、改變及開拓對生活的新信念；並以改善家庭的溝通及關係為目標， 畢生致力於家庭治療、 教育和寫作。沙維雅被公認為「家庭治療之母」、「家庭治療之哥倫布」。

4.2.1.2 理念與治療手法

1. **主要治療概念** [12]

- 問題不是問題，適應方法才是問題。（Problem is not the problem, coping is the problem.）
- 人的內在冰山。
- 溝通理論。
- 家庭規條。
- 改變歷程。

2. **治療技巧**

- 運用家庭圖。
- 家庭重塑。
- 「當日心境簡報」溝通方法。
- 自我環。
- 個性組合舞會。
- 六種相依形態。[13]
- 裹外一致溝通模式。
- 內在冰山歷程問句。
- 「交往摩天輪」溝通追蹤法。[14]

---

12 霍玉蓮：《婚姻與家庭治療》，頁 77~81。

13 霍玉蓮：《婚姻與家庭治療》，頁 190~191。

14 霍玉蓮：《怎可以一生一世》，四版（香港：突破，1998），頁 220~221。

3. 人觀

a. 對人的基本信念[15]

- 沙維雅相信人性是善的，人如果能夠正常地發展，人性的善便會發揮出來。
- 人有發展潛質的自然傾向，只要有合適的機會和環境，人的潛質便可以完善發展。
- 人有足夠的內在能力和資源去解決問題，但成長的經驗可以使人忘記自己擁有的能力和資源，或不恰當地使用這些資源。
- 當某人在情緒或行為上出現「病徵」(symptoms)，這表示他在成長上有障礙，以致不能正常地發展。
- 當人受到壓力或遇到困難的時候，都會用他所知道的最好方法去處理，雖然這些處理方式或會對自己和別人造成傷害。
- 只要受到鼓勵和環境合適，任何人都可以重新學習新的處理方式。

b. 對家庭的基本信念[16]

- 家庭是一個系統，由其成員組成。
- 家庭成員之間的互動構成了家庭關係。
- 家庭成員在互動中尋求滿足自己的需要和滿足其他成員的需要。
- 家庭成員的互動受每個人的自尊影響。
- 家庭成員的互動很自然地傾向維持一種均衡(equilibrium)的狀態，它的特點是開放性(openness)和彈性(flexibility)。

15 霍玉蓮：《婚姻與家庭治療》，頁 57。
16 霍玉蓮：《婚姻與家庭治療》，頁 58。

4.　世界觀：人文主義、浪漫主義

- 相信人內心有無限資源，可以自我完善。
- 人文主義並不排斥宗教信仰，但也不確立世上有沒有神；所以，有基督徒人文主義者，也有無神論人文主義者。
- 沙維雅在她的治療中，鮮有提及神，但她常常提及禱告、冥想、靈性和生命力。
- 沙維雅相信人類靈性直覺、愛心、尊重、關懷，更多於科學證據，她認為科技社會帶來複雜的問題，影響家庭健康發展，她認為「要改變世界先要改變家庭。」（"To change the world is to change the family."）[17]
- 沙維雅認為幫助個人成長，具備裏外一致的人性，是建立人性社會的重點。
- 沙維雅相信人與人之間可以結連，成為宇宙間一個巨大的聯繫網。

4.2.2 回響

1.　恢復人性的溫柔

倘若鮑恩從生硬的家庭系統理論中拯救了系統裏的「人」（the "inner man"），沙維雅不單止拯救了這個存於家庭系統裏的「人」，而且恢復人性與溫柔（humanization）。沙維雅強調：「除卻了關懷、尊重和誠意聆聽，就沒有治療。」（Without concern, respect, and sincere listening, there will be no therapy.）我想這是沙維雅治療模式的最大貢獻。

17　譚中嶽：《心理與心靈》，頁 133~149。

2. 體驗性的治療手法

沙維雅治療模式，十分著重直覺、接觸和體驗。沙維雅的眼神、聲線、觸摸常常是她改變家庭成員的重要關鍵。許多時候，案主在沙維雅的親身觸摸中微笑、歡欣或淚如雨下。沙維雅模式不在乎技法，而在乎心法。故此，對追隨這套治療模式的人來說，關鍵是覺察、真摰、自省、專注內省（centering）及真誠臨在。後學者一旦過分重視技巧而失去這些重點，就會失掉整套治療的「心法」與精神。

也是由於這個緣故，治療師的右腦思維：圖像、直覺、感應，共鳴、頓悟是整個治療的燈塔；故此，左腦思維發達、強於邏輯推理、研究分析，而右腦思維發展不足的治療師會覺得這套模式很難掌握。近年，後學者想要整理出沙維雅治療的工作步驟，本意原是好的，但卻產生出一個一板一眼、失去靈性的治療方法，有可能違背了沙維雅直覺靈動的精神，需要仔細明察。

也正因上述原因，沙維雅治療模式與完形治療法、體感療法、戲劇治療等等，都能美妙地配合起來，互補不足。

3. 自我膨脹的危機

沙維雅模式完全相信人性本善，只要不斷接觸內在無窮資源，就可以做回自己、挽回自尊，像一隻小鳥般自由飛翔，真是好美麗的一段浪漫樂章。在人觀這一方面，請饒恕筆者作一感歎：沙維雅實在過分樂觀，這份樂觀隱隱散發些許膚淺的味道。人只要不斷念誦「我有自由」，就能夠在複雜的人生、爾虞我詐的社會裏自由飛行嗎？人不斷支取內在資源，就會自我感覺良好，有無窮力量嗎？在美善相親的羣體中，這美好的想像或許還可以真實發生片刻，但在善惡共存的人間，這是過分天真樂觀的想法。沙維雅的最大毛病是否認神的存在和創造，而同時否認人內心可能隱藏的罪性和黑暗，在人性觀上未免流於膚淺，應付人間的恩怨糾纏時缺乏深度，甚至有時會引向自欺和自我膨脹的危機。

4. 人觀

沙維雅相信人間有愛，願意愛和渴望被愛，是人類的核心；所以，她又被讚譽為「愛心治療師」。沙維雅是人文主義者，她相信人性總是美善的，只要接觸內在資源，就有無窮力量自我完善。

沙維雅相信人的所有問題來自外在的束縛、規條和不良的溝通，產生低微的自尊感，只要建立信念，去除無謂束縛，重獲天賦的五項自由（自由地看和聽、表達感受、感覺、問別人想要甚麼、根據自己的想法去冒險，詳見本書頁204），就可得到自尊感，就能化解一切問題。

其實，人的自尊感來自無條件的被愛、被接納；然而，沙維雅沒有說清楚這兩點。缺乏無條件被愛、被接納的經驗，「自我肯定」猶如自我催眠，藥力消散後又得再面對無力和難堪的自我。人靠著虛弱無力的自我來肯定自己，面對無窮的自我選擇，好像小狗追著自己的尾巴不停打圈。

沙維雅重視人的靈性，可是由於她避而不談信仰和神，故此，她的靈性觀十分含糊不清。沙維雅常常以不同的名詞去代表一個人內在的靈性力量，一時稱之為「無窮內在資源」，一時又稱之為「生命力量」，她後期所收的學生又以「能量」一詞取代之前的說法。說來說去，這到底是人天生的一部分、是人的本性，還是在人之外的超自然、神靈的靈性力量呢？沙維雅在這方面的見解跳動、遷移，有時概念粗疏而矛盾，難怪沃爾特

（Margaret Walker）對沙維雅有這樣的評語「她〔沙維雅〕的治療法⋯⋯主要是受她個人對家庭動力的敏銳觸覺所策動，多於受到嚴謹精確的理論概念所指引。」[18]

在靈性觀上，沙維雅提到人類有四個靈性成長歷程，主張人會經歷四次靈性成長的出生。[19]

1） 第一生（First Birth）：人的出生顯出個人是「生命力」的同行者。
2） 第二生（Second Birth）：身體機能成長。
3） 第三生（Third Birth）：認識自己是宇宙的中心點，從過去不健全的成長中釋放出來。為自己生活做決定，為生活的每一天慶賀。重尋真我。
4） 第四生（Fourth Birth）：靈性成熟期，不是只看見自我，而是以大我、大同世界為依歸。生命與生命聯結在一起。

人有四次靈性生長歷程，可是當中卻沒有來自聖靈的「重生」，這是沙維雅模式與基督教信仰分道揚鑣的重要地方。也是沙維雅的學說容易引致泛靈論或自我升格為神的危險小黑巷。

4.3 曼紐秦的結構派家庭治療法

4.3.1 曼紐秦小檔案

4.3.1.1 曼紐秦生平小傳

- 1921 年，曼紐秦（Salvador Minuchin）出生於阿根庭聖・薩瓦多的一個猶太人家庭。操拉丁口音，寄居於異國的環境中，使他從小對自己的身分有一分矛盾的感覺。

18 M. A. Walker, "The Incongruity of Congruence", in *Couples and the Tao of Congruence*, edited by B. Brothers (New York: Haworth, 1996), 111~122.
19 譚中嶽：《心理與心靈》，頁 133~149。

- 曼紐秦是家中長子，有一個妹妹，一個弟弟。父母都十分嚴正，常體罰子女，包括扭耳朵、掌摑、用皮帶鞭打，弄至他們滿身瘀藍。曼紐秦在六十多歲時，聲稱父親在他九歲時對他施以的體罰仍舊歷歷在目。[20] 他自認是一個固執的人，受固執的父親所感染，常與街童毆鬥，絕不認輸。[21]
- 父親是一位公正而有距離感的人；而母親則是一位順服和照顧孩子成長的母親。父母婚姻和洽：男尊女卑、分工清晰、彼此互補。母親照顧家中大小，經常委屈自己，遷就他人，性情倚賴，面露愁容。[22]
- 1939 年，曼紐秦十八歲，進入大學的醫學院。
- 1944 年因參與對抗獨裁者的學生運動被捕入獄，對政治產生興趣。
- 1946 年完成醫學院課程後，擔任兒科的住院醫生，同時副修心理學。
- 1948 年開設一所兒科診所。
- 1950 年計劃往芝加哥攻讀精神科，結果中途在紐約滯留，研讀兒童精神科，同年進修精神分析學。
- 1954 至 1958 年間，曼紐秦於紐約的貧民窟工作，期間分別運用個別及家族治療來幫助患者及家人。在過程中，他發覺當時流行的心理分析治療法對貧民窟的邊緣少年沒有幫助。後來，與蒙他伏（Braulio Montalvo）、希利（Jay Haley）等同僚一起研究新的家庭治療手法，開創結構派家庭治療。[23]

20 S. Minuchin, *Family Healing: Strategies for Hope and Understanding*（New York: Simon & Schuster, 1993）, 10.

21 Minuchin, *Family Healing*, 8.

22 Minuchin, *Family Healing*, 9~13.

23 S. Minuchin et al., *Families of the Slums: An Exploration of Their Structure and Treatment*（New York: Basic Books, 1967）.

- 他開始注意破碎的家庭結構對這些少年人的影響。爾後，他跟他的同僚開始以簡短、直接、行動導向的治療手法，促使家庭組織結構產生改變。常常以聲線、權威去懾服當事人，試圖改變其家庭成員的交往方式。[24]
- 1965 年，曼紐秦轉到費城兒童診所（Philadelphia Child Care Clinic）當主任，發現中產家庭過分保護、關心、過問子女，使子女缺乏個人空間，以致產生消極的抵抗或忿怒的抗衡。曼紐秦要幫助這些家庭把角色、責任、權力、感情等分開，避免重疊和糾纏。
- 1974 年，曼紐秦在委內瑞拉一個討論家庭治療的會議上，嚴厲攻擊沙維雅的治療手法不夠科學化，對家庭治療界產生危險。[25] 這障礙了當時惟一一名女性治療師在美國本土的發展。
- 1990 年代，敍事治療興起。曼紐秦又再次以其有理不饒人的強悍作風，向敍事治療手法作出挑戰，批評敍事治療法丟失了「家庭」。[26] 引起結構派及敍事治療法一場精彩的唇槍舌劍。[27]
- 曼紐秦著有《結構派家族治療入門》（*Families and Family Therapy*）、《結構派家族治療技術》（*Family Therapy Techniques*）、《回家：結構派大師說家庭治療的故事》（*Family*

---

24 霍玉蓮：《婚姻與家庭治療》，頁 57。

25 S. Minuchin, "Is Virginia Satir Dangerous to Family Therapy?" in *Family Networker* (Jan/Feb 1989): 35.

26 S. Miniuchin, "Where is the family in Narrative Family Therapy?", *Journal of Marital and Family Therapy* 24 (1988): 397~403.

27 Joshua Levy, "Using a Meta-perspective to Clarify the Structural-Narrative Debate in Family Therapy", *Family Process*, vol.45, no.1, (2006): 55~73.

Healing: Tales of Hope and Renewal from Family Therapy）等書。[28]

- 2006 年，曼紐秦在他的新著作《家庭與伴侶評估》（*Assessing Families and Couples from Symptom to System*）中，將追蹤家庭往事的元素納入治療手法之中，但基本上仍以家庭結構為治療焦點。
- 曼紐秦是美國早期研究家庭治療的鼻祖之一，而且得享高齡，至今仍然繼續他的治療工作。

4.3.1.2 理念與治療手法[29]

1. **主要治療概念**

- 家庭結構。
- 系統和次系統。
- 空間和界限。
- 角色與責任。
- 權力架構。
- 失效家庭結構：（1）糾纏及疏離；（2）聯陣對壘；（3）三角纏；（4）倒三角。

2. **治療技巧**

a. 家庭重組：變更家庭結構

- 聯手（joining）。
- 轉換座位 / 位置：（1）熱心投入成為家庭一員；（2）中立聆

28 高劉寶慈、朱亮基編：《個人工作與家庭治療：理論及案例》（香港：中文大學，1997），頁 178~179。

29 霍玉蓮：《婚姻與家庭治療》，頁 77~81。

聽；（3）離遠的專家位置。

- 蓄意變更權力輕重（unbalancing）。

b. 現場對話

- 治療師觀察家庭成員自然發生的現場對話（enactment），去評估成員間互動模式，是否障礙家庭功能。
- 治療師策劃及指揮家庭成員作出現場對話，藉以突顯不良的僵固互動模式，作出挑戰和修改。

c. 變更 / 劃清界限

治療師追蹤家庭成員關係，勘察有否發生三角糾纏關係，或者主系統與次系統的家庭成員有沒有逾越界限，對此作出評論和挑戰，務使劃出清晰角色、功能和界限（boundary setting）。

d. 四步模式

1） 分散家庭成員對家庭症狀及負症者的注意。
2） 探討使家庭問題持續的成員互動模式。
3） 探討主要家庭成員如何受過去經驗所限制和束縛，又如何影響目前的家庭結構，及互動模式。
4） 開展及探求新的互動相處方法。

e. 治療目標：改變家庭結構的維持家庭功能

此學派擅長移除病徵，如：厭食症、焦慮症，卻絕少處理饒恕、內疚、深層創傷、死亡哀悼等家庭問題。

3. 人觀

實證主義（positivism）和結構功能主義（structure-functionalism）認為人是組成更大系統的分子，彼此關連有如機器中的部件，是沒有心靈、主體、獨特人格、渴想的，個人的存在是為了發揮整體的功能。在曼紐秦的世界觀裏，家庭像一部機器，人是家庭組織的一個分子、一個產物而已。這些分子之間需要按著秩序和功能，各就各位、各盡其職，曼紐秦在他的家庭自述中寫道：「我們被包圍在一個呆板、著重層級尊卑的社會，其中的龐大的延伸家庭，彼此支持，實踐清晰界定的功能和角色。」[30] 曼紐秦又描述「家庭標籤成為他和弟妹的名牌」，那標籤成為了自己，[31]「差序格局」（hierarchy）和「相互倚靠」（interdependence）是曼紐秦成長的核心，他也直接承認「他成長的背景形成他的治療風格」。[32]

在這樣的人觀以下，人的精神靈性境界，如：愛、掙扎、美善、邪惡、矛盾兩難，由於不是科學研究範圍，所以無需探究。若有甚麼精神靈性的東西能引起治療師注意，那就可能是一個會引致家庭功能失效的病徵，需要予以切除。

治療理念底層的人觀和信念既是這樣，曼紐秦及其弟子就不介意指揮、譏諷、對質、挑戰、激動案主情緒，目標純粹為了恢復家庭功能。[33]

瓊斯和巴特曼在《當代心理治療》（*Modern Psychotherapies*）一書清楚表明立場：「我們拒絕家族治療中的策略和結構取向模式，對於個體特性失去敬意。」[34] 好一句「失去敬意」，說明了為何結構派家庭治療經常令父母慚愧自責，令老人家羞辱難堪，青少年被鼓勵拒絕父母、自立門戶。不少時候，家庭病徵被移除了，可是家庭成員間卻產生了更多誤解、憂愁和困惱。

---

30 Minuchin, *Family Healing*, 12.

31 "Family labels become our calling cards...The label become us"，見於 Minuchin, *Family Healing*, 16。

32 "...certain ideas from my shelt form part of my style of therapy"，見於 Minuchin, *Family Healing*, 17。

33 瓊斯、巴特曼：《當代心理治療》，周文章譯（台北：中華福音神學院，2004）。

34 瓊斯、巴特曼：《當代心理治療》，頁 428。

4. 世界觀：實證主義、結構功能主義

曼紐秦的治療思想充分反映十九世紀的實證主義。實證主義強調現實感官經驗，從科學方法和生物進化論中尋找解脱問題的方法，反對形而上學的思想；世界是一個單一的整體，可以通過科學頭腦推理、實驗去管理，一切行動可以依循整體的科學秩序設立目標、仔細策劃、推論、控制、監管。

曼紐秦的治療思想也反映出結構功能主義。世界是一個大系統，系統與系統之間有界限、角色、功能，形成等級和秩序。所以，行為是可以準確預測的。這個系統最重要的任務，是維持整體的角色和功能，若個別分子出了障礙或毛病，就要為了整體系統作出改動，甚至切除。

所以，沙維雅著重愛、感情、直覺等精神世界，並將之引入家庭治療之中，這舉動引起曼紐秦極大的排斥和反感；而米高維的後現代思想，顛覆一切理論建構的現實，否認任何單一、整體、宇宙性的秩序，也大大惹起曼紐秦的抵抗和質疑。

對於曼紐秦來説，家庭結構、家庭功能是家庭組織和存在的最大原因。因此，即使曼紐秦後期也吸納別派的思想，追蹤家庭往事、追蹤語言象徵和意義，都只是為了追蹤這些語言和往事，如何形成約束性的家庭模式，限制了家庭功能而已。

4.3.2 回響

1. 丟失美麗的人倫關係

曼紐秦來自猶太裔大家庭，重視家庭整體、男尊女卑、互相配合、嚴父慈母、嚴守差序格局、分工清楚、各就各位，與中國的大家庭思想十分吻合。曼紐秦此一羣體優於個體的家庭觀，應用在西方社會，實在可以糾正西方社會的個人主義精

神，對於遭遇離亂和破碎的波多黎各（Puerto Rico）美籍非裔黑人少年，更有安穩扶正的效果。

很可惜，曼紐秦盲目崇拜科學理性主義，以實證邏輯、機械式的觀察去審視家庭，竟然失去了猶太傳統中的美麗部分，例如：敬畏精神、羣體的關愛、自由意志，這些在他的理論中，都變成一堆可預測的互動法則，個體的尊嚴和特性都被抹殺掉。對比中國家庭傳統，他的理論亦丟失了中國家庭中孝順、回饋、飲水思源的美麗素質。

試閱讀中國頌孝的美麗詩詞：

> 樑上有雙燕，翩翩雄與雌。銜泥兩椽間，一巢生四兒。四兒日夜長，索食聲孜孜。青蟲不易捕，黃口無飽期。嘴爪雖欲敝，心力不知疲。須臾十來往，猶恐巢中飢。辛勤三十日，母瘦雛漸肥。喃喃教言語，一一刷毛衣。一旦羽翼長，引上庭樹枝。舉翅不回顧，隨風四散飛。雌雄空中鳴，聲盡呼不歸。卻入空巢裏，啁啾終夜悲。燕燕爾勿悲，爾當反自思。思爾為雛日，高飛背母時。當時父母念，今日爾應知。
>
> ——白居易，《燕詩》

> 慈母手中線，遊子身上衣。
> 臨行密密縫，意恐遲遲歸。
> 誰言寸草心，報得三春暉。
>
> ——孟郊，《遊子吟》

筆者曾經屢次觀摩結構派家庭治療的現場示範，不時看見治療師譏諷父母太過約束子女，又或者激動一眾成年兒女反抗守寡的年老母親。筆者心裏有淚，希望勉勵家庭治療師多背誦中國這些優秀的詩詞，細心反省治療的手法是否應一味強調劃清界線，違反人倫思親反哺的美麗感情。難道暫時恢復家庭功能，除去癥狀，就代表完成了治療？

有一位母親，因女兒患上厭食症，來向筆者求助。這位母親之前也曾與結構派家庭治療師作家庭會談達一年之久，不但沒有好轉，而且情況更每況愈下。這位母親因擔心女兒情況，主動懇求治療師，可否鼓勵丈夫一起接受婚姻輔導，治療師劈頭回應：「你看你，還是老樣子，一味只會要求別人，操控大局！」令這個不停努力合作的母親苦不堪言。由於他們夫婦自戀愛至今的深層矛盾一直沒有解決，而治療師屢次責備他們不懂得做父母、言行不一、拖累女兒，令夫婦倆人自責非常。

女兒從治療師獲得的五字真言是甚麼？「不要理他們〔父母〕」。女兒的情緒仍舊起伏不定，仍舊厭食、屢次進出醫院，仍舊受父母的衝突影響情緒；更糟的，是女兒變得更加反動，不理會父母任何勸告，包括飲食方面的細心規勸也一概不理。

家庭不是一部機械，不是換一、兩顆螺絲釘，就可以修理妥當。這很值得後學者三思！

2. 宇宙通則和秩序

結構派家庭治療強調家庭整體和社會整體，相信物象背後有一定的宇宙法則和秩序。這個想法十分可取，也跟基督教的創造論相配：上主創造萬物有其秩序、長幼優次、輕重緩急；日夜循環，生生不息。

所以，結構派家庭治療中好些概念都是有用的參考概念，如：角色、規則、界限、功能等等。這些概念好比為家庭繪出一幅藍圖，又有若家庭組織的「骨骼」。但「骨骼」只有位置和形狀，要這些骨骼動起來，必須加上血液、經脈、氣息，這些就是各家庭成員的個性、觀點、情感、自由意志、心靈掙扎。但結構派家庭治療否認及忽略這些心靈精神的現實，所以，有如一副沒有血肉的骨架而已。

3. 現實認知與認知者

實證主義者相信訓練有素的觀察者，可以準確診斷和認知被觀察的物體。勒曼（Thomas Luckmann）把世界現實分出四個層次：（1）語言的現實；（2）解釋現實的系統（explanatory schemas）；（3）參照系統；（4）宇宙象徵，融和片段成一整體（symbolic universe）。[35]

曼紐秦認為家庭治療師是指導家庭的專家，達到第三層次現實，可以用家庭術語去準確診斷「家中的正常和異常行為」。[36]

這個對家庭真相的認知論，與後現代的想法大相逕庭，難怪這兩個派別舌劍唇槍。（及後我們會再作分析。）但是，將曼紐秦的想法推到極致，會引起一種教條化（dogmatic）、權威化和主觀、高高在上的專家姿態。家庭問題千絲萬縷，旁觀者怎能自稱比當事人更清楚問題所在？並正確無誤地指令改變的方向？這「專家自居」並授權擺佈家庭成員的治療作風，已經引起各方治療界的詬病。[37]

---

35 見於 S. Minuchin and H. Charles Fishman, *Family Therapy Techniques*（Cambridge, MA: Harvard University Press, 1981）, 211。

36 “to frame the normal and deviant in family terms.”，見於 Minuchin and Fishman, *Family Therapy Techniques* , 211。

37 D. A. Luepnitz, *The Family Interpreted: Feminist Theory in Clinical Practice*（New York: Basic Books, 1988）; H. J. Aponte and E. J. DiCesare, “Structural Theory”, in *Comparative Treatments for Relationship Dysfunction*, edited by F. M. Dattillio and L. J. Bevilacqua（New York: Springer, 2000）.

然而，曼紐秦及其弟子在 2006 年出版的著作顯示，教條、權威、專家自居，仍然是今日結構派家庭治療的風格特徵。他在書中稱自己是催眠「專家」（expert hypnotist），擁有「超凡」（superior）的閱讀能力，可以解釋人間疾苦（explain human plight）。[38]

讀者和輔導員在進修家庭治療的學問時，宜仔細反思。

4. 對婚姻輔導貢獻甚微

曼紐秦的結構派家庭治療，首先是針對波多黎各貧民窟的美籍非裔青少年開創的。及後，結構派家庭治療的治療對象，大多是青少年情緒和行為問題，而且是短期會談，一旦負症者的病徵被移除，治療便告結束。至於夫婦關係是一個最微妙的二人系統，內中包含許多期望、親密、衝突和恩怨情仇，並非劃清界限、分配角色、功能，就可以消解積怨，彼此饒恕及促進感情。

由於曼紐秦不著重人的心靈世界，似乎對婚姻輔導的貢獻甚微。[39] 美國治療師葛文（Alan Gurman）和法蘭高（Peter Fraenkel）搜集大量資料，對美國婚姻輔導在這一百年的發展，作出詳盡的研究和回顧。[40] 當中不但沒有提到曼紐秦對婚姻輔導有任何重要貢獻，反而暗示一位「系統理論清教徒」（system purist）排斥女治療師沙維雅對婚姻輔導發展造成負面影響。[41]

筆者在臨牀經驗中，也同樣發現結構派家庭治療非常忽略

38 S. Miniuchin, Michael P. Nichols and Wai Yung Lee, *Assessing Families and Couples: From Symptom to System* (Boston, MA: Allyn and Bacon, 2006), 9.

39 詳情可參考筆者在《婚姻與家庭治療》頁 121~124 的討論。

40 A. S. Gurman and P. Fraenkel, " The History of Couple Therapy: A Millennial Review ", in *Family Process*, vol.41, no.2, (Summer, 2002): 199~262.

41 Gurman and Fraenkel, " The History of Couple Therapy ", 215.

人的內心世界和精神世界，因而對夫婦積怨和婚外情個案當中涉及種種微妙及情義兩難存的處境毫無幫助。

4.4 米高維的敍事家庭治療法

4.4.1 米高維小檔案

4.4.1.1 米高維生平小傳

- 1949 年，米高維（Michael White）在澳洲阿德萊德（Adelaide）出生。生於勞工階層，對勞動階層及草根階層特別認同。
- 米高維本來是一位機器圖樣繪圖員，後來，發現自己對機器其實毫無興趣，於是轉投社會工作行列。
- 在 1980 年代，米高維與太太卓爾（Cheryl）有一次參加卡．湯（Karl Tomm）在阿德萊德舉行的工作坊，卓爾公然反對性別歧視的議題，卡．湯溫柔致謝，於是成為好朋友。卡．湯及米高維都是離開了基督教浸信會的前會友。
- 卡．湯十分賞識米高維的天分，親自引薦米高維在婚姻及家庭年會演講、示範個案，又在大學教授米高維的敍事治療法，於是，敍事治療勃興。[42]
- 米高維十歲時獲得一輛單車作為生日禮物，這輛單車開拓了他的視野。米高維工餘最喜歡游水和踏單車。地圖和遊歷成為他敍事治療背後的意念的隱喻。
- 米高維的思想受建構主義者福柯和人類學家芭芭拉．邁亞荷芙（Babara Myerhoff）影響，著重反思人生，顛覆社會建構的文化及體恤弱勢社羣，成功治療不少精神病人和愛滋病人。

42 Jim Duvall, Laura Beres, and Marie-Nathalie Beaudoin, "Saying Hullo Again: Remembering Michael White", *Journal of Systematic Therapies*, vol.27. no.2, (2008): 3~5.

- 米高維的講學足迹不但遍及歐美，而且也到過南非、津巴布韋、香港、台灣、南韓、星加坡和日本講授敍事治療。
- 2008 年 4 月在加利福尼亞州聖地牙哥主持訓練工作坊後，忽然心臟衰竭病逝，享年五十九歲。
- 他以社工學士的學歷，成為世界知名的治療師，在心理治療界可說是一個傳奇人物。這可以成為眾人的鼓勵，再一次證明天分和閱讀，比學位和名銜更加重要。

4.4.1.2 理念與治療手法

1. **治療技巧**

a. 外置問題

把「人」與「問題」分開，對文化標籤的「問題」作遠觀和重新檢視。外置問題的會談（Externalizing Conversation）輔導手法如下：

1） 一起摸索一個切合案主經驗的問題定義，亦即是把問題重新命名。

2） 為「問題」產生影響的範圍繪圖。

3） 評估「問題」的影響力。

4） 辨識案主何以肯定或否決「問題」的態度立場。

b. 重述人生故事

尋覓不受注意的獨特故事（unique outcome）。人生往往被主流敍述掩蓋其他人生經驗，協助案主尋覓不受注意的獨特生活經驗，可以開創另類的人生敍述。重述人生故事的會談（Re-Authoring Conversation）輔導手法如下：

1） 一起摸索一些不受注意而獨特的生活故事。

2） 為這不受注意的獨特故事所產生的影響繪圖。

3）評估這獨特故事的影響力。

4）辨識案主何以肯定或否定這獨特故事的態度和立場。

c. 重新確認自我身分

人的自我身分是在人羣交往描述中被突顯出來的。協助案主選擇和確認對案主有助益的人或物件，有助案主恢復自主和確認身分。重新確認自我身分的會談（Re-Membering Conversation）輔導手法如下：

1）尋找有關人或物件對案主生命的影響。

2）從該人或物件的眼光去重新認識案主。

3）探索案主對該人或物件生命的貢獻。

4）從這些貢獻勾劃出案主的自我身分。

d. 個人故事回應會

米高維借取邁亞荷芙用於威尼斯猶太長者身上的概念和手法，去協助一些被遺忘、被隔離的弱勢社羣重新確認自己的身分和價值。會談輔導手法如下：

1）治療師通過案主，自選一羣街坊和社團友好作為一個互動論壇。

2）治療師首先與案主及家人作出會談，敘述案主的生命故事，邀請其他人專心聆聽，準備作出旁聽見證人的回響。

3）然後，治療師轉而與旁聽的見證人會談，案主轉為旁聽者。

4）治療師轉向旁觀的見證團隊，諮商旁聽者方面的回響。

- 你被當事人的生命敘述的哪些片段吸引或觸動想像力？
- 當你聆聽敘述時，有哪些「意象」在你腦海浮現？
- 哪些地方引起你的「共鳴」?
- 哪些地方令你「感動」，好像被帶引到另一個境地一般？米高維刻意說明旁聽者不得任意稱讚、同感、欣賞強項，分享建議或改換框架等等作出回響，必須絕對依從上述要求，因為米高維認為上述回響才可以建構更豐厚的故事重述，否則，只會引來更單薄的結論。[43]

5） 然後，治療師用同樣的問題，反問當事人在聆聽見證團隊重述故事時，有何「吸引」、「意象」、「共鳴」和「感動」? 如此，敘述—重述—再重述，可以一再發展和肯定當事人的歷史、身分和生命價值。

6） 如有必要，治療師會進一步邀請旁聽的見證團送上慰問卡或錄音帶、錄影帶等媒介，去傳送進一步的回響。

7） 事實上，米高維的個人故事回應會（Definitional Ceremony），十分接近卡．湯和安德遜（Harlene Anderson）等後現代治療師所採用的「反映團隊」手法；同時，也酷似教會基督徒團契的見證分享會。這叫當事人獲取最大的注意和尊重，也肯定當事人的人生故事。

e. 突顯獨特故事

生命主題是由不同的故事情節（plots）所組成。情節可以是零散的，亦可是緊密的。生活故事中的情節，是個人對事情的詮釋。生命主題的形成，同時由個人及他人，並社會文化的觀點，共同建構出來。生命主題不單影響個人對自我的理解，同時亦繼續塑造他的將來。

人的生命乃由很多不同故事組成。故事包含事件（event）、次序（sequence）、時間（time）及主題（theme）。敘述故事就等如將所發生過的事件，按著時間及次序，用針線編織成一個有主題的生命故事。敘事的過程包括了開始和結束，因此，它為我們提供了機會，再次重頭到尾地理解和演繹事件。我們怎樣

43 M. White, *Maps of Narrative Practice*（New York: W. W. Norton, 2007）, 187~188.

說我們的故事，代表了我們怎樣理解我們的過去，這理解影響我們對現在的理解，及對將來的演繹。

許多時候，我們所能回憶和敍述的，是我們耳熟能詳的故事。這些故事有既定的解釋和固定的意義。人類透過社會的規範和別人的回饋，去理解自己的生活及行為。當個人的經驗跟主流論述相違的時候，就會衍生問題。米高維稱這些故事為「徒然故事」。敍事治療法認為人的生命非由單一故事組成，相反，乃由很多不同故事組成的。透過追蹤當事人生命中出現過的不同故事，去解構「徒然故事」的單一性，從而建構、重寫生命的豐富（unpack the suitcase）。治療師需要發掘當事人的獨特故事，再進一步豐厚（thicken）這經驗，稱為突顯獨特故事（Conversations that Highlight Unique Outcomes）。

f. 會談輔導的築棚技術

米高維借助俄國心理學家域戈斯基（Lev Vygotsky）的發展理論去了解人的成長和發展。[44] 域戈斯基認為，一個人已經熟知和明白的知識，與他未知並有可能理解的知識，兩者之間，有一段落差（gap），域戈斯基稱之為「接近軸心學習的區域」（zone of proximal learning）。

米高維以稱為築棚技術（Scaffolding Conversation）的一連串的輔導問話技巧，去協助案主去跨越這個區域。他認為一個人能越過這個區域，就會找到新的自我主體（personal agency）。

2.　人觀

米高維顯然完全不認同其他心理治療學派將人物化、標

44 Lev Vygotsky, *Thought and Language*（Cambridge, MA: MIT Press, 1986）; 轉引自：White, *Maps of Narrative Practice*, 271。

籤、標號的機械論和唯物論的人觀。在米高維的著作中，處處流露人是一個有主見、可以反思、可以回溯歷史、可以選擇的獨立個體。每一個個體都有獨特價值和應該受到尊重。

米高維也強烈批判西方文化的人觀，抬舉個體，甚至抽離於人羣以外，他認為西方文化「建構了一個裝箱的自我」（encapsulated self），強調「自我擁有、自給自足、自我信賴、自我實現和自我啟動」（self-possession, self-containment, self-reliance, self-actualization, self-motivation），這樣的文化力量製造許多「疏離、單一獨裁的自我身分，形成許多需要尋求心理治療的人」。[45] 米高維著重人活在羣體裏，彼此互動、彼此塑造、彼此祝福；活在人羣中的自我觀，十分符合中國文化和基督教思想。

3. 世界觀

米高維是後現代主義的治療師，而且深受後現代思想家福柯影響。

後現代思潮是對現代思潮的反響。現代思潮著重科學至上，人定勝天，後現代思潮反映人類在現代社會倒退、殘殺、衰亡中沮喪、失望，認為上帝已死，再沒有可信靠的宏大敍事（meta-narrative），也沒有任何必然的真理，幾乎一切都只是語言和文化建構出來的現實，一切現實都是片段和暫時的、可重組的、可推翻、可顛覆的文化構想，現實不單只是相對的，甚至是沒有確實內涵的。米高維在他逝世前的著作的序言說：「這本書所指出的工作藍圖並非惟一的藍圖，也不是『真確』或『正確的藍圖』⋯⋯」[46] 這番話可以映照出他的世界觀。

45 White, *Maps of Narrative Practice*, 5.

46 White, *Maps of Narrative Practice*, 137.

可是，米高維在治療過程中經常強調人有獨特價值，而且有一個主體，又刻意去顛覆社會政治權力所邊緣化的弱勢社羣。所以，在米高維的言行和語言中，就顯示出許多隱含和推崇的信念例如：自主、平等、選擇、尊重等等。他所信奉的思潮，説人生沒有絕對，他的言行卻不停為他所把持和推崇的「絕對」價值而奮鬥，著實非常弔詭！倘若用敍事療法去了解米高維，結果可會是這樣：敍事療法的堅持可以是一個主流故事，而在這個主流故事背後，可能另有一個與他曾經是基督教浸信會會友有關的隱藏故事？

4.4.2 回響

1. 顛覆社會主流論述

米高維在他臨終前寫下的著作中，坦言承認他出生於勞工階層。[47] 在草根階層中長大的背景，讓人可以追蹤到米高維特別認同被邊緣化、被精神病所標籤的弱勢社羣的原因。他特別注意精神病患者，或被診斷成過動症等有「問題」的小朋友，大概也是受福柯的著作影響，因為福柯大肆抨擊人為組織如何以權力製造文化標籤，使人在社會的強勢統治下，喪失聲音和自主權。

大部分助人者、社工、輔導員，都特別關懷弱勢社羣，在這一點上，可説跟米高維十分相似。可是，米高維不只關懷這羣人士所遇到的問題，而且否定他們有問題。他認為弱勢社羣只是被有問題的社會文化障礙了他們的生命力；問題不在個人，而在於霸權和獨裁的社會論述。基本上，米高維不是去同情或醫治弱者，而是去挑戰、顛覆社會霸權的勢力，讓弱勢社

47 White, *Maps of Narrative Practice*, 3.

羣重新恢復自主的力量。

事實上，米高維是名副其實的社會工作者，他在一個一個案主中間，完成顛覆社會的專權文化的社區工作。

在這裏，筆者想指出一個觀察。米高維從沒有特別強調財富不均，或憐恤弱者等思想；相反，他否決任何人需要甚麼憐恤，他只是顛覆主流思潮。倘若在無產階級專政的共產社會，他可能會顛覆無產階級的共產主義，去挽救地主和知識分子的聲音；但在資本主義專政的社會，他又可能顛覆資產階級，去挽回無產階級的聲音。

雖然如此，米高維的工作手法，的確超越傳統心理治療手法，而且對應邊緣社羣，筆者以為對於青少年外展工作者很有參考價值。

2. 挽回歷史

對於米高維恆常回顧人生歷史，重新又重新去評述人生故事，筆者甚為讚賞這做法。筆者喜歡用歷史這個詞語，因為筆者相信歷史是有導向和有終極意義的。但米高維很少用歷史一詞，在他來看，人生有如一個大天空，所有細微的故事，都是其上的點點繁星，故事不一定有其終極意義。

人活在社羣中，人也活在歷史中。雖然，不少心理治療和家庭治療也會請案主憶述往事或童年未了事，但他們所著重的是一樁、兩樁的往事，而不是注重歷史。惟有重視歷史、珍惜歷史，才明瞭現在的人生故事是基於過去的故事，而將來的故事又基於現在的故事。所以，現在之中，既包含過去，也展現未來。

歷史是神奇的，歷史反映時間觀、救贖觀和人生觀。在歷史任何一點仔細回顧、重檢、抉擇，都可以造成完全不一樣的生命故事。可以扭轉個人人生，也可以扭轉社會歷史的這一點，可稱為轉捩點（nodal point），在基督教信仰上可稱為神人立約時刻（covenant moment，或稱神人相會時刻）。

在這裏，限於篇幅，不能詳細論述，往後，筆者會在第七章再詳述歷史對婚外情抉擇的關鍵，讀者亦可以參考筆者在《婚姻與家庭治療》一書，[48] 有關「處理原生家庭未了事的世界觀」的想法。

米高維主張解構（顛覆）飽含問題包袱的故事，重述鮮為人知的故事。筆者卻主張同時平衡來看這兩個看來不一樣的人生故事，因為這兩個故事同樣真實，兩個故事也同樣有啟發意義。有時候，人也必須藉一個災難故事（用宗教語言來說，是「活在罪中的故事」）去激發尋覓早已隱藏的救贖故事。

筆者曾以聖經人物約瑟的人生故事為講道題材，並將他的人生比喻為一輛雙層巴士：坐在巴士下層便不用爬梯級，但視野局限；爬上梯級才能到達上層，卻視野廣闊、空氣清新。同樣的人生素材（同一輛巴士），同時隱含兩個故事：一個失落沮喪的故事（巴士下層）和一個救贖歸家的故事（巴士上層）。

米高維強調開創豐厚的故事，這是很好的——不是否定一個故事，抬舉另一個故事，而是承認所有人生經驗。可是，豐厚的故事也可能會形成更重更厚的人生包袱。要避免這問題，就要靠賴「詮釋」了。若我們細心推敲米高維的個案，他對所有故事的處理手法，都帶有自己的詮釋和選取，並且以發問作出導引。他詮釋的參照架構就是他的人生觀，例如：恢復自主、受尊重的身分、人類互助、好奇尋覓等等，我們也可以解構米

48 霍玉蓮：《婚姻與家庭治療》，頁 279~282。

高維，重述他們所重述的故事。

> 我的肺腑是你所造的；我在母腹中，你已覆庇我。
> 我要稱謝你，因我受造奇妙可畏；你的作為奇妙，這是我心深知道的。
> 我在暗中受造，在地的深處被聯絡；那時，我的形體並不向你隱藏。
> 我未成形的體質，你的眼早已看見了；
> 你所定的日子，我尚未度一日，你都寫在你的冊上了。
>
> ——詩一三九 13~16

這段經文意義深遠，說明每一個人都有一個有價值而獨特的人生故事。

3. 攻陷心理治療的權威城堡

後現代精神最討厭就是權威，包括心理學派所宣稱的心理診斷權威。倘若有人送一本DSM IV（精神病學的診斷病理項目手冊）給米高維，我想他大概會送去廢紙回收、循環再造。敍事療法在心理治療學界一個最大的任務，是攻陷心理治療的權威城堡。米高維在訓練工作坊一再明示暗示：人並沒有甚麼內在心理問題，也沒有甚麼精神病徵，家庭亦從來沒有甚麼系統互動，一切都是人建構出來的語言遊戲。心理學家常常診斷人有問題，這種飽含「問題」、「病理」的心理學語言本身才是問題。

這種對心理治療徹底的攻擊和瓦解，當然會刺激到權威治療師的反應。曼紐秦先生就強悍地捍衛家庭治療的城堡。他對米高維提出勇敢的挑戰：請問敍事家庭治療學派所幫助的家庭在哪裏？[49] 曼紐秦對敘事家庭治療提出重要的質疑，引起一連串精彩的辯論。[50] 讀者有興趣的，可以自行參閱註腳提供的書目。

4.　治療師的立場和態度

敘事治療學派最出色的地方，是治療師不以「專家」自居（non expert stance），不認為自己比當事人更認識當事人本身（not-knowing stance），不濫用專業術語去審判案主，重視與當事人共創（co-creation），不以治療師的知識依據和情緒取向為中心（de-centering）。這種開放、謙和、尊重、認真、虛心的介入態度，好比一口清涼茶，消解傳統心理學派無上權威的壓迫。清熱解毒，恢復人類平等，看人為人，不將人看為一個「問題」，或是一個「病人」，這個態度非常符合基督教信仰精神。

每當我重新仔細推敲每個治療師和心理學家的出生背景、人生發展，以至逝世情況，我就有無盡歎息。看見他們在茫茫滄海裏，緊捉一個小貝殼或一個小珊瑚，並畢生為這些小東西而努力，我就不自禁滿懷淚水。無論他們走對了路或走錯了路，只要他們曾經關注案主，為他們獻出投入、尊重、歡欣，我就會向這些治療師和學者鞠躬致敬。

在茫茫滄海，在東方、在西方，在地球每一個角落，知名的、不知名的你和我，猶如滄海一粟，卻心懷大志，希望追蹤宇宙的奧祕與神奇，認識人間弔詭的相遇，家庭的悲喜哀歌⋯⋯「尋找的，就尋見；叩門的，就給你們開門。」上主並不

49 S. Minuchin, "Where is the family in Narrative Family Therapy?", *Journal of Marital and Family Therapy* 24 (1988): 397~403.

50 Levy, "Using a Meta-perspective to Clarify the Structural-Narrative Debate in Family Therapy", 55~73.

善妒，祂在遠處近處，留下記號、留下祝福，讓我們更加接近祂、更能認識祂。慶幸在追尋真理的隊伍中有你和我。

4.5 綜合評論

4.5.1 家庭系統：牽一髮而動全身

家庭系統理論有幾個重要的前設：(1) 一個人表現的精神病徵 (或行為問題)，與那個人的整個家庭息息相關；(2) 家庭成員的行為互為影響，家庭成員的行為在年月累積下會形成一些慣性的互動模式；(3) 僵化或頑固的互動模式會阻礙個人發展，再形成惡性循環，使問題維持不變；(4) 家庭是一個單元，整個單元是一個系統，這個系統的整體的現實，超越個別成員相加的現實總和。

使用繁複的概念語言，是西方思考的表述特徵。當我們細心思量，不難發現中國文化裏早已包含了上述的概念，指出單元與成員間的相互連繫的思想。「牽一髮而動全身」、「提綱挈領」、「唇亡齒寒」這些典故，就已十分形象化地點出萬物之間的互動關係與彼此相依。中醫學說中的「整體觀念」、「辨證施治」、「相互依存」等等概念，事實上就是看人為一個圓融的整體。人與家庭與社羣也是一個圓融的整體，個別性成全整體性、整體性彰顯並協調個別性。聖經裏有很多關於肢體觀念的教導：「一個肢體受苦，所有肢體都一同受苦」、「我們在基督裏同作肢體」，都是羣體和個體間相繫相連的思想。

個人與羣體間的互動關係邁向何方？如何理解個人與羣體間的互動關係？這個理解和改變的動向，是家庭治療的治療目標的核心，也正是不同家庭治療學派的分水嶺，形成各走各路之處，亦正正代表不同治療師背後所呈現的人觀和世界觀。要深入了解一個治療學派的核心思想，最重要的是要了解該學派認為甚麼叫做「改變」，**又各學派如何理解家庭及成員間要改變的起點和終點**。讓我們逐一審視不同學派。

4.5.2「改變」：何謂問題？

4.5.2.1 曼紐秦結構派家庭治療的看法：機器失靈

只要讀者細心閱讀一下結構派家庭治療個案的逐字筆錄稿，就會發現這個學派將家庭問題定義為「功能失調」，促使家庭**改變的目標**就是：**恢復家庭正常功能，又或者是移除問題癥狀**。

舉例説，曼紐秦會見一個父子都掉入悲傷抑鬱情緒中的家庭，「兒子經常為父親流淚」就是問題的癥狀，而治療師的任務就是把癥狀移除。當孩子不再為父親流淚時，他就會恢復正常功能，去做其他他該做的事務。於是乎，治療師就在心裏「計劃」並「建立策略」，去阻止、挑戰、擾亂孩子為父親流淚的癥狀。

在這裏，我們也許可以停下來想一想。讓筆者為結構家庭治療的這個理念作個類比：家庭等於一部機器，「有人流淚」等於這部機器出現故障；修理員要消除這故障，所以勘察機器的信息接收和傳遞線路，拆除或重新接駁一些線路。試想一下，這思想底層是不是一種功能主義和自然唯物主義的思想？人類是一堆原子和分子的自然碰撞，同時，這些分子之間的自然碰撞有一個目的，那就是維持這部機器的功能。這不啻是在自然唯物主義上添加了一重實用主義思想。

讓我們瀏覽一下曼紐秦本人會見家庭時的逐字筆錄稿。

> 標：嗯（開始哭泣）……我也不想難過的，（看一看正在垂淚的父親）對不起，爸爸，真的對不起。我的確不想這個樣子——我真不知道如何是好？我很抱歉——（繼續飲泣）

父：(飲泣) 沒有問題，不要緊。

曼：(對父親說) 保羅，如果你幫不到忙，請你離開這間房。標是不應該這麼關心你的，如果他想哭，是因為他沒有自由。標有自己的需要、自己的願望，他無需介懷你、保護你。他應該可以自由哭泣。(向著標) 繼續哭著，你要哭就哭，哭完再講，繼續哭吧！(向母親) 為何保羅要哭？

母：他是這樣子的。

曼：那很不濟事，怎麼搞的？你的孩子要維護你……

然後，曼紐秦多次向著孩子簡單直接地指令：「你要哭就哭！」又重複對著父親說要他離開那房間 (因為他影響了孩子哭泣的自由)。[51]

這個個案不是單一特殊的個案，讀者可以隨便翻看任何一本曼紐秦的書，當中的個案都可以看見曼紐秦叫這個人站、叫那個人坐，叫這個人哭，叫那個人住嘴，叫另一個人離開的種種指令。而這種做法已傳入香港的治療界，那些承傳結構派家庭治療的弟子，叫人站、叫人坐，笑人「太得意」、太多言語、太無能……等等，這些「常用技巧」比比皆是。曼紐秦先生並沒有試圖明白哭泣者內心的難過、憂傷，劈頭就指令父親該做甚麼、不該做甚麼，而且由曼紐秦本人全盤決定案主是否可以哭泣和哭泣多久，治療有點像按遙控器，決定每位家庭成員的行為。

每個人都喜歡別人以開放和包容的態度來對待自己，筆者也希望這些手法只是個人風格和技巧而已。然而，當我們多

51 因篇幅所限，不能原稿盡錄，全稿請參考：Minuchin and Fishman, *Family Therapy Techniques*, 216~221。

看多聽這些結構派家庭治療的現場示範，看到許多案主感到不受尊重，感到難堪、受傷，我們就必須老實承認這些不是「技巧」，而是一種待人態度以及某種人觀和世界觀的直接呈現。

細思上述個案，治療師假定一個人的生存目標是發揮功能，兒子為要維護父親而哭泣，而這哭泣阻礙了他發揮功能，所以就不可取。反過來說，父親無法適應工作壓力，產生抑鬱情緒，影響兒子發揮功能，也不可取，他因此要離開房間（暫時取消他作父親的資格）。這種思想瀰漫在結構派家庭治療的輔導室。年紀老邁的寡母婆阻礙成年兒子與妻子發揮功能，這位老人家等如障礙，需要隔離或清除。於是乎，結構派家庭治療的輔導過程反覆呈現一個主題：兩代關係過分糾纏，阻礙了家庭功能。經常出現的介入方法，是刺激那阻礙功能的人離開（或是自願隔離，或是憤而出走），拆除相依關係，這種常用手法被稱為剪斷臍帶。這個就是功能結構主義，即是要拆除電線，恢復功能的意思。何謂治療成功？就是消除病徵，如：厭食、流淚、咬指甲等等表達故障的方式停止，就算為成功。至於個別成員內心有何變化，另一位成員患上抑鬱症，又另一位成員失業和離家出走，也不必介懷。所以，有學者批評「在沒有洞察與了解的情況下，本取向所採取的干預措施會輕易跌進『為達目的不擇手段』的陷阱中。」[52]

頭痛醫頭，腳痛醫腳。這是西醫和中醫最大相異之處。就像一個人扭傷腳踝，西醫只可以幫病人照X光，若沒有骨折，就不加理會，但中醫會幫病人擦藥酒，醫治筋骨的損傷。於是，結構派家庭治療只可以改變家庭結構，至於家庭成員承受的額

52 D. A. Luepnitz, *The Family Interpreted: Feminist Theory in Clinical Practice* (New York: Basic Books, 1988)；轉引自劉瓊英：《結構派家族治療技術》（台北：心理，1999），第十二章。

喪、挫折、創傷、內疚，一概不加理會，亦不施以針藥。

4.5.2.2 沙維雅家庭治療的看法：適應困難、自我調整

沙維雅給「何謂問題」、「甚麼是治療的目標和改變方向」下了清楚的定義。沙維雅的名句：「問題不是問題，如何適應 / 對應問題才是問題。」她的治療目標是提高案主的自尊，獲得享受做人的自由。

對於人類在應對問題時出現困難，沙維雅提出表裏一致（Congruence）的理論，內含三種不能表裏一致的適應模式及一種真正表裏一致的模式。為達到表裏一致，人要審視內在冰山。冰山理論是沙維雅談論人內心世界的最精闢理論：[53] 人若能省察內在冰山，又表裏一致地滿足自我渴求，享受高自尊和天賦的五種自由，一切問題就能迎刃而解。因此，問題不是問題，「適應」才是問題。培養表裏一致的適應狀況，就會提高自尊，這也是治療的目標和方向。

上文提到 1950 年代，一羣醫生和助人者，借助人類學家貝臣有關動物通訊的系統理論去理解家庭問題，當中最少含有三個假設：（1）家庭是一個大於個體的整體；（2）家庭成員循環互動；及（3）個人精神問題源於家庭出現不良的互動。沙維雅將家庭互動聚焦在個人的適應之上：兩個人不能表裏一致地互動，就產生家庭問題。她將那套用機械性的系統理論的研究，重新撥回一個以人為中心點的方向上，返回一個人對外界的期望觀點、渴求，如何與外界的狀況衝突，於是重新自我調整，顧及自我，環境及對方的期望。

53 霍玉蓮：《婚姻與家庭治療》，頁 66~74。

沙維雅在家庭治療最大的貢獻是把人的人性拯救出來，把家庭由系統理論重新安置到一個有血有肉、有失望、有期望、有感情、有渴想的人性之上。這是沙維雅與曼紐秦正式分道揚鑣的地方，二人背後的人觀完全背道而馳，怪不得曼紐秦向沙維雅發出嚴厲警告：「面對家庭治療的發展，沙維雅是否一名危險分子？」[54]

4.5.2.3 鮑恩家庭治療的看法：人格成熟與情緒偏差

沙維雅認為，家庭的所有外顯問題，皆為個別成員的自我未能達到裏外一致的自由所致。鮑恩與沙維雅的想法十分協調。鮑恩研究精神分裂家庭的母子關係，發現個別成員內在的焦慮，會引致成員間的情緒牽連；家庭成員的情緒偏差和情緒牽連，更加會由一代投射到另一代，跨代流傳，阻礙人格圓滿成熟的發展。

在鮑恩的研究中，他指出成熟圓滿的人格指標，有縱向和橫向的層面，既能夠獨立自主，又能與人羣以情相繫、求同存異。由於家庭成員受到內在焦慮、成員互動及跨代情緒投射影響，往往不能發展至一個自由自主、與他人自在相繫的人格境界，於是出現種種身心症狀以及精神毛病。

鮑恩與沙維雅的觀點相似的地方，是注重活在家庭中的個人。家庭問題除了是系統互動失調的外在表徵，事實上，也是人內外不調和，引起人與人之間不調和，再引起代與代的關係不調和所致。葛文與法蘭高在回顧及剖析美國婚姻治療心理歷史發展時，對鮑恩的貢獻有很高的評價，並作出精闢的評論：

54 Minuchin, "Is Virginia Satir Dangerous to Family Therapy?", 35.

「鮑恩的理論發展了家庭系統的寬博觀點，同時為人類心靈裏的內在小孩提供可以存活的救生衣。」[55]

鮑恩的家庭系統理論涵蓋寬廣深遠，這個理論顧及此時此刻、也顧及歷史，顧及人的內在世界、也顧及人倫相互關係，顧及理性、也顧及感情。所以，對於鮑恩來說，家庭問題就是個人人格成熟狀況出現問題，情感和理性失去平衡，情緒磁場隨著人倫情緒互動法則不斷正面或負面牽連，掀起跨代家庭問題。

4.5.2.4 米高維敍事家庭治療的看法：語言建構了問題

米高維看家庭本身並沒有問題，所有問題來自有權力的人，用問題包袱去建構了問題，才會形成問題。米高維來香港主持工作坊的時候，在第一天一開始，就問所有參加者：「誰有一個『自我』? 請舉手。誰有一個『自尊』(self-esteem) ? 請舉手。誰有一個『家庭系統』? 請舉手。」米高維用這個詼諧的引旨，想指出這些語言是文字建構出來的，並不一定指向甚麼實體。

所以，從米高維的角度看，家庭問題不是結構問題，不是內在失調，也不是人與外界的內外失調；甚麼家庭成長創傷、成長陰影都是絕不存在的，都是人類用語言描寫出來的病，由社會的主流論述定義甚麼是問題，因此這是個由主流論述本身製造出來的問題。

於是，問題一下子化為烏有。

由於後現代思潮並不相信有普遍真理，又或者「真理」只是社會大多數人的語言詮釋；所以，米高維用外置問題手法將人與問題分開：問題不是問題，只是社會語言給人的包袱。因

55 “Provided a conceptual lifeline to the ‘inner man’”，見於Gurman and Fraenkel, “The History of Couple Therapy”, 218。

此，人可以把問題置諸身外，作遠距離觀察和檢視。

在這裏，筆者感到一個棘手的弔詭現象。首先，先說一說米高維此舉的優勢。米高維的外置問題手法，對於被社會文化（尤其心理學文化和精神病理學文化）所診斷和標籤的受害者，是一個大快人心的舉動。尤其是對較為天真純良、常常被支配的小孩和婦女，這是非常稱心的解構手法。米高維成功協助的個案，如：遺便的小孩、過動的小孩、剁手的婦女、受虐待的婦女，他們常常被社會強勢文化擺佈，失去活潑自主的生命力，外置問題的手法是十分有用的。

然而，筆者邀請讀者細心思想，倘若將外置問題手法用於施虐者和暴徒身上，又或牽涉倫理道德的問題之上（如：婚外情、婚前及婚外性行為），又或是終極關懷的議題之上（如：患病、生死、墮胎、自殺等個案），米高維將會如何處理？

也許，米高維並沒有固定方向，決定全在乎當時的主流論述如何。倘若主流論述是排斥第三者和婚外情人的，米高維就會顛覆這些思想，認同當事人和第三者可以選擇自己情願的生命故事（preferred life story），例如離婚去追尋夢想。倘若主流論述著重追求自我、拆散家庭，米高維又或許會挑戰這些虛假的自我故事，找出重建家庭的另類故事。

在香港，有一位治療師協助一位因婚外情而感到良心不安和自責的男士。治療師協助他外置問題，解除內疚。治療師協助案主看見「內疚」其實是社會當權者建構「婚外情是不道德」的論述，因此他才產生這內疚情緒，一旦把婚外情外置，再將之重新命名為：「追尋自己的夢想」，那麼內疚情緒立即煙消雲散，人就可以歡喜快樂地追尋自己情願的愛情故事。

由此個案，我們可以看見解構的威力。

即使撇開是非對錯暫且不談，婚姻關係牽涉夫婦雙方，治療師應該解拆誰的思想結構呢？例如：一方好花費，另一方好慳儉；一方愛整潔，另一方愛自在。那麼，應該外置哪一方的問題呢？

這些議題在米高維的著述中沒有答案，可能仍然是看案主與治療師如何共創新故事吧。但是，共創的過程會不會同樣出現「誰的勢力大，誰就主領故事」的情況呢？

筆者亦不是說「外置問題」絕不可靠。筆者欣賞把人和問題分開來看，「人」不是「問題」，人就是人，正如聖經教導我們恨惡罪，卻要愛罪人一樣。傳統心理治療各走極端：精神動力學派、認知行為治療、結構家庭治療等等，認為人等同人的腦袋、人的神經系統、人的互動結構；另一個極端則認為，人是人，但人都沒有問題的，只是家庭結構、錯誤信念、低自尊等等導致人無可避免地惹上了問題，人是無辜的，罪的觀念也由是煙消雲散。前者犯了審判別人的錯誤，後者犯了諉過於外來因素、偏袒人的無助和自由主體的錯誤。米高維在這方面有點曖昧不明，於是，他所提倡的治療，成為了一套最接近基督教信仰同時又最易脱離基督教信仰的治療手法。

4.5.3「改變」的起點

4.5.3.1 外在失調抑或內在失調

當家庭治療師觀察家庭，借用系統理論去了解家庭運作時，的確會得到突破性的見解。他們會發現，並非所有問題都是單純出於人的內在失調，而其實是外在環境失調所致。佛洛依德認為，人的自我內在的性本能衝動被壓抑、被否認，產生防衛，而衍生精神問題。理情治療法治療師認為人的思想信念出錯，影響情緒、影響行為。近五十年，家庭治療師發現家庭問題不一定是由於人的內心出了問題，其實家庭環境、規則和成員互動產生惡性循環，才令問題持續，環境脈絡、人際互動，比抽象的內心潛意識、感受、信仰等更加影響人的行為。

然後，代表持第三波後現代思想的米高維，更推翻內心的不平衡或環境互動衝突的想法。基本上，他認為問題只是來自確認問題的人，是他們受時代掌權者的思潮所困擾或壓制而已。（我們在此暫且擱置後現代思潮的想法不談，但本書稍後部分會再談這題目。）

輔導無可避免隱含著一個理想，那就是去促使別人「改變」，為了「解決問題」也好、為了「恢復功能」也好、為了「趨向完善」也好，這些理由統統都指向「改變」。個人輔導把「改變」的起點鎖定在人的內心、思想、感情、信念、潛意識；家庭輔導把「改變」的起點推移至家庭脈絡、互動關係。在家庭系統的理論架構中，沙維雅與鮑恩同時鎖定「改變」的起點在人的內心與外在平衡。沙維雅認為人的自尊受損，引致無法表裏一致，鮑恩研究人內在的焦慮，引致所有自動化情緒過敏反應（automatic emotional reactivity），並一連串不良情緒互相牽連捆鎖，形成骨牌效應，甚至代代相傳。

綜合起來，所有輔導員及治療師都關懷人類的生活幸福。如何才可以使人快快樂樂地生活下去呢？不同人都追蹤到人類生活出錯的起點：內在失調，外在失調，或者內外都失調！

4.5.3.2 中西文化安身立命的不同軌迹

中國傳統文化對人類精神世界也有自己一套精闢的理解，無論儒、釋、道、莊子、老子，九流十家都追求安身立命、內聖外王。安身，就是安頓本身，保持人的身心靈平安、詳和、舒暢；立命，就是能在自己的命運裏找一個滿足而喜樂的位置作為立足點。中國文化思想對人類追求平安喜樂、安身立命有很深的智慧。

在中國的儒家傳統，修身、齊家、治國、平天下，一切由修身開始，由修養自身作為起點，才可以齊家。用這個思想與西方心理學對談，定能擦出精彩的火花。

在這裏，我想指出東方與西方反望自身時的基本分別，東方社會、中國社會反望自身，是反求諸己，追求修養內心，達到超越和高尚的人格境界。儒家提倡克己復禮、「非禮勿言，非禮勿視，非禮勿聽」、「禮義廉恥，國之四維，四維不張，國乃滅亡」、「君子無入而不自得」、「君子慎其獨」；凡此種種，都是自我省察和自我監守行為的自我要求。

道家的莊子和老子，提倡豁達逍遙的人生大道：無用之為用，「虛則實之，實則虛之」。他們看穿世情都是一個黑白互換、明暗虛實相扶的弔詭，所以用豁達的眼光和胸襟去安身立命。

佛家學說求去執，人類貪、嗔、癡的三大慾望，引來苦海無邊，以慈悲、以無名去超渡苦海眾生。

中國三大重大學說，以及九流十家的其他學說，都為人生道出了奧妙精緻的人生學問。

西方心理學說，佛洛依德、羅杰斯、沙維雅和鮑恩的理論，都指向人內在深處出現困難矛盾，而引起個人精神毛病及家庭問題。這些心理學說與東方學說對待自身方法，有根本之別。佛洛依德著重自我觀察和分析、浮現潛意識的隱藏動機，沙維雅及羅杰斯、艾利斯、貝爾斯等人著重自我覺察、自我調整。靠甚麼去自我調整？靠相信自己（稱「自信心」），靠稱讚自己（稱為「自尊心」），靠發展自己（稱為「自我實現」），一直在需求、索取、慾望和失望中，自我鼓勵，為自己爭取最好的。

東方講修養、講節制、講除去執著；西方講自信、講調

節、講實現、講爭取。這素來是東西方文化的張力所在。東方講和諧、講大同世界；西方講侵略、講疆界、講開拓領域。這些關於自我安身立命的不同潛在取向，影響我們所有下一代的追求方向，也影響夫妻美好生活的取向和整個家庭文化的生態環境。夫妻關係由著重內在和諧，轉為追求自我、界線和實現自己。細小的家庭是兩個小我不停開拓空間、不停自我膨脹、自我實現之所在，空間用盡，精神用光，怎麼辦呢？於是，一家邁向解體之途。

西方心理學擅長研究人的潛能，卻忽略了研究人的限制。在這裏，讓我們又仔細窺探一下沙維雅及鮑恩在探討人內在世界的異同。

4.5.3.3 沙維雅對人性是否太樂觀？

沙維雅雖然是家庭治療師，但在理論上很重視人的自我。她的理論與羅杰斯的人本療法十分吻合：人本療法強調對案主無條件的積極關懷，著重在治療關係上的態度和素質；沙維雅更詳細地深入了解人的自我的內在世界。雖然沒有採用潛意識這類字眼，但事實上，沙維雅的冰山理論同樣是探討人內在未覺察的領域，她的內在探討與完形治療的內在覺察亦十分吻合。所以，在自我理論方面，沙維雅的思想實在有許多發展空間。[56]

沙維雅的人觀，基本上是來自人文主義思想：人有無限資源去實現自己，發揮自己所有潛質和自由。沙維雅著重人與自我的關係，以及人與他人的關係。

沙維雅著重人與自我達到和諧一致的整合關係，所以強調

56 霍玉蓮：《情難捨》，頁 220~221；及《婚姻與家庭治療》，頁 116。

治療師要經常省察自己，專注內省，讓自己本人清靜安穩、真誠、友愛，能對案主付出尊重、專注、真摯關懷，治療師的自我素質、自我覺察和如何使用自己（use of self）發揮影響力，都是重要的治療手法。

沙維雅的人觀又著重人與他人的關係，所以學員常常以三人小組形式接受培訓，互相激勵、回饋、扶持、一同學習，許多家庭重塑的重大效果也來自組員的真誠回饋。著重社羣支援，人性的友愛回饋，是沙維雅治療的寶貴資產。

上述的沙維雅人觀與基督教的人觀十分吻合：人是被上主創造，十分尊貴，人要與自己及他人建立親密關係，彼此扶持。這裏，沙維雅的思想與基督教信仰最大的分歧是：前者相信人與自己和他人的親密，是可以單靠覺察和回饋就自然達到；人與自我似乎沒有衝突，人與人也充滿良善友愛，人的內心沒有幽暗、詭詐和矛盾，人一旦願意裏外一致就可以饒恕與復和；後者卻不然。

沙維雅與基督教信仰的人觀的最大分歧在於對人性的想法：沙維雅看人性是善良的、是美好的，只要真誠覺察，就會自然達到更善良、美好的境地；人也有無窮資源去幫助自己達到善良、美好，只要人願意，就立即可以做得到。這種想法看來帶著啟蒙時期濃厚的浪漫主義精神。人沒有罪性，沒有黑暗，人本來就美好，人只要願意，就會變得更美好，「明天會更好」！啟蒙時期遺留的樂觀主義精神籠罩著沙維雅的人觀。

人內在冰山的核心也是沙維雅思想與基督教信仰差異最大的地方：沙維雅認為人內在冰山的核心是一種「生命力」、一種能量（life force energy）；這些能量可以滿足人內在被愛、被肯定、被需要的渴求，只要接觸這種能量，人就可以選擇、可以美好、可以自由。沙維雅對人性的想法是不是太樂觀呢？

4.5.3.4 鮑恩對人性貫徹融通卻遲疑

鮑恩對人性的觀察最大的貢獻是自主而相繫的理論。他觀察到，人會不由自主地受到人與人互動的情緒磁場影響，他由這裏細心觀察到人內在的焦慮，這份焦慮不安帶動整個人的內在和外在反應，引致人格和行為偏差。鮑恩與弟子米高巨（Michael Kerr）對自主而相繫的理論，有很詳細系統的解說。(見本書頁 173 及其後。)

「自主而相繫」的理論，指出人格高度發展的理想素質，包括發揮自我個性的自主向度，以及與他人相處的向度。鮑恩強調，一個人除了能獨立自主外，能夠與人羣（尤其是親愛的人）穩定自在地連繫，兩者的平衡是非常重要的。

一個人害怕未能得到別人的接納、認同，在情緒上遭受周圍環境以及別人的擁護或排斥所主宰，變成沒有主體、沒有個性的「假自我」（pseudo-self）；另一方面，一個人過分著重突顯自我，而失掉了人倫中彼此扶持、相依相繫的優美人格素質，也是一個「假自我」。這是後期女性主義者如凱莉—瑪斯丁（Rachel Hare-Mustin）所強調的。[57] 惟有自主與相繫獲得平衡，情感和理智交感相通，流動自如，不諂媚、不屈服，也不自負、不孤高，這才造就成熟的理想人格（solid self），也就是所謂一百分的「自主而相繫」的成熟境界。鮑恩又補充，普通人只能在個別情景達到這種光芒境界，但一般情況，人會因受到各種境遇和內心壓力拉扯，而不能輕易達到。

當筆者仔細閱讀和體味鮑恩「自主而相繫」的理論，許多中

57 R. T. Hare-Mustin, "A Feminist Approach to Family Therapy", *Family Process* 17 (1978): 181~194.

國文化高風亮節的理想浮現腦海：「君子坦蕩蕩，小人長戚戚」、「君子無入而不自得」、「泰山崩於前而色不變」、「富貴不能淫，貧賤不能移，威武不能屈」、「惟仁者能好人，能惡人」等等。[58]

由於，鮑恩對人性的理論呈現一種客觀、融會貫通的觀察，他對人性不會過分樂觀，他也確實知道並承認，不少人經常活在低自主而相繫的情況之中。他認為沒有人能夠達到完全「自主而相繫」的境界，同時，他對人性亦懷有理想和希望。達致高自主而相繫程度的人能擁有內在自由，為目標和高遠理想（conviction）所推動，有一種確切的人生方向。所以，筆者認為鮑恩的「自主而相繫」的人格理論有很強大的容納性，可與中國文化交匯相融，也可與基督教信仰的人格理想發展交匯相融。（見本書頁 173~178，附記一和二。）

可是，鮑恩對於人內在焦慮的狀況卻有許多遲疑卻步，未作深入探討。人內心為何經常呈現焦慮？鮑恩沒有進一步研究和了解。筆者猜想，鮑恩拒絕探究佛洛依德潛意識的理論，而科學範疇又難以照明人類內心心靈狀態，故此他就有所遲疑。他一直以科學精神去尋索情緒世界的自然規律，貢獻很大；然而，由於科學觀測的限制，鮑恩只能將一切人格圓滿自主的來源歸於惟一一條管道，就是理性的管道：一切交由理性來覺察，支配盲目的情緒，就會達到人格成熟的高峯。圓滿成熟的人格單憑理性支持嗎？理性的維持不是來自貫徹始終的信念嗎？信念不是來自熱誠、盼望、直覺和真實的經驗嗎？在這裏，鮑恩作為一個誠實客觀的知識分子，碰上極大的難題，使他人性深度的探究無法推進。

58 另參霍玉蓮：《婚姻與家庭治療》，頁 51~54。

4.5.3.5 脫離了父親的人性觀

自十九世紀興起至今的心理治療，全部活在後啟蒙時期的偏見和陰影之中。總括來說，大概有四類人性觀點：（1）人純屬物質；（2）人只是動物；（3）人本身全然善良；（4）其實人沒有甚麼本性。所有對人類的分類，事實上，都是社會思潮的權力和語言製造出來的「社會建構」而已。

人是萬物之靈，是人類自我體驗的現實。幾乎所有治療理論都脫離了人的根源，建基在理性的臆測之上，治療師在時代大潮流的壓力下，有些人不敢違反潮流提及天父，有些人蔑視天上父親，有些人殺死了自己的天上父親，結果統統脫離了父親。容許我冒昧地指出，脫離了父親的人性觀不是自我膨脹，就是自我保護，或者游離晃盪、迷失方向。這是西方心理治療背後的實相，對於所有正在專心尋找心理輔導訓練的真誠學子，在此我邀請你沉思靜想。

4.5.3.6 基督教信仰的亮光：犯罪者及被罪所犯的人

上文提出，人的問題是由於內在失調抑或外在失調呢？基督教信仰提供了一線清晰的亮光，「世人都犯了罪」（羅三 23）意思是全人類都活在殘缺不全、缺乏生機的狀況裏。「罪」一詞很容易惹人反感和誤會，筆者往後在本書第八章會有進一步詳細探討。但無論如何，每天新聞報告中的偷呃拐騙，以至家家有本難唸的經，都說明了人類生存景況殘缺不全。

家庭問題、人際問題、自我精神問題，從內在失調來說，是自己無法和無能達到美善的理想，甚或有自私的慾望，因而虧欠別人、滿足自己。這種內在失調是「犯罪者」（sinner）的傾向。但另一方面，一個人呱呱墜地，父母已經日夜爭吵，又鬧離婚、又暴力傷害，這個無辜的小孩就是「被罪所犯」(the sinned against；按：或作「被罪者」)。基本上，人活在一個被罪的氛圍所籠罩和感染的環境，例如家庭、學校、大眾媒介，都在在侵害一個人成長的心靈。在這情況下，這個人是「被罪所犯」，因為這些問題是出於外在環境失調。心理學說能補充傳統教會教導的不足之處，對於人類因「被罪所犯」而產生的家庭現象、心理失調現象等，有細緻而精闢的研究。所以我們可以理解為何信徒也會有精神病，牧者傳道人也會出現婚姻危機的原因，也可以對所有人寄以關愛及同感之情。

在「罪的氛圍」底下活著的人，對被罪所侵犯而作出的反應，卻是自主而自由的，在這方面，人性的抉擇和心靈反應的能力，是心理學無法(也沒有)研究的虛位。因著這個虛位，心理輔導學說容易把問題全面推賴到父母的錯、童年陰影、性格傾向等等。這是由於心理輔導學對人性沒有全面的探討和觀察，因而引起的偏差。

4.5.3.7 盼望：求愛的主

人生的盼望在哪裏？前文曾經敍述，中國儒、釋、道、九流十家各大思想體系，都追求人「反求諸己」；安身立命，就是修養身心，轉化(transform)自己的內在心靈，去塑造美好的人格和靈性。

西方心理學說也叫人覺察自身、內外觀察，觀察的作用，不單純修養、節制，而是要去醒覺、爭取，決斷(assertive)表達、要求，以致成全自己和滿足自己的需要。

筆者認為東西文化可以互補：西方心理學說會教人落落大方地認識自己內在的需求和渴想；東方文化教人在認識自己的

需求之後轉化、提升、去執和修養。

這兩條門徑有一共通之處，就是相信人靠著自我觀照，就可以達致美好的人格修養。然而，基督信仰有何獨特之處，可以為人類帶來盼望？溫偉耀在他的近作《生命的轉化與超拔》一書，研究基督教信仰如何與中國文化對話。[59] 溫偉耀在二十多年的思考和研究中，作出了深刻的洞察，在提供安身立命的品格修養方面來說，中國的儒釋道思想可能比基督教信仰更深切更完善。可是，**基督教不單單是一個導人向善的宗教，也不是單單提供一套修身的法門。基督教最奇異的地方，是一個求愛的主，祂落到人間去尋找祂所愛所造的人，祂站在人的門外叩門，祂堅強又執著地等候人自願的回應。**

人類的確內外失調，以致每種治療手法都可獲得些少療效。但原來人心有一個原理，人要接駁到人的源頭，與求愛的主相親相愛，才有動力、才恢復真理、才有盼望。

這一個神人相遇的故事，是惟一又圓滿的指向人類康復的原則。由於我們的主是求愛的主，在愛中人類心靈才有指望。

4.5.4「改變」的終點：邁向何方？

何謂心理問題？何謂家庭問題？當我們逐一虛心探究的時候，發現這牽涉人類的指向。當我們描述心理問題或家庭問題的時候，我們指向尋求一個「理想」家庭呢？還是去扶持一個家庭變成一個「正常」家庭？是去調整家庭去「恢復功能」嗎？抑或去協調家庭符合社會大眾「普遍的期望」（norm）？誠實的輔導

59 溫偉耀：《生命的轉化與超拔——我的基督宗教漢語神學思考》（北京：宗教文化，2009）。

員或治療師，一定曾經在夜半無人之時，於星空之下，皎潔明月的映照之中，俯首徘徊，思想這一個責無旁貸的難題。

4.5.4.1 沙維雅勇闖心靈禁區

上文提過曼紐秦的人觀基於二十世紀崇尚科學理性的實證主義，相信人類社會前途完全倚靠科學理性邏輯推論，對一切心靈、宗教、形而上的東西質疑。沙維雅卻主張內觀、直覺、愛心、感情，沙維雅的人觀瀰漫著濃厚的浪漫主義和人文主義色彩。曼紐秦在 1974 年的會議桌上公開否定沙維雅，形成分裂。這次分裂不是家庭理論治療手法和意見差異的分裂，也不是實務效果不同的分裂（當時沙維雅的家庭個案有良好的實務效果），這實在是二人彼此在人觀和世界觀的徹底分裂。

讀者讀到這裏，好應該思考一下自己到底又持守著甚麼人觀和世界觀去修讀家庭治療，不明不白去吸收自己並不認同的人觀和世界觀，若不與該治療學派產生分裂，也許就會產生自我的精神分裂？！

筆者認為沙維雅最大的貢獻是把人類的人性在系統理論中復原（Humanization of the Mechanistic Theory）。沙維雅的家庭治療是惟一一套敢於公然跨入人類靈性區域的治療法。她認識到人類核心是一個靈性的區域，而這個區域所需要的不是功能、物質，而是心靈的滿足，愛、安全感、接納和良好的關係。只是，這個區域該如何稱呼？它到底是甚麼東西？自古以來，我們稱之為心靈（spirit），然而，不知道沙維雅想迴避甚麼，她沒有直接談到人的心靈的源起，卻用「能量」、「生命力」各種字眼去填補這個空位。

當人類漠視創造主，斷言自己乃是出於自己，心理學將人看為可觀測、可實驗、可量度的物質；長驅直進，闖入人類內在的核心，那超物質的區域，到底是甚麼？若人不是神所創造的，人惟有創造自己的「小神祇」去填補這無可名狀的「存有」經驗，心靈又變回沒有靈性、氣息的「能量」。這能量是死物？還是生物？是一個隸屬於人的領域？抑或凌駕於人的領域？這個關鍵是沙維雅理論最含糊、最矛盾的地方。沙維雅的理論沒有承認創造主，沒有承認黑暗的人性，沒有承認人神的阻隔及所需的復和。於是，沙維雅理論很容易發展成自我膨脹的理論，無限自我偉大、自我完善。靈性和靈界只是給我們借力的工具或僕役；又或者發展為泛靈論的思想。即是宇宙萬物都有靈性，可以轉化成為神靈。

沙維雅學派呈現出一種浪漫主義的世界觀，人類是善良的，只要人類擁抱真誠、熱愛，世界將會邁向自由、美好。沙維雅自己曾經經歷兩次離婚，在這兩段離婚經驗裏，她有沒有體會人性的軟弱不足，甚至人類的自我中心，以及人與人不能和睦相處的真相呢？這些問題未有答案，惟有留待讀者仔細思量。

即使如此，沙維雅的心腸充滿善意，在美國治療界是不可多得的閃耀明星。她為理性世界挽回直覺、靈感、人性，注入女性的愛與溫柔、體貼與感觸，使冰冷、濫用權力和策略的治療局面回復一點人類真情。為此，讓我們向她深深致謝。

4.5.4.2 鮑恩的緘默：先知的預言

筆者相信鮑恩可能也是其中一個俯首徘徊而苦思無路的治療師鼻祖。為何我這樣說？因為綜觀不同的家庭治療，在觀念的清晰度、概念與概念之間的嚴謹思維，以及對現象貫徹透闢的理解力等等方面，鮑恩的家庭理論看來都是最優秀的。可是，他的理論只有八個獨立觀念，未能建構成完整的理論和實務指引，實在令人失望！在鮑恩發現他的第八個觀念，亦即「社會性退化」之後，他的理論就再也沒有明顯和具體的進展，就好像一輛火車，忽然停了下來，不知如何上路。

筆者無緣與鮑恩親自對話，惟有在他走過的觀念中仔細默想徘徊，終於讓我參悟出其中道理。

原因十分簡單。鮑恩是一位誠實的知識分子！由於他不慕名利、不戀權勢，他一心只想研究出一套比醫學更有效地濟世的治療理論。可是，當他不斷作出科學觀察、系統研究，他就很誠實地面對了一個問題：在情緒流動和不自覺的盲目情緒偏差的代代流傳之中，情緒偏差和人格下陷的速度和闊度，比起人類情緒統合、人格提升的速度和闊度更快，至終無可避免地出現社會性全面退化現象。大家可以想像嗎？鮑恩得到這個研究結果時，心情會是怎樣的？是懊惱？是惆悵？是徬徨？有如環保人士不斷研究，又不斷發現全球暖化的迹象，再過十年八年，某些島嶼可能已經無法供人類居住。有此發現，心情會是怎樣的呢？是無奈和沉重？

倘若鮑恩在生，也許，他會感激我對他心情的了解和響應。

於是，鮑恩在沉重和失落中緘默了……

試想一想，鮑恩出發的時候，擁抱著進化論的思想，懷著高遠的志向，去建構一套能拯救人類心理健康的發現。由進化和期盼開始，走向退化和失望，誠實的人，只能在這事實面前徘徊、無話可說。

鮑恩不是情緒化和自欺的人，他不會為了討好別人、討好自己而修改研究結果，謊稱人類只要跟著他的理論走，就有無窮的潛力、有無限的希望……另一方面，鮑恩也難以接受，原來科學理性的思維、系統研究帶領人愈發認識真相，卻愈發揭示人類退化、沒有希望。他站在十字路上，進也是難，退也是難，他的理論忽然停滯在路邊的停車場。

難怪美國人稱鮑恩是治療界被遺忘的先知，[60] 因為他實在客觀而誠實地預告了五十年後今天的社會現象。

4.5.4.3 曼紐秦承認走錯路

在 2007 年，曼紐秦等人出版了一本新書《家庭與伴侶評估》（*Assessing Families and Couples*）。作者在序言中為他們五十年來走錯了路，正式道歉。曼紐秦首先承認：

> 我們以為當家庭結構改變了，家庭成員的人生就自然會改變……很不幸……家庭治療師忽視了形成家庭的個體成員。[61]
>
> 結構派家庭治療提供一個參照系統，為家庭成員的交往帶來秩序和意思，在過程中，結構派家庭治療犯了錯誤，忽略了個人的動力——亦即是，拒絕個人歷史對於建構家庭經驗的影響力……在過去五十年間，結構派家庭治療追隨一個樣板去理解家庭，而且設計策略去改動家庭。[62]

60 Mary Skyes Wylie, "Family Therapy's Neglected Prophet", *Family Therapy Networker* 15 (March/April 1991): 25~77.

61 Minuchin, Nichols and Lee, *Assessing Families and Couples*, 1.

62 Minuchin, Nichols and Lee, *Assessing Families and Couples*, 3.

> 我曾經心存肯定的走了一條誤導別人的路。……讓我首先承認我是一個精通抄襲的人，我滿懷意見地閱讀同僚的書，我抄襲，我抄襲沙維雅、艾加文……鮑恩……〔一直數了十多二十人。〕……只要你接受治療師是一個偏心，又存偏見的工具，你知道自我認識的重要，你就可以隨意借取。……[63]

這一番向公眾「自首」的陳述說明了甚麼？筆者不想置評，由讀者自己來咀嚼、自己去揣摩就好了，但筆者最想借此一隅，提出一些值得討論的重點。

第一，曼紐秦的結構派家庭治療，在美國佔重要地位達半個世紀之久，五十年後，始創者自己承認自己「心存肯定的走了一條誤導別人的路」。未知這條誤導之路通向何方？這個誤導五十年來帶來甚麼結果？美國有一些轟動一時的書籍，如《離婚文化》（*The Divorce Culture*），《互相依存庇護所》（*The Shelter of Each Other*）等等，[64] 都透徹指出：今天美國家庭的破碎和離亂，下一代的惶恐無依，與心理治療及家庭治療所強調的一些人觀和世界觀，有直接、間接的關連。

今天，曼紐秦似乎仍然心存肯定地說了另一番話；五十年後，又有沒有甚麼誤導可能再次出現？道歉是可嘉的，但因何誤導他人，這些誤導帶來甚麼影響，卻沒有說清楚。美國人被誤導了五十年，香港人也同樣要被誤導幾十年嗎？

---

63 Minuchin, Nichols and Lee, *Assessing Families and Couples*, 5.

64 Barbara Dafeo Whitehead, *The Divorce Culture*（New York: Alfred A. Knopf, 1997）; M. Pipher, *The Shelter of Each Other: Rebuilding Our Families*（New York: Ballantine Books, 1997）.

第二，曼紐秦在這篇序言裏再一次自我確定自己背後的人觀和世界觀。治療師本人是一個「工具」，[65] 不少結構派家庭治療的弟子認為家庭治療是一場表演（做「show」）。他們認為結構派家庭治療在過去五十年所忽略的，只是「個人動力」以及「個人歷史」對建構家庭經驗的影響力，而不是個人心靈或情緒心理的掙扎。並且，他們只是重複慣用的手法，將「個人動力」、「個人歷史」列為一些影響家庭功能的元素，把「個人動力」和「個人歷史」列入研究範圍，一併拆解、移動、刪除，這部家庭機器就會再次發揮功能。在五十年後的今天，似乎結構派家庭治療的人觀和世界觀並沒有甚麼改變。

4.5.4.4 米高維敍事旅程駛向哪個終點站

若細心研讀米高維所處理的個案，不難發現他並不試圖診斷甚麼家庭或個人病症，也不介定任何問題，繼而作出治療或協助解決問題。他只是與案主會談，尋找不同的蹊徑去通向人生不同的目的地。米高維說：「我與案主正在開展一次旅程，要去到不能具體確定的目的地，而且通過無法預先計劃的路徑到達目的地，我知道我們可能會特別選取風景優美的路徑去通往這未知的目的地，我也知道當我們邁向這些未知的目的地，將會踏入不一樣的經驗世界。」[66]

所以，筆者認為米高維所作的是敍事會談旅程，而不是敍事治療，是一趟對話和領悟的會談，目標只有一個：重尋自我身分（identity）、重獲自我主體（personal agency）、豐富生命經

65 Minuchin, Nichols and Lee, *Assessing Families and Couples*, 5.

66 White, *Maps of Narrative Practice*, 4.

驗（thick description of life）。説穿了，是以新聞記者的好奇和好發掘的角度，跟案主作一次文學性會談。

這樣的會談，筆者絕不反對，而且十分讚許。可讚許的是這種治療觀點已經超越了理性科學至上的世界觀，重新探討生命的奧祕。用筆者情願選取的言語是：「生命是一個有待開啟的奧祕。」（Life is a mystery unfolding.）米高維使用旅程來比喻治療過程，與基督教信仰常用的旅程意象十分吻合：亞伯拉罕聽見上主召喚，一生帶著行裝，去那未到過的應許之地；而信徒在世，似一個天路客的旅程，人生是一場客旅。

可是，基督教與敍事會談旅程也有相異之處。

基督教信仰旅程所説的未知之地，不是漫無目的靠碰運氣抵達的，那是一個應許之地。信仰旅程的起點，不是為了卸除問題包袱，而是來自神人相合的呼喚、心靈的呼喚。沿途不是靠「蓄意」的搭棚架問話去尋路，而是靠心靈與上主連線，在靈悟中確認記號（雲柱和火柱），信靠地與上主同行。沿途未必風景優美，有時陽光普照，有時風雨雷電。而旅程的終點，是邁向恢復人本來受造的設計和獨特身分。

> 耶和華啊！……
> 我的肺腑是你所造的。
> 在我母腹中你塑造了我。
> ……
> 你的作為奇妙，
> 我是深深知道的，
> ……
> 我成形的身體，你的眼睛早已看見。
> 為我所定的日子，我還未度過一日，

都完全記在你的冊上了。
神啊！你的意念對我何等珍貴，
數目何等眾多……

——詩一三九篇

每一個人的人生，實在是一場人與上主共創的奇妙旅程，回到創造的珍貴原貌。

在旅程中，米高維著重藉著改換語言，來審視人生、改換經驗，其中也有很多值得欣賞、很有意思的創意。他所遺漏了的重要議題，是動機、盼望和擇路的指南針。但米高維最大的遺漏是他不知道把人引向哪個終點站。這些遺漏，在基督教信仰有豐富的寶庫可以提供，筆者將會在第七章討論婚外情輔導的手法時，也會重點採用「人生作為一個有待開啟的奧祕」這個隱喻去擬定人生旅程。

4.5.4.5 曼紐秦與米高維的舌劍唇槍

曼紐泰和米高維都是關心社會上的權力和家庭上權力分配的人，曼紐泰認為家庭按照角色、責任、功能結構作出權力劃分，而治療師則擁有最大權力淩駕所有家庭成員。米高維剛好相反，他最反對治療師過度攬權，去定義問題、診斷病症、指揮家庭成員的行為。對於米高維來說，治療師自以為是「擁有真理」，絕對地診斷人、駕馭人、擺佈人這種意識形態，才是家庭問題和精神問題的來源。換句話說，是心理輔導學知識的權力系統製造了許多問題，DSM IV和輔導理論把人囚禁起來。這些主流意識權力製造了問題，才是真正的問題。

這麼明顯的對立當然引來一場舌劍唇槍。筆者十分欣賞西方文化這番器量，不同學者、治療師可以照事論事彼此挑戰、批評，促進學術、理論的進步。

曼紐秦挑戰敍事治療法只有意識形態、遺失了「家庭」，[67] 而後現代主義治療又挑戰曼紐秦太過以治療師的主觀去建構家庭的理想。[68] 曼紐秦又進一步挑戰敍事治療空有會談，而沒有治療。[69]

曼紐秦與敍事治療師的來回對壘事實上反映出彼此在掌握家庭現實和世界觀的分歧。[70] 去到近年，連最關心實務技巧的美國人也需要去沉思人生有沒有宏大敍事去概括人生現象和家庭理想。一會兒，筆者會再進一步探討。

4.6 四個重要家庭治療模式的比較和選取

4.6.1 審視的脈絡

筆者就米高維的後現代人觀、世界觀，以及鮑恩、沙維雅、曼紐秦系統家庭理論的人觀、世界觀，作出了綜合評論。有心志進修家庭治療的人士，若想誠懇地篩選符合自己人生觀和價值立場的治療手法，讀到這裏可能會感到滿天星斗。筆者嘗試以知識論、目的論、體驗和文化向度，理出一些審視每一套治療學派的脈絡，提供讀者參考。

---

67 Minuchin, “Where’s the Family in Narrative Family therapy?”, 397~403.

68 A. Anderson, “Re-imagining Family Therapy: Reflection on Minuchin’s Invisible Family”, *Journal of Marital & Family Therapy* 25 (1999): 1~8.

69 S. Minuchin, “Retelling Re-imagining and Re-searching: A Continuing Conversation”, *Journal of Martial, Family Therapy* 25 (1999): 9~14.

70 Levy, “Using a Meta-perspective to Clarify the Structural-Narrative Debate is Family Therapy”, 55~73.

4.6.1.1 知識論的層面

- 我們如何知道我們「知道」——的確擁有了知識？是主觀的體驗還是客觀的現實？
- 該學派如何崛起？為了關懷甚麼社羣？為了對應甚麼類型的難題？
- 創始人的成長脈絡是怎樣的？成長背景、文化、宗教信仰背景、創立該學派的動機為何？揚名立萬？求一官半職？誤打誤撞？懷有抱負？
- 該學派如何被認受？如何發展？有否重大的自我修正？

4.6.1.2 目的論的層面[71]

不同學派如何理解「問題」和「改變」？

1. 問題界定

- 曼紐秦結構派家庭治療：認為家庭互動模式和系統界限出了問題就是「問題」所在。
- 鮑恩家庭治療：跨代情緒遺傳和人性成熟程度是「問題」所在。
- 沙維雅家庭治療：「適應問題的方法」和「低自尊」是「問題」所在。
- 米高維敍事家庭治療：「飽含問題包袱」的社會敍事是「問題」所在。

2. 改變的目標

- 曼紐秦結構派家庭治療：糾正、修改家庭太鬆、太緊的界限，改正家庭互動模式。

71 霍玉蓮：《婚姻與家庭治療》，頁 130~131，153。

- 鮑恩家庭治療：提升家庭成員的「自主而相繫」能力。
- 沙維雅家庭治療：成為裏外一致、高自尊的人。
- 米高維敍事家庭治療：解構與重構生命故事。

4.6.1.3 體驗的層面

- 嘗試代入該學派，親身成為治療師和案主，真切地體驗當中的經歷。
- 在體驗層面，該學派是否帶動人邁向更誠實？憐恤？彈性？開放？謙和？盼望？與神與人與自然更多連繫？抑或邁向相反方向？
- 在體驗層面，該學派會否導引人建構更虛妄的理想？自我膨脹？自欺？更多愉悅但更少誠實？更加立場僵固？專業驕傲？審判？羞辱？奴隸效應？偶像崇拜？
- 每個學派對哪一類個案特別奏效？

4.6.1.4 文化的層面

- 考慮該學派所運用的語言（和翻譯）是否符合個人的人生觀和世界觀。
- 該學派如何理解「知」和「情義」的概念？[72]
- 考慮東西方文化思維的進路：
  東方文化：憑印象、直覺、頓悟和體會全圖。
  西方文化：靠分析、分門別類、系統邏輯推理。
- 哪一個學派更能對應我們身處的文化處境？

72 參霍玉蓮：《婚姻與家庭治療》，頁 40~42。

4.6.2 筆者個人的選取

4.6.2.1 方法論

不斷悔改：進行內心的檢視和對話，反覆內省和轉化自己的信仰，以及各輔導理論、信念和技巧的理解與實踐。這是單以耶穌為盡忠和參照的最高標準，而設下的一個持續不斷的自我糾正機制。

4.6.2.2 態度

態度：正氣存裏、慎思明辨、寧靜致遠、淡泊明志、情感滋養、默想耶穌。

	我選擇	我拒絕
曼紐秦 結構派 家庭治療	•基本的結構概念 •互相牽繫的人際動力的觀察 •釐清語意 •挑戰案主的行為而非案主本身（以溫文尊重的態度） •設定行動方案（人性的、尊重他人的）	•人觀 •輕蔑與高高在上的態度 •專家姿態 •沒有血肉的枯骨
沙維雅 家庭治療	•專注內省及默想 •直覺、誠懇、同情 •敏銳、尊重、富有人性 •運用「當下此刻」 •冰山理論、改變理論、表裏一致 •所有具創意的技巧	•對人性抱過分天真樂觀的態度 •以簡化的見解看待問題 •自我膨脹 •對自由和靈性的含糊定義
鮑恩 家庭治療	•「獨立自主、以情相繫」的理論 •與父母重新連結（獨立自主歷程） •跨代家庭承傳、社會性退化、三角舒張動力的洞見	

	我選擇	我拒絕
米高維 敘事 家庭治療	• 臨牀姿態：開放、謙卑 • 共創和未知（有待發掘） • 對受欺壓者的維護與平反	• 相對的價值系統和硬性社會建構主義（hard social constructivism） • 過分理性化的陷阱

4.6.2.3 與其他學問和技巧的融會

1）文學：運用語言、詩歌、故事和比喻。
2）從人生學到的生活智慧，例如：家庭排序、優質睡眠、簡約生活、時間管理等。
3）性格形態（personality profile）。
4）適當的自我流露。
5）用於潛意識的技巧：意象的指引、完形治療法、眼球運動減敏法、身心語言程式學、夢的分析。
6）中國人的哲學，尤其是對弔詭的感知和生活智慧方面。
7）運用宣告和信念。
8）反覆提問的技巧。
9）家庭的生命週期，個人成長與發展。
10）社會學、政治、經濟學對世界的分析（Socio-political-technological analysis of the world）。
11）對人類困境和苦難的深切體會。
12）用功反省特定議題：婚外情、暴力、性、親密關係等。以建基於哲學神學的誠實反省來發展臨牀治療的藍圖。
13）為婚姻、家庭、親職繪製圖譜，制定自己的臨牀治療步驟。
14）創新和改革技巧。

助人專業是一門可敬的使命和光榮的禮物。

正直地活出我們的生命，整合專業和個人的自我，只向上主效忠，負責而喜樂地活出創造的本相！

4.6.2.4 給治療師的臨牀指引

1） 滿有憐恤之情。
2） 保持中立。
3） 保持好奇：不要耽於自己的假設。
4） 用五個維度的耳朵來聆聽：案主的內在歷程，案主對治療師的期望，案主的過往經歷，案主與伴侶或兒女的互動，案主的思考脈絡以及未來定位。
5） 不放過一切有用的資訊，包括失約、責備治療師、強迫丈夫一同接受治療等，都透露了個案的蛛絲馬迹。
6） 以順水推舟的方式處理案主的抵抗力 。
7） 聚焦於甚麼令病徵持續下去。
8） 對焦與重新對焦。
9） 拉闊觀點和遠景。
10）著眼於一再重複的主題、強力且激烈的情緒，這是讓治療師更認識案主情況和未開發區域的關鍵。
11）留意案主的強項與優勢。
12）不要比案主本身更努力。
13）容許自己「不必知道」。
14）小心覺察自己的過敏反應。
15）只有藍圖，沒有企圖。
16）追隨案主的帶領。
17）撿拾案主所使用的詞語，並緊緊追溯。

18）追蹤、尊重和跟隨案主的「主觀意義」。

19）藉選擇「沒有察覺的過程」來抵消僵化的模式。

20）以尊重、幽默和不欺瞞的方式來使用「對質法」（即雙關語、弔詭、矛盾兩難、自我挫折行為、放大不被注意的錯誤、逼進一隅等）。

21）不帶「批判性」不等於「不下判斷」。「批判」是「自大」和「自義」的。而「判斷」是一種區分優次、好壞、傾向的能力，預期選擇將會帶來的影響，並為此選擇負責。

22）不要弄亂，將引起「過敏反應」（reactivity）跟「提升強度」（create intensity）混為一談。

23）可以坦白承認立場（hold transparent position），並表明對通用原則的尊重。例如：我從不說謊、我不會容許謊言、我不會幫助別人去傷害其他人。

24）案主的福祉比治療師的成效表現更為重要。

25）在合適的情況下，謙卑地分享自己的世界觀、信仰、人生盼望。

4.6.2.5 應用於婚姻輔導個案的額外臨牀指引

1） 輔導室氣氛：有合適距離、安全、可靠、溫暖和支持。

2） 讓每一個坐在輔導室的人都感到有意義。

3） 不持公務心態，反而看透人性的軟弱：案主中心、尊重、保護、關懷。

4） 整個過程都要留心重複出現的主題、目標和相關事宜。

5） 保持中立：即是讓夫婦雙方都感到被肯定和獲得深切了解。

6） 一語雙響：任何說話讓雙方聽起來都是真摯而體貼的。

附記一：理想成熟人格指標

資料來源：城市綠洲輔導室輔導輔助工具。以下指標是筆者根據鮑恩「自主相繫」指標整理，再與羅馬書十二章 9 至 21 節作出對比與融合而得。對這題目有興趣的讀者，可參考：霍玉蓮：《婚姻及家庭治療：理論與實務藍圖》，頁 51~54；F. W. Kaslow and H. Hammerschmidt, " Long-Term Good Marriages：The Seemingly Essential Ingredients ", in *Couple Therapy, Multiple Perspectives: In Search of Universal Threads,* edited by Barbara Jo Brothers（New York: Haworth, 1992）；R. Richardson, *Family Ties that Bind*（North Vancouver, B.C.: Self-Counsel, 1991）。

內在心理狀況

內在使命的確信

- 清楚確定及表明自己處事的信念（conviction）、原則和立場，不攻擊或貶抑他人處事的信念、原則和立場。
- 能依據自己辨認為合理的期望和做法去生活，能選取跟隨或拒絕生活在別人的要求之下。
- 確認及堅持自己的目標，不會單單由於關係而犧牲自己人生的確信。

經文：羅馬書十二章 9 至 21 節

- 恨惡罪惡、持守善良。
- 心靈火熱，殷勤事奉主。

內在自由

- 能清楚區分思想及感受，在兩者間自由地馳騁。
- 遇上不愜意的事和人生的逆境，不讓「無助感」壓倒自己，反而集中考慮各樣其他選擇。
- 不欺負、威嚇或擺佈別人，也不被人欺負、威嚇或擺佈。
- 不以別人為自己問題的根源，反而認領自己的失望、憂傷及需要，為自己負責。
- 能開放地承受責任和為自己的錯誤所造成的後果負責。

人倫的關係狀況

裏外一致

- 內裏誠實，時刻省察。
- 不強出頭，不衝動跑上台前，也不膽怯退縮幕後，迎接每一個人生的挑戰。
- 與殘酷和冷漠世界保持友好關係。
- 能聆聽生命導師和知己好友的反映和回響，但不過度倚賴外在肯定、讚許。
- 自量其力、自我滿足，出入自如。

經文：馬太福音五章6節

- 愛人全無虛假。

彼此連繫

- 與別人保持緊密的關係，同時對自己的思想、情感保持開放。
- 不去防衛自己的信念、立場、原則，也不要求別人去證明他們的信念、立場和原則。

- 避免因關係的緊張而發展出一些不良行為，同時拒絕別人的不良行為。
- 與每一個家庭成員建立開放、沒有祕密、單對單的關係。
- 能保持自己的思想獨立，不與任何家庭成員串同，去助威或自保。
- 不看任何一位家庭成員為「聖人」或「壞蛋」(絕對的好 / 壞)。
- 拒絕扮演迫害者、受害者或拯救者角色。

經文：羅馬書十二章 9 至 21 節

  - 彼此相愛，像家人相親相愛。
  - 聖徒有缺乏的，奉獻支持。
  - 熱情款待客旅。
  - 與喜樂的人同喜樂，與哀哭的人同哀哭。
  - 大家以為美的事，留心去作。

敢於接觸內在痛苦

- 接納和誠實地承受人生的不足和缺陷。
- 不自圓其說，不逃避、自欺，也不諉過於人。
- 能面對和正視人生的矛盾、限制、現實和理想有所差距而產生的焦慮。
- 認定痛苦是通往心靈高處的必經窄路。
- 明白上主在試煉中必定開一條新出路，不會過於我們所能承受的。

經文：羅馬書十二章 9 至 21 節

  - 不為自己伸冤，等候主的定斷。

有勇氣表達自己的優點和脆弱點

- 接納和正視人生的兩難及弔詭。

- 看自己合乎中道。
- 能平靜地接受稱讚和批評。
- 不以固定的模板來看自己，以動態的更新去表明舊我的脆弱和新我的優美。
- 因著神的偉大設計，可以在自己的美麗和醜惡中愛自己。

經文：羅馬書十二章 9 至 21 節

- 在盼望中喜樂，在患難中忍耐。
- 恆切禱告，不自以為聰明。
- 不以惡報惡。
- 把自己看得合乎中道。（參羅十二 3）

求同存異、確認別人的獨特處

- 欣賞和享受別人與自己不同。
- 不要求別人應該怎樣做、怎樣感覺和怎樣思考，來使自己快樂。
- 準確地查看及澄清別人的意思、期望和動機。
- 能同時顧及自己及別人的需要和目標，達致共融的方案。

經文：羅馬書十二章 9 至 21 節

- 恭敬相待，彼此禮讓。
- 對迫害的人要祝福，不要咒詛。
- 盡可能與人和睦相處。
- 彼此同心。
- 不心高氣傲，俯就卑微的人。
- 仇敵若有窮乏的，幫助他。
- 各人按不同恩賜彼此配合。

附記二：高素質的人格特徵（自我成長方向）

資料來源：城市綠洲輔導室輔導輔助工具，霍玉蓮撮譯自 F. W. Kaslow and H. Hammerschmidt, "Long-Term Good Marriages：The Seemingly Essential Ingredients", in *Couple Therapy, Multiple Perspectives: In Search of Universal Threads*, edited by Barbara Jo Brothers（New York: Haworth Press, 1992）。

1）對人生的意義、方向、目標有清晰掌握，所以能夠為人生步伐定下目標和遠象。
2）擁有寬容、開懷的胸襟，能正面地處人處事，不長久懷怨。
3）因生命具有方向感和目標，能夠抉擇和開創自己的生涯計劃。
4）有動力以積極精神，具建設性及靈活地透視逆境，跨越逆境。
5）能保持開放靈活的心懷，常具展開新路向和新機會的創意。
6）由於具備上述五項素質，故此能發揮專長，擁有成就感和滿足感。
7）發展高度的自我價值感，自信、自尊和自愛精神，這樣的人懂得尊重和欣賞。因為珍惜和愛護自己，所以也懂得尊重、欣賞、珍惜和愛護他人。
8）這些人懂得培育和接駁汲取內在資源，培育內在的安全感、平安、喜樂、剛強，因為懂得自尊、自重、自愛，他們能發現自己的才幹、能力、技巧和興趣，因而喜愛自己、接納自己。

9）由於上述素質，這樣的人能夠與愛侶建立親密、友愛、持久的關係；他們喜愛自己、欣賞自己，因此也能喜愛他人、欣賞他人。在親密關係中，他們懂得欣賞、聆聽、支持和鼓勵。

10）他們能夠與同性和異性發展親密和彼此關懷的友誼，友情流動自如。

11）他們經常對生命、宇宙、周圍的人存有感恩和讚歎之心。

12）他們與宇宙的源頭、智者或創造主緊緊連繫，因而能打通經脈，上達高度智慧、仁愛之源，建立生命的方向意義和遠象。

附記三：剛強健康家庭的基本元素（家庭成長方向）

資料來源：城市綠洲輔導室輔導輔助工具，霍玉蓮撮譯自 *Family Therapy News*, 1990 Conference。

1）**高度適應能力**：在家庭發展生涯必經順流逆流，對生老病死和各種生活壓力，健康剛強的家庭具有高度適應能力。

2）**對家庭忠誠委身**：意思是每位家庭成員彼此尊重各人的獨特價值，各人都顧家、養家、持家，以家為本。

3）**良好溝通**：家庭成員間保持開放、清晰、暢順頻繁的溝通。

4）**鼓勵和建立個體**：家庭成員對家庭整體有歸屬感，同時能建立鼓勵個體發展。

5）**充滿喜悅和欣賞的氣氛**：大家充滿喜悅和義務的意識，大家毫不計較地彼此互助。

6）**宗教 / 屬靈取向**：許多調查研究顯示，剛強健康的家庭特徵是具有虔誠氣氛和屬靈取向。

7）**豐富的社會網絡**：與親戚、朋友、鄰里有健全的社會網絡，成為危機中的支援。

8）**清晰的角色**：每位家庭成員有清晰而具彈性的角色責任。

9）**常有分享的時間**：時間分享方面，質和量都充足，各人都愉快滿足。

附記四：分辨自主相繫程度表

資料來源：盧夢鳴撮譯自M. E. Kerr and M. Bowen, *Family Evaluation: An Approach Based on Bowen Theory*（New York: Norton, 1988）。

理論性分辨自主相繫的程度

0~25 分	情理區分能力極低
	情緒極受別人影響，處事由情緒主導，欠缺思考
	長期處於高度焦慮狀態
	情感需求極多
	不能維持長久的關係
25~50 分	被內在情緒及別人的反應驅控
	爭取別人的認同
	沒有個人信念和確信，喜跟風
	依賴外在權威來支持自己
50~75 分	穩定發展的自我，在壓力下，也不易受情緒操控
	能洞察及辨別感受和理智的區別
	重關係因而不敢說出心裏確信，仍似 50 分以下的程度的生活取向
	能遊走於親密關係及有意義活動之間

75~100 分	極少數人能達此境界，情理清楚區分，不受情緒影響，做決定時客觀理智，在親密關係中仍能自由地活出真我
	以原則及目標作生活取向
	內在推動，脱離兒時父母的影響
	看自己合乎中度
95~100 分	沒人可達致的境界

第 5 章
心理學誕生的搖籃

前現代時期的人想些甚麼？他們相信上主，相信終極權威；有上主、有神明，有善惡力量。

現代時期的人想些甚麼？他們把上主當為節期的消閒紀念品。人自己坐在宇宙的中心，憑理性、自由、潛能、人權各種口號，可以創造一個「美麗新世界」，前景一片光明美好。

後現代時期的人想些甚麼？世上再沒有穩定恒真的普遍定律。沒有不變的價值，沒有真善美，沒有神。了無意義就是惟一的意義，一切都是相對的。後現代否決了宏大敘事，非但沒有為現代人的矛盾提供出路，反而是給現代人提供更令人沉溺和絕望的鴉片！試想，過去的歷史並非人生裏的真實部分，「過去」變成了「供人消遣的主題公園」。「未來」也不是「現在」的延伸，人只能在「沒有未來的今天，『快快樂樂的生活』下去」。

5.1 心理學是甚麼？

心理學（Psychology）是甚麼？Psychology一詞是psyche和ology的合併字。Psyche原指「靈魂」的意思，ology指一種學問，串連起來就是「靈魂的學問」或「心靈的學問」。時下流行的心理學主要研究腦袋、行為和種種情緒流動，把「心靈」或「靈魂」一腳踢出門外。到底心理學問是如何誕生，並日後變成失掉「靈魂」的孤兒呢？

要理解心理學說的思想信念，先要瀏覽一下心理學誕生的社會思潮和歷史脈絡（見本書頁 44 圖表）。

要明瞭心理學的特性和身世，便需勘察西方宗教史、思想史和社會發展史；為了使繁複的史料變得簡明清朗，筆者想把西方思想思潮簡單歸納為前現代、現代和後現代三個歷史時期，讓讀者更容易明白心理學如何在這些西方思潮的搖籃中成長。

5.2. 前現代、現代和後現代

啟蒙時期，理性主義抬頭、科學發達，為西歐開創了前所未有的樂觀進步現代精神。1890 年代初期，通常被劃分為西方思潮的轉捩點，[1] 因為批判文明的新文化、藝術思潮（avant-garde）在那時興起，[2] 對現代文明進步作出重新評價。1890 年代以後的一段日子，可以稱為現代主義的時期；而在這個重新檢視和質詢傳統思想的現代主義時期之前，可以稱為前現代時期。直至二次大戰結束後（亦有人以 1968 年作為分水嶺），人們又再一次對人類文明進步產生質詢，由那時期至今，可以稱為後現代時期。

現代主義建基於十八世紀啟蒙運動的理性思潮，接收了人類不斷進步、文化偉大、科技至上的樂觀精神，一方面承接十八世紀樂觀的進步神話，同時質疑傳統、揚棄傳統、認為傳統有礙進步，要用新的途徑去創造更美好的社會。

1 R. Bauckham and T. Hart, *Hope Against Hope: Christian Eschatology in Contemporary Context*（London: Darton, Longman and Todd, 1999）；中譯本：《盼望猶存——基督教終末論的當代意義》，蔡錦圖譯（香港：基道，2006），頁 4。

2 Fred Orton and Griselda Pollock, *Avant-Gardes and Partisans Reviewed*（Manchester: Manchester University, 1996）.

包衡（Richard Bauckham）和哈特（Trevor Hart）引述哈里森(Frederic Harrison)那一番人類文明趨向偉大的樂觀精神的言論：

> 我們是在一個偉大的時代的門檻，即使我們的時代本身並不偉大。在科學、宗教、社會的體制中……懸而未決……它是擁有極大期望，並為更好的東西而竭力奮鬥的時代。[3]

所以，現代主義一方面揚棄傳統宗教、信仰、權威、超自然思想，同時意氣昂揚地為了邁向新世紀而全速前進。直至今天，這想法仍然影響我們的心理學家：佛洛依德、羅杰斯、貝爾斯、史堅拿，甚至家庭治療師沙維雅、曼紐秦等人的思想學說，都是在這種「人類無敵、科技至上、理性萬能」的現代快車中誕生的。在家庭治療理論中，提到家庭在跨代情緒流傳中會引起「社會退化」現象的，鮑恩是惟一一人。這個觀點在當時是完全違反樂觀的現代主義精神的。包衡和哈特一針見血說出十九世紀至二十世紀的人(包括心理學家)，活在這個不斷進步的神話之中。[4]

平地一聲雷，第一次世界大戰爆發了！第二次世界大戰接踵而來，德國納粹主義、大屠殺、國際性的滅族仇恨，呈現的血腥和恐怖，使整個歐洲的進步神話和樂觀精神開始動搖！

讓筆者扼要概括表列前現代、現代和後現代的重要信念和特徵，幫助讀者窺探心理治療理論背後的人觀與世界觀。

3　包衡、哈特：《盼望猶存》，頁 5。

4　包衡、哈特：《盼望猶存》。

前現代時期	現代時期	後現代時期
•用敬虔的心靈，去接通由上而下的超自然啟示。 •除了神，沒有人有完全把握主宰宇宙人生。	•用理性、科學、邏輯的思考方法去認知世界。 •態度樂觀，認為人完全有能力去了解和掌控宇宙人生。	•對理性主義、科技主義和客觀現實作出反動、質疑。
•人與神會通，可以獲得啟示、感知及認識絕對真理。	•通過理性邏輯，人類可以追尋認識絕對、普遍性真理。	•根本沒有宇宙普遍性真理。 •世界是支離破碎的「印象」，現實是語言建構的東西。
•藉著大自然萬物變化和人類構造、良知，自覺，超自然的神的神性和永能是明明可知的。	•世界是感官所驗證的實體，人類是可以推論的邏輯、機械的系統。 •沒有超越五官體驗的超自然存在。	•對邏輯或實證認知的所謂客觀世界存疑。
•人類同時會墮落，亦會進步，人類只能透過擦拭良知，悔改去配合歷史主宰的永恆計劃。	•人類藉著科學、理性求進步。	•「進步」純粹是西方文化侵略和擴展權力的藉口。
•人類歷史按著創造主的心意前行和變化。	•重視時間、歷史、前進。	•時間空間被高科技拉直、拉平。
•歷史是人神接合，邁向救贖更新的旅程。	•歷史是文化和意識形態所塑造的人類生活敍述。	•沒有歷史，只有「當下」。
•物象具備內涵，蘊藏有待發掘的神聖心靈意義。	•重視抽象內在的深層意義。	•「意義」是象徵的解讀，物象沒有實質內涵。

前現代時期	現代時期	後現代時期
• 物象背後存有神聖的心靈實體。 • 但這實體被墮落的人性毀壞了，形成殘破的軀殼。 • 通過創造主的拯救，才可挽回心靈完整實體。	• 在媒介的象徵和記號底下具有一個真實存在的實體。	• 實體只是銷售的形象，媒介的象徵和記號，是最有力的、惟一可接觸的實體。

上述圖表也許可以幫助我們快速掌握不同時代的信念和特徵。但是，以濃縮的方式列出的概念圖表，不免會有粗疏籠統之處或犯了以偏概全的毛病，還望讀者體諒。固然，有心的讀者可以詳細閱讀以西方現代思想史為主題的相關書籍。

5.3 將心靈移交生物學接管

基於上述西方思想和思潮的變遷脈絡，我們可以逐漸看出，西方心理學說如何將「心靈的學問」移交給生物學及神經系統理論接管。

歐洲思想傳統最重要的特徵，是樂觀的理性主義。[5] 啟蒙運動開創了科學、藝術、經濟各方面的革命和成就，歐洲思想界更鍍上一層自豪和自負，前路一片光明歡欣！人們相信靠著人類的理性、創造和努力，肯定可以創造一個繁榮、進步、美麗的新世界！[6]

5　羅蘭．斯特龍伯格：《西方現代思想史》，劉北成、趙國新譯（北京：中央編譯，2004），頁 4。

6　這精神可見於赫胥黎（Aldous Huxley）的《美麗新世界》（*Brave New World*）及華萊士（Alfred Ressel Wallace）所著的《美妙新世紀》（*The Wonderful Century*）等經典作品之中。

當時沒有人去質疑人類這番自豪背後的天真，更沒有人肯承認這番自豪背後的虛榮。歷史的巨輪滾動到無可逆轉的時候，才發出深沉的呻吟！我們全球人類都活在這歷史的巨輪下！科學家、哲學家（如康德〔Immanuel Kant〕、黑格爾等）、思想家（如達爾文等），攜手炮製了現代社會將永遠不停進步繁榮的美麗神話。

亞歷山大蒲柏（Alexander Pope）說：「自然及其法則在黑夜中隱藏，上主說：『要有牛頓』，於是一切頓成光明！」

康德說：「啟蒙運動就是人類脫離自己所加之於自己不成熟的狀態……要有勇氣運用你自己的理智」!

理智、常識、科學成為了神！

尼采更公然宣判上帝已死！

心理學說為了保持科學精神和客觀理性，便不再論及一切有關創造主、靈魂、良知、心靈的東西；更將內心世界的奧妙（心靈或靈魂）改稱為「潛意識」，人類的情感流露改稱為「情緒」，交由大腦神經生物學託管……

自啟蒙時期之後，思想家和哲學家紛紛提出各種關於理解人生的思想主義。這百花齊放的景象，讓人看到，上主創造的人類能生出千變萬化的精彩念頭。東歐小說家米德蘭昆德拉曾經為人類思想下了一個更精彩的註腳：「人們一思想，上主就發笑。」這位上主是那麼幽默寬容，容許人類勤懇地尋覓他們心目中的真理。

為了更細緻地了解我們所關心的心理學說，讓我們從時代精神著手，進一步追蹤不同的心理學說究竟是吃甚麼思想主義的奶粉長大。

5.4 心理健康＝滿足需要？

存在是人生首項大任務，能夠滿足人類的基本需要，如：情緒表達、性慾需求，心理豈會不健康呢？佛洛依德和貝爾斯等人顯然都是持這個論調。「滿足需要」並非不好，但「滿足需要」是否人類生存的首要任務，以及心理健康的惟一判準呢？由於不重視哲學討論，心理學說常常在這些地方悄悄偷步。

人文主義和浪漫主義將人性看為理性而善良的。也認為人內在有無窮潛能和無限資源，可供邁向無限的美好，只要增加其自覺性、驅散無知，紅日會永遠懸掛天空，人們會為自我實現而雀躍而高歌。

羅杰斯的自我實現思想，以及沙維雅的五個自由（見本書頁204）和人類的成長信念（見本書頁205），就沾染著這種普羅米修斯式（Promethean）的終末觀精神。[7]

將心理學變為宗教信仰的最明顯論調是：人類可以自由選擇。治療師常常強調人類可以自由選擇，你可以自由選擇，無需拘束，只要對內在需要誠實坦白，一切都可以在我們的選擇中達到美好。

5.5 心理學的偷步

我們只要仔細想一想，這種心理學治療手法又是另一項悄悄偷步。是的，人類有自由意志，可以選擇人生的路向。這個前題十分正確。然而，選擇包含了後果，後果由選擇者承擔；

7　包衡、哈特：《盼望猶存》，頁 39；普羅米修斯（Prometheus）假設人類有無限力量來駕馭無限資源的無限未來。

因此，自由必然隱含著承擔責任——個人的選擇需負上個人責任；羣體的選擇需負上羣體責任；個人的選擇若影響羣體，個人就需向羣體負上責任。心理學說只認同自由選擇，卻忽略或不提及由選擇而來的責任。[8]

舉一個明顯的例子，嘉蘭撒（William Glasser）的現實治療法（Reality Therapy），是一套十分強調責任的治療手法。但近年來已將對「責任」的強調轉向「選擇」（choice）之上。其他治療如羅杰斯也重視責任、沙維雅也重視向自己的情緒負責，可是當案主作出選擇的時候，輔導員或治療師都會偏重案主的個人情緒是否得到滿足、能否實現自我，當自我實現和羣體利益產生衝突的時候，一些治療師又會回到「個人的選擇」，而不會去討論「代價」和「責任」。舉例：一個人掙扎是否要離婚，衡量得失之後，治療師絕少鄭重要求他們面對行為的後果和責任；一般來說，治療師會提示一些可能的後果，然後又回到「你的選擇」去。這一個小偷步是非常微妙的：若治療師強調「選擇」，那就等於案主自決；強調「責任」呢，就等於將價值強加於案主身上，罪無可恕、罪大惡極！然而，想深一層，「選擇」和「責任」，基本上是一個銀圓的兩面。協助案主釐清代價又怎麼是不尊重案主呢？那尊重可能比加以迴避來得更深厚、更踏實，這尊重包括信任案主願意誠實、勇敢地正視現實和付上代價，並尊重案主的意願與所作的決定。

受現代精神餵哺的世界觀影響，心理學說將選擇和責任區分至不同的領域和輕重次序。「自由選擇」在心理學說的中心區，「為後果負責」則屬於個人道德價值範圍；由於道德價值無法驗證，因此應驅逐到心理學的疆界以外。這就是心理學說悄

8 惟一強調責任的是嘉蘭撒的現實治療法，但這個治療手法並不十分流行。

悄偷步的典型範例。倘若一位治療師與案主處理人倫問題時，認真討論全盤因素（亦即包括道德責任的考慮），就有如在心理學說的殿堂中央出售違禁品，會立即被檢控，然後被逮解出境。所以，誠懇地修讀心理學和輔導學的學生，很容易產生道德和精神分裂的傾向？！果真君子慎其「讀」！

既然驅逐了「後果」和「責任」，惟一影響選擇的推動因素，便是心理愉悅、慾望滿足、符合原始的需要和本能衝動。這些無形的心理價值，就這樣悄悄登堂入室，淩駕一切人倫道德考慮，塑造了社會的未來？！

5.6 被自由主義神話餵大的治療師

1980 年代，筆者在香港參加一個沙維雅成長工作坊。筆者十分欣賞沙維雅治療法的愛心、互動、彼此關懷的人本精神，也十分敬佩沙維雅及一些繼承人的直覺、靈感、魅力。可是，當中的一幕景象，筆者卻不敢苟同。

沙維雅學派的治療師鋪設了一個家庭重塑治療的演示：最初三個小時基本上演繹了案主的前半生，當中也有不少令人感動和受啟迪的時刻；最後，治療師要將兩個代表「自我」的角色人物整合起來，這兩個人物，一個是主持大局、幫助弟弟妹妹的「大家姐」，另一個是害怕、驚惶躲在牀底下的「小妹妹」。治療師吩咐案主把兩個自我整合在一起：「你們走在一起！」當時案主感到肢體上這兩個角色扮演的人物當然可以走在一起，但在心理上，這兩個「自我」都無法立即走在一起，於是案主說：「我辦不到。」治療師與案主雙方僵持不下。因為家庭重塑已花了三個小時，惟有小休。小休之後，治療師再一次命令案主「選擇」兩個自我走在一起，案主仍然說：「我辦不到。」治療師聲音響亮地說：「不是你辦不到，而是你〔意志上〕不肯」（“It is not that you can't, but you won't”）、「那是你的選擇！」（“This is your choice!”）

那案主就是筆者本人，當時簡直是啞子吃黃蓮，有苦自己知！及後筆者藉著禱告和靜思，才理解到兩個自我未能整合的深層恐懼和原因。現在回想起來，立即明白這些美國治療師背後，受一種普羅米修斯式「假設人內在有無限資源邁向無限美好未來」的進步神話所影響。感謝這次經驗，使筆者對美國治療方法，產生深切反省。

治療師常常叫人去選擇。另一個相關的故事更加教人哭笑不得。一位心理分析治療師追蹤一位案主為父親而難過的原因，原來案主的父親做一份長時間勞動的工作，一年工作三百六十二日（全年有三天農曆年假），每天工作十六小時，成為家中的「缺席父親」。治療師問：「為甚麼你爸爸不『選擇』轉工？」案主說：「他沒有學識，不能選擇轉工，可能會失業。」治療師說：「為甚麼他不選擇失業？」案主十分驚訝：「哎！失業會餓死的。」治療師接著說：「他也可以選擇去餓死！」

這個「選擇」的故事可圈可點，其實也反映了十九世紀自由主義觀點如何滲透心理學界。這些被現代自由主義神話餵大的治療師，也就是我們輔導心理學教科書的西方作者和大學裏教授治療的「大師」，甚至可能是你的督導上司，他們信奉個人主義，把自由等同「做你喜歡做的事」的絕對選擇權。[9]

9 一個有關貝爾斯的傳聞，雖然可信性未能確定，卻可以作為趣談。貝爾斯的一位女病人不斷向貝爾斯投訴丈夫如何虐待她，貝爾斯叫她為自己解決問題再來治療，結果那位女士用獵槍把丈夫殺死。見於：彼得．班克特：《談話療法：東西方心理治療的歷史》，李宏昀、沈夢蝶譯（上海：社會科學院，2006），頁317。

5.7 萬事互相效力——對立互補

沙維雅深受人文主義、浪漫主義影響，其深厚的貢獻是對人注入關愛、尊重、扶持，與完形治療學派融合的一些弟子，也同時強調內聚力、提升自覺、真誠會心，這些焦點正好修正了機械決定論的實證主義和功能主義的傲慢自恃姿態。怪不得與她同期研究家庭治療的曼紐秦，無法接受她這些溫婉感性的女性觸覺，以及過分抬舉自己主張的那些無法實證的價值信條，認為她對整個治療界造成危險！[10]

曼紐秦與沙維雅這個故事似曾相識：貝爾斯亦曾因遭受佛洛依德冷淡對待，憤而轉向發展完形治療。這些各走極端的療法，正好互相對立、互相補充。

世上萬事萬物，互補不足，沒有任何一個人可以自稱掌握全部真理。「正論—悖論—綜合論」，在尋找真理過程中，不斷辯證、不斷進發，成為一個仍然未曾完成的融和體。正如經上說：「萬事互相效力，叫愛神的人得益處。」(羅八 28)

曼紐秦與沙維雅對立的地方，也是互補的地方。曼紐秦不樂意探討肉眼看不見的心靈部分，只集中看家庭現實呈現的行為模式，成員間的界限、角色、規矩、功能。他肯定了人類身處於一個有客觀理性秩序的家庭組織及社會組織裏，這方面的強調可以扭轉過分強調個人主義的心理學傳統。可是，曼紐秦是實證主義和結構功能主義的信徒：他不介意家庭進步或不進步，他只在乎家庭有沒有發揮功能。並且，曼紐秦同樣有現代精神的無限自信，認為家庭的命運如何、是否健康、是否失

10 霍玉蓮：《婚姻與家庭治療：理論與實務藍圖》(香港：突破，2004)，頁 122；F. Pittman, "Remembering Virginia", *The Family Therapy Networker* 13, no.1 (1989): 34~35。

效，全在治療師的掌握和診斷能力之中，這造成日後與持後現代主張的米高維的思想交鋒。與此同時，沙維雅及米高維亦同時挑戰和補充了曼紐秦的偏差。

5.8 農藥殺蟲也殺生命

當歐洲人人都相信「理性自由可以普渡眾生」這個進步神話之時，殘酷無情的世界大戰粉碎了人們天真的美夢，世紀的邪惡現實衝擊了「進步」神話。

斯太林（Joseph Stalin）、共產主義的粗野、猶太集中營大屠殺的殘忍、越南和柬埔寨的殺戮戰場，種種歷史恐怖搖撼現代主義的樂觀精神。弗蘭克就在集中營中孕育出他的意義治療法。

宣判上主死亡的思想家，在歷史公理的審訊下，也一樣被宣判死亡。當歷史發展到後現代社會的時候，就知道現代精神的天真、巨大自信、自負和樂觀全都不堪一擊！後現代社會在沮喪和絕望中，最著力抵抗的，就是這個「進步神話」的愚昧與自誇！

5.9 從現代主義邁向後現代主義的途中

從現代主義邁向後現代主義的旅途之中，我們可以談一談鮑恩。他生前不斷建構他的家庭治療理論，直到逝世還未有建構完畢。

鮑恩觀察及研究家庭成員、審視人類情緒流動的宇宙通則，他相信世上有宇宙通則，亦即相信世間有「宏大敘事」。與此同時，他的著作反映出他也深受達爾文進化論影響，他經常提到人類如何在情緒和理性的辨識自主中成長，他的重要主張——自主而相繫——大大借助了物理學、化學及進化的觀念，去了解人生及人類情緒互動歷程。他的著作中潛伏了他的思想矛盾。一方面，他深信一些基督教信仰鋪設的宏大敘事、宇宙法則、人生統攝的真理；另一方面，他希望單用科學語言就可以全面指出隱藏在人類間的互動真理。筆者認為這隱藏的矛盾，就是鮑恩無法完成一套完整的治療理論的原因。若真如此，筆者佩服鮑恩有一份內省的誠實！

鮑恩認為人不是病態的，而是向前成長的。他的理論強調，一個自主的人，應有人生確認的信念。這份確信不受內心情緒困擾，或外在人羣期望所動搖，鮑恩似乎在暗示，人類在不斷邁向有意義的人生目標。

鮑恩的人觀有未來的向度，也有過去的歷史向度，還有內在的心理向度和橫向與人倫關係連繫的向度，看來十分立體，與基督教的人觀相互吻合。只是，他跟其地治療師一樣，對於人的內在矛盾、心靈掙扎（情緒焦慮除外）、善惡交鋒、美醜的爭持，他也一律閉口不談。

一方面，鮑恩不願意用科學實證的世界觀去量度有動機、有心願、有靈性的人；另一方面，他亦沒有進一步對人的心靈世界作出任何了解和研究。他被卡在十字路口，不能進也不能退。但是，在訓練治療師方面，鮑恩似乎看穿了一個關鍵祕密，那就是「生命影響生命」。鮑恩訓練治療師，首先並非要進行技巧訓練，而是醫治治療師本身的生命，並且使他們與父母真正復和，提升生命素質，才去訓練技巧，這項堅持也與基督教精神吻合。

同時，鮑恩也處於另一個重大矛盾之中。他一方面相信現代進化論思潮，人類不停進步和進化。可是，當他誠實地研究跨代情緒流傳的時候，他發現了「社會退化」的殘忍事實，就在家庭素質自然地傳遞給下一代的歷程中，社會素質和家庭人倫素質都會在負面情緒流傳中不停退化，而且退化的速度和幅度比進化來的更多更快。

如果有人肯細心聆聽鮑恩這個誠實的發現，這應該是一個驚人的發現！這發現完全破碎了現代主義的進步神話。可惜，心理治療界對他這個發現完全不感興趣！

鮑恩經歷了世界大戰，經歷了歐洲在戰火下的難堪景況，他也許在不斷誠實地沉思。雖然他在理論中沒有提及神或耶穌，但在他臨終的時候，眼看家庭治療界各人自立門戶、高舉旗幟、各據山頭，他感歎地說出：「這是另一個巴別塔！」鮑恩內心擁有基督教思想和世界觀，他的「社會退化」觀與基督教的終末論非常吻合，難怪他逝世時有人稱他為被忽略的先知。

鮑恩思想清晰細密、觀察銳利、研究繁多，但他至終未能完成一個完整的治療理論。筆者在猜想，也許他是一個誠實的知識分子——面對以為世界不斷進步的美國社會，自己卻發現世界和美國正一步一步倒退，甚至可能沒有消解這兩個矛盾的良方，他選擇誠實面對，不肯為虛名而自欺。徘徊在十字路口的鮑恩，如何可以繼續發展貫徹而理性的治療理論呢？

鮑恩的治療理論的未竟完成，也是世界歷史未竟完成的真實寫照，人類的理性和知識，常為人帶來更大的狂妄和無知。未來是樂觀？是悲觀？鮑恩選擇了緘默。

5.10 後現代思潮誕生

由於現代主義的樂觀進步神話叫人失望，甚至絕望，思想家提出後現代作為抗議的聲音。後現代思想家第一步抗議的，就是反對「宏大敘事」，他們以為他們的人生和世界歷史，都被宏大的信念所欺騙，於是想拆毀這宏大敍事。這就像小孩子生病了，誤以為是藥水為他帶來痛苦，大發脾氣，一手把藥水全部打翻。

這三個發脾氣的孩子是：德國哲學家尼采、德國猶太裔哲學家班雅明（Walter Benjamin）及法國哲學家李歐塔（Jean François Lyotard）。[11]

尼采首先宣佈上帝已死，亦即是說：真理和道德再不能作為客觀及普遍的價值，這個世界沒有永恆價值，沒有普遍道德，一切都是相對的。他表述了人生是一場永劫回歸（eternal recurrence），存在有如「沙漏倒轉一次又一次」，是毫無意義地重複又重複出現的。所以，世界上沒有永恆意義，沒有真實的目標，我們只能熱情地「活在今天」。[12]

後現代的思想家不肯細心思考歷史的進程，如何由前現代走到今天，又深惡痛絕現代主義向他們推銷的樂觀進步神話。科技帶來殺戮，教育帶來野心，理性並沒有為人類消滅極權和仇恨，斯太林、希特拉（Adolf Hitler）為人類歷史塗上斑斑血漬，後現代的思想家認定他們被現代科學、理性人文主義的樂觀欺騙了，他們把一切幻滅歸咎上主。唉！人類的確是人類。當富足興盛的時候，發明電力、萬有引力、醫藥、原子的時候，就歡欣雀躍；在好景氣的時候歸功自己、忘記上主、叫上主回家就寢！可是，當人類面臨大屠殺、全球危機、苦難困逼的時候，不但沒有反省和悔罪，反而叫醒上主出來受審！人類的確就是這樣子！（包括我這愚昧的一分子。）

坎派斯（Peter Kampits）在〈崩潰：二十世紀的命運〉（"Breakdowns: The Destiny of the Twentieth Century"）一文中，理性地說

11 包衡、哈特：《盼望猶存》，頁 20~23。

12 包衡、哈特：《盼望猶存》，頁 21。

出一段誠實的話：「我們太少注意我們是有限和會死的事實……現今需要的是，我們嚴肅地對待我們本質的有限，而且明白理性是有限的。」[13]

就是在這樣的時代背景之中，敘事治療誕生了。

前現代時期的人想些甚麼？他們相信上主，相信終極權威；有上主、有神明，有善惡力量。宇宙有一位創造主，祂慈愛、有法則地管理宇宙、賞善罰惡。人類處於被造的卑微身分，被愛、受保護，也要共同順服至高權威。人類羣體共同承擔責任。

現代時期的人想些甚麼？他們懷疑宗教、迷信、神話，討厭教皇極權，宗教虛偽和律法主義。文藝復興、啟蒙時代、科學發明，使人類認識及開拓一個全新的世界，人們叫上主到旁邊挨冷板凳，或者把上主當為節期的消閒紀念品。人自己坐在宇宙的中心，憑理性、自由、潛能、人權各種口號，可以創造一個「美麗新世界」，前景一片光明美好。

後現代時期的人想些甚麼？人類在悲傷和劇痛中甦醒了，現代主義的幼稚樂觀精神破滅了；人類的盼望落空了，前景黯淡了，產生了叛逆和發洩性的意義顛覆，世上再沒有穩定恆真的普遍定律。沒有不變的價值，沒有真善美，沒有神。了無意義就是惟一的意義，一切都是相對的：沒有好、沒有壞、沒有真、沒有假，只有「活在當下」！

心靈的黑夜經已降臨！

5.10.1 教會的懺悔

作為人類的一分子，哪有顏面去責備別人？只能在悔悟中

13 轉引自包衡、哈特：《盼望猶存》，頁 40。

反省自身。

教會，是第一個需要走出來懺悔的羣體。在前現代時期，教會擁有土地和權威，得羣眾擁戴和信服：可是，教會卻專橫、自大、腐敗、封閉，欺壓未信者和異己。前現代時期的教會專橫和古板，封閉的氣氛，引來宗教改革。請上主饒恕！

在現代時期，教會亦失去明辨精神。富有的國家和富有的信徒，一樣認同現代思潮的進步神話，追求成就、資本主義，以管理、經濟等藉口去控制資源，打壓異己，遺忘上主、遺忘靈修、遺忘全人奉獻。他們以上主恩典為廉價恩典，拋棄了十字架。請上主饒恕！

在後現代時期的混亂迷惘中，教會仍然像失去視力的盲人，或近視眼鏡度數不足的人，我們追潮流、跟風氣，盲目拒絕心理學或者盲目崇拜心理學。這一陣子流行情緒智能嗎？我們就大唱「情緒智能」萬歲。流行 NLP 嗎？我們就大大吹捧，奉它為萬世救主！NLP幫助你：「體驗滿有活力的生命，發揮天賦美善的潛能！」流行敍事治療了！我們就高談「解構」、「易構」。高叫「口號」的時候，我們究竟知不知道我們在説甚麼？求上主饒恕！

莽莽蒼生，茫茫大地，永恆的上主，看見我們糊塗走迷，我們這些走了幾千年的螻蟻，走得歪歪斜斜，走出滿身傷痕。今天我們是微塵，卻也是上主所珍貴的兒女，求祢主宰浮沉！

5.10.2「相對」本身的絕對

回到後現代的歷史場景，「敍事治療」的治療師米高維，曾多次來港主領訓練工作坊，他態度誠懇，很關心受壓迫的人，給人良好的印象。

後現代的「敘事治療法」有一個比所有前述治療法都優勝的地方，那就是敘事治療師不會把自己看作專家。因為敘事治療主張一切意義都是建構出來的，所以，沒有一個人可以比另一個人更知道多一些絕對真理，沒有誰可以判決誰或命令誰做甚麼。這個治療態度與早年曼紐秦一副專家自居的姿態，相距很遠。所以，曼紐秦跟米高維也打過一點筆戰。

尊重、謙虛、不自以為是、尊重別人的生活故事，都是敘事治療法可取之處。

然而，敘事治療法取道於福柯和德里達（Jacques Derrida），背後的世界觀及人觀，就相當值得商榷。甚麼叫做「解構」？不是提供一個解釋，或者提供另一個解釋，基本上是「顛覆」當事人的意義架構的意思。

讓我舉一個實例說明。米高維來港主持訓練，曾經與我們分享一個個案，他十分慷慨，拿他的逐字記錄稿給我們看。個案是這樣的：一個家庭因為一個成年的女兒自殺，感到十分內疚困擾，向米高維求助。米高維的進路的確與別不同，他沒有協助家人處理哀傷，反而藉著一連串的追蹤故事和發問，解構和重構受助家庭女兒的自殺事件。簡單來說，父母親覺得女兒尋死，可能跟自己不懂得提攜女兒或教養女兒有關，所以十分傷心，而且內疚。米高維幾個筋斗上落，就把整個哀傷的故事顛覆了。本來女兒自殺是可悲的故事，米高維追蹤到女兒自幼的行為已經表現出強烈個性、不受管束，所以，她此番自殺也是她按自己的心意而行，做她個性引導她選取的決定，與別人無關。所以，父母無需內疚，也無需悲傷。女兒的自殺被重構成為一個有個性的人行一條自主自願的路，所以，不但無需悲傷，更值得慶祝一番，最後全家喜樂慶賀收場！

這就是「解構」和「重構」的精華！的而且確，後現代思潮的參考取自福柯、德里達與葛爾茲（Clifford Geertz）等人：現實是不存在的，意義也沒有客觀性，一切都只是用語言建構出來。所以，自殺本身沒有必然好或必然壞的意義，全在乎你怎樣去建構。父母內疚，是由於他們建構了生命可貴、不能防止女兒自殺很是可惜；倘若重新建構為：生死的主權在女兒手上，她自願選擇自殺，完成了她自決的人生，那就再也沒有任何需要悲傷之處。

故此，生命沒有絕對的價值，死亡也沒有絕對的損失；甚麼都沒有絕對的好壞，也無需有道德上的內疚。生離死別的痛傷，都交付給一番語言遊戲。根據德里達的思想，我們只有文本，文本背後的作者，實際上是不存在的，一切意義只是一番詮釋和臆測。

其實，若生與死都沒有客觀真實的意涵，我們又何苦打擾別人的生命？你活你的，我活我的，何必又要說故事、又要重述故事來浪費時間？

後現代主義的後結構主義思潮，曾經遭受許多學者的討論和批評，最主要的批評是建構主義可以是一場牢騷或情緒發洩，倘若把後現代主義的建構主義看成一個自成貫徹體系的思潮，在立論點已不能成立。為甚麼？

建構主義的論點是一切意義都是相對的，是互相詮釋的、沒有絕對客觀事實真相。要是這句說話是恆真的，那麼，這句說話本身就是一切事實背後的惟一客觀真相，即是說：「沒有絕對真理」本身就是絕對真理。可是，尷尬的悖論出現了。有了這一句「沒有絕對真理」的絕對真理，就推翻了整個理論。

「一切意義是相對的」這個命題本身就非常絕對，倘若建構主義者說：我並不堅持我這句話是絕對還是不絕對，我也不甚清楚。」要是這樣，就應該誠實地告訴別人說：「我是不可知論者，我甚麼都不知道，我一切說話只是一場遊戲，無需太認真，遊戲就不是理論，只是一個感想，或一番情緒！」或者保持緘默好了。

5.10.3 真理死亡帶來文化死亡

因此，建構主義者有兩個取向的立場，一個是極端強硬的建構主義者（hard constructionism）；另一個取向是柔軟的建構主義者（soft constructionism）。強硬的建構主義者堅持人生沒有絕對真理，一切是相對、建構出來的，並沒有實體；柔軟的建構主義者比較貫徹和誠實，他們不知道是否有絕對真理，也許是有的，但每個人都有許多限制，不能直接認識真理，我們所詮釋出來的真理必然令真理打了折扣。

柔軟的建構主義者的思想體系比較開放、誠實、可取。

若然肯定沒有絕對真理，人生必然幻滅頹喪；惟獨相信人生是一場我們未曾完全認識的奧祕，人生才有叫人尋覓下去的希望。

所以，**後現代否決了宏大敘事，非但沒有為現代人的矛盾提供出路，反而是給現代人提供更令人沉溺和絕望的鴉片！試想，過去的歷史並非人生裏的真實部分，「過去」變成了「供人消遣的主題公園」。「未來」也不是「現在」的延伸，人只能在「沒有未來的今天，『快快樂樂的生活』下去」。**[14] **在這種明知沒有未來的今天快快樂樂生活下去，豈不是比童話故事的王子公主從今以後快快樂樂生活下去的空頭支票更加悲慘嗎？**

14 包衡、哈特：《盼望猶存》，頁 27。

事實上，任何真正相信後現代主義的人，就是最悲劇式的人物。

「『真理的死亡』會無情地帶領人進入文化的死亡。」[15]

若米高維的思想養份主要來自福柯，筆者在這裏便得提一提學者對福柯的評價給讀者參考。美國威斯康辛大學名譽教授斯特龍伯格在他的《西方現代思想史》中說：

> 史學家福柯是一位更有爭議性的人物，他從 50 年代、70 年代起就聲名遠揚，或臭名昭著，直到 1984 年，死於愛滋病。[16]
>
> 福柯不是那種專事清淡的半吊子，……他的許多引人入勝的歸納，最後證明很不準確。[17]
>
> 阿蘭・謝里丹在他 1980 年出版的研究福柯的專著中指出：「福柯沒有體系；一個人可能（依然？）是一位馬克思主義者或佛洛伊德主義者，但不可能是一個福柯主義者。」[18]

當我們誠實地追蹤視察心理學誕生的搖籃，我們就更加能夠明辨甚麼是心理學的專長，甚麼是心理學的限制。卡繆（Albert Camus）說得好：「不存在無陰影的太陽，而且必需認識黑夜。」讓有心人一起緘默，沉思每一個時代的哀歌。

15 包衡、哈特：《盼望猶存》，頁 58。

16 羅蘭・斯特龍伯格：《西方現代思想史》，劉北成、趙國新譯（北京：中央編譯，2004），頁 565。

17 斯特龍伯格：《西方現代思想史》，頁 566。

18 斯特龍伯格：《西方現代思想史》，頁 566。

附記一：沙維雅的五個自由

1） 自由地看和聽，來代替應該如何看、如何聽。

2） 自由地說出你所感和所想，來代替應該如何說。

3） 自由地感覺你所感的，來代替應該感到的。

4） 自由地要求你想要的，來代替總是等待對方允許的。

5） 自由地根據自己的想法去冒險，來代替總是選擇安全妥當這一條路，而不敢興風作浪搖晃一下自己的船。

附記二：沙維雅的人類成長信念

1）我們都是同一生命力的明證，透過這股生命力相聯結。
2）人類的歷程是普遍性的，因此適用於任何情況、文化及環境。
3）人們因相同而有所聯結，因相異而有所成長。
4）父母常重複在其成長過程中熟悉的形式，即使那些形式是功能不良的。
5）大多數的人在任何時候都是盡其所能而為。
6）人性本善。人們需要尋找自己的寶藏，以便去聯結並肯定其自我價值。
7）健康的人際關係是建立在價值的平等上。
8）感受是屬於我們的；我們都擁有它們，而且可以學習如何感受和表達。
9）我們擁有所需的一切內在資源，以便成功地應對和成長。
10）人們的應對通常是在其痛苦經驗中求生存的方式，而且這一點應該被承認。
11）問題並不是問題；如何應對問題才是問題。個人受到問題衝擊的大小，在於此人看待這個問題的認真程度。
12）應對乃是自我價值層次的展現；自我價值愈高，則應對的方式愈統整。

第三部 心理與心靈的重聚

心理學是我們的好朋友，心理學把人生的難題解讀成為淺易能懂的行為癥狀，用我們熟識的親切語言，把人內在心靈的奧祕和人性的矛盾，描述成為簡易顯淺的方程式，讓人可以按圖索驥。心理學不像哲學般艱澀而高傲，也不像文學那般霧裏看花，它坦率、筆直、外露，沒有唬嚇平凡人，而且提攜弱者。

可是，由「心靈」和「學問」而生的心理學，離開了母親「心靈」，跟隨父親「學問」，但卻又不能一起相處，與神學、文學、哲學等分了家，猶如孤兒一般。

心理學獨擔大旗，解讀人類命運，一旦踏入人類深刻的苦惱和災難之中，就無可避免地摻雜了人類愚昧、貧脊的苦水，帶領著羣眾在曠野打圈。

第 6 章 心理與心靈可否再重聚？

筆者提倡輔導員以耶穌基督為評審心理輔導與心靈信仰的交接整頓的基石，又以心理學說、實務經驗、個人靈性修練和神學學問四方面，構築螺旋式的迴環對話，藉著聖靈產生領悟，作為心理與信仰的整頓方法。

6.1 心理學與基督教整合的四度光譜

快速地檢視過在現代和後現代精神氛圍下誕生的心理學說，對個人輔導及家庭治療學說的概念、理論、手法、主張的影響；我們對各學說背後的人觀和世界觀，也開始摸索到一些整體的輪廓。在這裏，讓我們靜下來，想一想，目前你有何感歎？有何願望？

心理學說只不過一百多年的歷史，卻已經發展出超過二百五十套心理學理論，高達一萬種以上的心理技巧。[1] 這些龐大而繁雜的學說，各自各精彩。心理學說與人類內在心靈的割裂，已是歷史事實。教會、社會、學校、福利團體大量地運用心理學知識教學、撫養孩子、輔導、牧養社羣，也是不爭的事實。站在這裏，也許，我們會想問：人的心理與心靈在人的成長和醫治的學

1 Martin Bobgan and Deidre Bobgan, *Prophets of Psychoheresy* I（Santa Barbara, CA: Eastgate, 1989）.

問上，可以再重聚嗎？

許惠善以《聖經中有心理學嗎？——基督信仰與心理學的四種對話模式》[2] 的主題為架構，介紹了西方基督教信仰與心理學的四種對話模式，與柯萬（William Kirwan）的著作《靈性心理學》（*Biblical Concepts for Christian Counseling*）[3] 當中提到的四種心理諮商立場，彼此呼應。

筆者嘗試將上述已經分析整合的路向，更簡潔清楚地陳述出來，讓讀者思想一下各種進路背後的基本假設、手法和發展狀況。逐一評述後，筆者將會提出整合心理學和心靈的芻議。

6.1.1 非啟示觀點

有三種人會持有這種觀點。第一類人是無神論者；第二類人是相信有神，但這位神卻是沒有感情和仁格（personal）的，神只是一種力量或者一束能源；第三類人也相信有神，但他們不知道哪個才是真神，而且這位創造主雖然創造宇宙，雖然是一位仁格神（a personal God），但與人沒有關係。請注意，若不了解聖經的啟示或者持有錯誤的神觀，信徒或宗教人士有時候都會成為了第二或第三類人。故此，柯萬將這些觀點歸入「非基督教觀點」的分類，筆者寧願將這些想法稱為「非啟示觀點」，這樣會更加準確，減少混淆。

第一類人是無神論者，他們相信人只是物質、原子、分子意外碰撞的結果。所以，世界上根本沒有神，神是人因幼稚或軟弱

2 許惠善：《聖經中有心理學嗎？——基督信仰與心理學的四種對話模式》（台北：校園，2007）。

3 柯萬：《靈性心理學》，林鳳英譯（台北：校園，2007）。

而幻想出來的精神倚賴。因此，宗教對人類有害，相關的指控包括：宗教規範人類的性慾表達、傷害人的本性；人不但應該對宗教存疑，而且應加以排斥。人生本來是一場碰撞，沒有特定目的可言，道德是人類的枷鎖，而宗教是人的「心理作用」。

第二類人相信人類不是因偶然的分子碰撞而爆發出來的，人有一些生存的目的，而這目的是要不斷找尋的；所以，他們相信有神，但這神與人不同，也與人互不相干。這個神是非仁格的神（impersonal God），這個神可能遠離人間，又可能是有別於人的另一種能量，也未可知。因此，人類應該信靠理性，理性才是真理和一切知識的來源，宗教對人毫無幫助，甚至阻礙人成長。

第三類人相信世上有神，而且這位神是一位「仁格神」；可是，這位神不是人，由於種種原因，祂創造了天地萬物之後，就容許世界宇宙自由運行。因為神並沒有成為肉身，對人類作出任何明確具體的啟示，所以，人類孤懸在宇宙之間，心靈無根而飄泊。因此，世界呈現種種混亂和災難，人惟有自力更新。既是如此，心理學研究與人的靈性根本就是互不相干的。

6.1.2 泛靈性化觀點 / 聖經輔導模式

柯萬指出的「泛靈性化觀點」，與許惠善所介紹的聖經輔導模式十分相似。兩種觀點同時認為神的啟示優於人的理性，甚至神的啟示與人的理性會彼此對立；因此，世界萬物的知識都應以聖經為依歸。若要建立心理學說，就必須從聖經中找出根據；因此，人類的心理問題和精神問題，都是罪的結果。著有《勝任輔導：聖靈的勸戒（實踐本）》（*The Christian Counselor's*

Manuel）的亞當斯（Jay Adams）就是這個模式的表表者。持這模式的人主張：人要接受教育，要找基督徒老師；看醫生，要找基督徒醫生；見輔導員，要找基督徒輔導員；有聖靈內住的人才能勝任這些工作。

6.1.3 基督徒心理學模式

基督徒心理學模式，是由一羣看重基督教信仰的福音派心理學家推展的，代表人物包括范李文（Mary Stewart van Leeuwen）、維茲（Paul Vitz）、伊拉斯（Evans）、羅柏斯（Robert C. Roberts）等。他們致力於從聖經與基督徒傳統信仰中建構基督徒心理學，嘗試以聖經為基礎，嚴格審視每一套現代心理學派的前設是否符合聖經的啟示和基督徒觀點，也同時重新界定和建構另一套基督徒心理學。

這個模式剛巧介乎聖經輔導模式和整合模式之間，企圖承擔福音和文化的雙重使命。這個基督徒心理學模式取向，能脫離現代心理學受理性主義限制而定下的狹隘前設，開展新的前設，有機會開啟與非基督教心理學對話之門。這個進路可以成為整合模式的基礎：透徹了解基督教傳統裏頭的心理學，但一定要小心避免「惟我獨尊」的排外姿態。基督教傳統一定有寶貴的智慧，然而，不同的學者對傳統也有不同的詮釋，不同的神學可以促進人類對神的了解。而且，所有神學也都具有人類本性、文化、時代的偏差，因此一定要謙和自省，避免「自義精神」。況且，要建構出聖經為基礎的心理學，這批學者必須同時深入了解聖經、神學，又同時深入認識和掌握心理學，以免採取了單一本位主義，加深了因無知引發的偏見和排斥，這是一項很艱鉅的任務。

6.1.4 整合觀點 / 整合模式

柯萬指出的「整合觀點」與許惠善指出的「整合模式」是同類觀點。這個觀點認為神是一切啟示和理性的來源，因此神的啟示和理性並不對立。整合模式的先驅柯林斯（Gary R. Collins）認為：「神所啟示關於人或世界的真理，不可能與人用其他方式所找到的結果有真正的矛盾，如果出現矛盾，可能只是表面現象而已。」[4]

因此，一切真理會回歸到一個整體，人類有文化使命去整合出回歸真理的心理學說。美國在 1960 至 1980 年代都有基督徒加入整合模式的行列，許惠善為每一個時代選擇了一個代表人物，依次為柯林斯、華沁頓（Everett L. Worthington）以及麥克覓（Mark R. McMinn），詳細內容，可以詳閱許惠善的著作。[5]

整合模式為基督教心理學作出許多努力和貢獻，十分可嘉；然而，這個陣營累積了三、四十年的努力，「其成員對整合的定義、內容和方法論的主張仍眾說紛紜，莫衷一是」。[6]

心理學與基督教信仰整合模式遇上幾個主要難題：

1）的確，上主是萬物的來源，但對於心理學提出而聖經沒有論及的內容，應該全部反對抑或全部接受呢？
2）非基督徒心理學家的理論和預設，倘若與聖經不符，可否使用其主張的概念和技巧（如：非理性辯論法、肌肉鬆弛

4 Paul Meehl ed., *What, Then, is Man? A Symposium of Theology, Psychology and Psychiatry*（St. Louis, MO: Concordia, 1958), 6, 81.

5 詳閱許惠善的著作：《聖經中有心理學嗎？》。

6 許惠善：《聖經中有心理學嗎？》，頁 137。

法、心像、催眠等等）呢？事實上，差不多所有心理學說的前設都是假定世上沒有神的，該學說所倡導的概念和技巧又是否可以使用？該如何決定？

3） 基督徒心理學家個人的身分認同，個人與專業間的關係和取向，現今仍未有清晰指引。在輔導室中可否談及罪、信心、神蹟、悔改、拯救等言語？這會否跟心理學家的身分抵觸？

4） 整合模式兩大路線間相互矛盾。

路線一：以人的問題為整合模式的中心點。整合模式的目標在於解決問題，改善人類的生活。任何學科或方法，只要能達到這個目的，都是可取的。倘若讀經或祈禱可以改善人類生活，那就是一個可取方法；倘若打坐、冥想、瑜珈可以解決問題，改善生活，亦是另一個可取方法；跳舞、辯論、對質、包容、認知行為減敏法，若能解決問題，也就可取。於是，信仰、聖經和三一神淪為協助輔導的工具和方法。

路線二：以三一神為整合模式的中心點。一切心理學問都是可取的，其作用主要是預備與開墾人心靈的土壤，是歸向創造真神的手法和工具。心理學是一套專業知識，排除人的心理障礙，讓人可以去到三一真神的面前。

路線一和路線二的整合模式會帶來截然不同的結果。

5） 許惠善對整合模式發出一些質疑：「整合模式有沒有可能是一條走不出心理學範疇的死胡同？在後現代處境中，進行回應時代議題的神學研究時，是否真能完成基督對我們的呼召而不被同化？」相反，一味強調三一真神的主要目標，又會否很粗疏地將佈道工作等同了輔導工作？

6.1.5 平行觀點／分層解釋模式

柯萬指出的「平行觀點」與許惠善介紹的「分層解釋模式」相似。採取這個觀點的輔導員，堅持基督教立場，同時也使用心理學的研究，他們並沒有忽略屬靈的價值或原則，也不主張把聖經和心理學分開。他們也相信神是所有知識的來源，所以，心理學和屬靈知識應是彼此關連的。

許惠善介紹的「分層解釋模式」，承接「平行觀點」的知識論，而且更進一步，借助物理學發現物象之間總是「分層」和「互補」的原則，去理解心理科學和宗教信仰的關係。比如說：一個孩子患了厭食症，這厭食症有醫學上的解釋、營養學上的解釋、心理學上的解釋、家庭互動的解釋和心靈渴求的解釋，心理科學和宗教信仰也是這樣彼此「分層」和「互補」。故此，信仰的知識及所有知識都是分層和互補的。

在神學上，世間萬物都是神的創造，人類必須通過啟示才能認識自己和萬物。神學上，啟示分兩種：第一種是特殊啟示，即耶穌基督在人間道成肉身，以受限於軀體的方式與人相見，這是上主自我顯明的惟一最精確啟示；第二種是普遍啟示，即上主透過大自然彰顯一切的知識，其他所有學說和學問，都是人類頭腦（上主的創造之一）藉觀察、發掘和推斷上主所創造的大自然而生的。

支持「分層解釋模式」的史丹佛大學教授布伯（B. H. Bube）認為神是所有「事實」的惟一創造者，而大自然是神的一般啟示、聖經是神的特殊啟示，彼此互補。[7]

7　B. H. Bube, *Putting It All Together: Seven Patterns for Relating Science and Christian Faith* (Lanham, ML: Univeristy Press of America, 1995).

持這套模式的心理學家麥爾斯（David Myers）是改革宗信徒，主張投身去了解現時心理學領域的研究所得，包括：認知科學、神經科學、認知神經學、行為基因學、分子基因學、強化心理學等，從中了解科學的成果，在世上作鹽作光。[8]

麥爾斯認為理性探討也是敬拜神的一種方式。基督徒的呼召是要進入世界，說它的語言，與它相交；所以，不但要找出心理學研究的成果，而且要找出心理學研究與基督教共通的核心理念。從社會心理科學的研究，收集對人性的洞見，試圖觀察他們如何與聖經、神學的理解相合。[9]

麥爾斯在〈教導 / 文本 / 價值觀〉一文中，說明了心理學研究與信仰七種連結方式：[10]

1） 信仰促成科學研究的動機，協助發現隱藏的價值。
2） 信仰需要有更嚴格的科學審視。
3） 心理學者須忠於自己最深的信念與價值。
4） 將心理學提供教會應用。
5） 將心理學和宗教對人性的描述相對照。
6） 研究宗教經驗的決定性因素。
7） 研究宗教對人帶來的影響。

「分層解釋模式」將信仰與心理學分開，各自找出其核心，觀察其互補互用的地方，對心理學研究存有開放的求學態度，

8 David Myers, " A Levels-of-explanation View ", in E. L. Johnson and S. Jones ed., *Psychology and Christianity: Four Views*（Downers Grove, IL: IVP, 2000）.

9 許惠善：《聖經中有心理學嗎？》，頁 190。

10 許惠善：《聖經中有心理學嗎？》，頁 196~197。

亦能客觀地汲取心理科學研究的成果。可是，這個模式在美國遭受其他三個模式批評，認為其中隱藏一個重大的危機：有意無意間全然以物理主義為基礎，作出心理學與信仰的對話，容易形成科學知識論的權威凌駕於神學之上。

筆者嘗試簡單勾劃出，美國基督徒自1960年代開始進行心理學與信仰整頓的四大進路，給讀者作為參考，有興趣者可再自行進深研究。

筆者是一個中國人，並非生於美國土壤，沒有受這四大進路薰陶。但是，如何整頓心理學與信仰間的異同，如何衡量心理學與信仰帶給人生活指導的影響？這是筆者自從修讀社工及心理學科以來，念念不忘的。及後，筆者蒙主眷顧，有機會到英國唸神學，再從中國的國情和輔導華人的輔導實務中，嘗試整頓一條以耶穌基督為核心的心理輔導之路。筆者只是分享一些誠懇而粗淺的想法，以期達致拋磚引玉的效果，若有任何愚見值得參考，完全出於上主的厚恩。

6.2 再思上述四種進路

上述各種進路都代表了不同時期、不同學者的專注努力和研究精神，都值得我們欣賞，不宜隨便給予過分簡化的評價。但為了進一步思考和討論，筆者嘗試以神學上的創造觀點，來再思上述四種進路。

無論個別人士是否發現或是否承認，這個複雜奧妙的宇宙背後有一位創造主，這是無需爭辯的。「自從造天地以來，神的永能和神聖是明明可知的，雖是眼不能見，但藉著所造之物就可以曉得，叫人無可推諉。」（羅一20）喬布拉（Deepak

Chopra）在《願望的自然實現》（*The Spontaneous Fulfillment of Desire*）一書中，[11] 描述宇宙大自然存有三個領域：物質領域、量子領域和超自然領域。不同的心理學派，其實有如一個探險家在不同的領域中作出搜尋、探險。心理學借助醫學、腦神經學問，去理解人類大腦在物質領域界的現象，及推展出來的行為現象。這解釋有時正好淋漓盡致地道出，脫離生命源頭的物質世界，如何顛沛流離，如同羊沒有牧人一般，而這正正就是罪的寫照！

有時候，客觀的心理學科學研究成果，也會成為教會的一面鏡子，映照出教會內的眾生相——自欺、自衛心理、自圓其說的荒誕現象。

基督教信仰傳統受希臘思想與文化傳統影響，經常墜入「二分」或「還原」這兩個毛病之中。二分思維的毛病是正邪分立、有你無我；所以，當宗教改革的風潮捲起，馬丁路德就是正確，天主教就是全盤邪惡和錯誤。讓筆者反過來一問，倘若你認為天主教傳統裏也承傳了一些耶穌基督在世上的教導，哪怕只是一丁點，按二分對立來說，馬丁路德豈不應是錯誤的，不能與天主教共存的麼？倘若科學理性是正確的，那麼，主觀感情和神祕奧妙的靈性就是錯誤的嗎？餘此類推，倘若聖經是正確的，心理學就是錯誤的？捍衛真理是聖徒在世首要的神聖任務，但以惶恐、自保、焦慮、二分思維去辨認「真理」、「擁護」真理，更多時候，只是焚書坑儒的悲劇前奏！

第二個毛病是還原思維。基督徒自以為找到真理，就高舉真理。於是，對一切萬事萬象的評價、理解，還原到一兩項恆

11 Deepak Chopra, *The Spontaneous Fulfillment of Desire*（New York: Three Rivers Press, 2003）, 35~46.

真的命題上：「一切都是恩典！」「全部都是信心的果效！」這些恆真命題，既然是恆真，當然不會錯誤；**可是，在人類生命旅程中，一切變化進展都是那麼奧妙，將一切都歸納到一、兩個恆真命題之上並視一切為理所當然，這種怠惰的姿勢與心態，會麻醉人腦袋，阻礙人去接觸、領悟、追求、領受創造主如何在不同時刻使真理活現於不同場景。那種活現有時包括了、有時超越了、有時正反摻合地否定又再肯定了恆真命題；所以，神選擇以人的肉身出現，文學地、戲劇地、心理地、超常理地、跨概念地、情義交加地出現，而不以呆板的「命題」出現。呆板的還原思維，大大阻礙了我們了解上主奧妙的觸動。**

聖經上說：「恩惠、憐憫、平安，從父神和他兒子耶穌基督在真理和愛心上必與我們同在！」（約貳 3 節）約翰的問安語顯示了心理學與基督教信仰在取向上的基本分歧。約翰不是說：願自信心、動力、自我實現、成功感、資源、潛能與我們同在。雖然兩者並非互相排斥，卻顯示了人生的存有基礎、文化傾向和生存遠景的大不同。相較於西方的思維，基督信仰與東方重視和睦、慈悲、惻隱、圓融等文化精神更加接近。有時，**問題不在於技法與模式的再建構，而可能是心法和心神的再甦醒。**

6.3 第五條路：立體迴環領悟的路

6.3.1 普遍啟示與特殊啟示

凡涉及學問的來源，必然牽涉知識論的課題，亦即是人到底可以如何獲得知識。從人類的角度看，所有知識都是由人類好奇的腦袋探究和「發掘」出來的。對，是「發掘」，亦即是說，宇宙物象背後有一些「先存的」定律和意義，探究者才能「發掘」出來。從創造的角度來看：「自從造天地以來，神的永能和神性是明明可知的，雖是眼不能見，但藉著所造之物就可以曉得，叫人無可推諉。」(羅一20) 所以，無論有明確的信仰還是根本沒有信仰，人的內心都會自然覺得冥冥中有一位主宰。無論平素多麼反對宗教，忽然遇見大災害，面臨飛機失事、車禍或孩子病歿，人都會自動向上蒼發出呼求、禱告，因為人心裏的靈曉得，實在是有一位更偉大的神聖的創造者。

上主所創造的萬物，是祂為自己所作的說明、所下的註釋。有如畫家和劇作家，他們將自己的意念貫注到作品裏，觀者透過玩味和忖度作品，發掘作者的想法。天地的創作者在創造裏留下線索，為人類而自我呈現，這就是普遍啟示。宇宙歷史萬物就是那一幅大圖畫、那一齣大型戲劇；而那位在天上的畫家和劇作家，親自到展場解讀祂的創作意念，那就是特殊啟示。創造主自己出場成為耶穌基督，親自解讀整個人類歷史的奧義。

整齣話劇既流露各種蛛絲馬迹，給讀者、觀眾、劇評家去探討、玩味，從中「發掘」出的種種內藏意涵和道理，當然是劇作家早已鋪排好的。人類從大自然、人生、歷史裏所「發掘」出來的東西，也就是上主埋藏給人發掘的普遍啟示。亦即是人類一切學問：科學、心理學、人類學、工程學、管理學、經濟學等，都屬於普遍啟示的知識範疇。故此，人類一切學問，都屬於普遍啟示範圍，都可以局部地認識創造主創造宇宙萬物的心意。

在這裏，必須一提的是，因為普遍啟示不是由創造者自我直接呈現，由普遍啟示得來的知識，是來自觀眾和讀者（亦即是受造者）追尋、探討、推理和臆測而得的；這些知識可以豐富我們對宇宙萬物和人類的理解，但若推論過程出了毛病，所得的結論就會導向對原創者產生誤解和非難。這就是普遍啟示既有趣可愛，又都是微妙不足之處。即使如此，懷著敬畏和了解造物主的心情，筆者鼓勵所有人持開放的態度去了解認識普遍啟示，而不是持自以為是、故步自封的姿態，去否定人類學問的貢獻。

6.3.2 人的學問：描繪抑解釋

心理學基本上是一種人學，即是研究關於人類行為和內在心理流動的學問。人是受造物，無論人有沒有覺察到也好，從大自然的莊嚴偉大、秩序井然，人類身體、心理、心靈結構的奧妙神奇，都說明了創造者的存在是明明可知的，叫人無可推諉。人類的心靈亦印證上主的存在，發生天災人禍、面臨危急關頭，人就自然會祈禱，去向那創造根源的父親求助。

人既是受造物，上主先於人而存在，一切知識的來源、解讀和目標的全部版權，順理成章是歸於原創者所有，亦即我們的天父所有。故此，人類一切的知識，只是一種「發現」，並不是一種「創造」。所有被發現的知識，都具有描述功能（descriptive），把宇宙的奧妙描寫得更精深、更精確、更完善，叫人要大大讚歎背後的原創者。

所以，我們應以追尋認識宇宙生態的原創者的態度來對待所有學問。

然而，人是個靈，除了發掘可見可觸摸的物質層次定律外，也希望了解和認識背後的原因。這了解和認識，就牽涉到對於萬象的解讀權和解釋權。每個人都可以解釋，但卻沒有資格逾越原創者的心意。一位鄉間老農可以將畢加索（Pablo Picasso）名畫解讀為一張古怪的尿壺圖，無甚用處，可以用來遮太陽，或者當作柴火來燒，但老農對這畫作的解釋，一定無法逾越畢加索本人的解釋。所以，當所有知識均涉及一個解釋萬象的能力（explanatory）時，便必定要以原創者的解釋為依歸。

於是乎，人類的所有發掘、研究和對學問的追尋的合法性，都在乎原創者的反應：在祂首肯之下就是珍珠寶石，存到永恆；在祂搖頭之際，頓成草木禾稭，今天存在，明天就灰飛湮滅。

故此，一切不牽涉解釋的時候，就都可以提供描繪的參考，增進人類對萬事萬物的認識；一切牽涉解釋的學問，則必須通過與原創者聯繫，以祂的心意為標準。

正如徐理強博士所說，麥爾斯的「分層解釋」模式是比較合理的。[12] 基督徒可以理性地尊重非基督徒在心理學界各種努力和客觀的科學成果，一方面確認人間所有學問是相互連綴的，[13] 但另一方面，又可以與心理學問保持距離，保持獨立思考和批判性。

筆者同意徐理強的想法，「聖經與心理學，分層而不能結合，是人類墮落的結果，我們的理性因為墮落，無法了解創造的奇妙。……分層解釋不是唯物論……分層解釋是說，下層的解釋（基因）不能代替上層（靈性）的解釋，上層的解釋，也不能代替下層的解釋。同時，心理健康與靈性成熟是兩回事（雖然兩者有重疊）。心理健康的人不一定靈性成熟，靈性成熟的人（可能由於精神病的基因），也不一定心理健康。」[14] 心理治療與靈性輔導都是促進全人的健康，二者可以合作。

「分層解釋」的模式劃分了知識的主次和層級格局，這也符合創造的秩序。也許由於「分層解釋」的倡議者沒有修讀神學，忽略了耶穌基督作為創造主的絕對啟示，淩駕於一切分層，又涵括一切分層知識的局部真理。這淩駕又包攬一切的絕

12 許惠善：《聖經中有心理學嗎？》，頁 217。
13 許惠善：《聖經中有心理學嗎？》，頁 222。
14 許惠善：《聖經中有心理學嗎？》，頁 217。

對啟示——道成肉身——成為審視一切學問的基準，也成為一切學問可否導向永恆真理的惟一橋樑。

神乃「超乎眾人之上，貫乎眾人之中，住在眾人之內」的（弗四6）。

由是觀知，所有人的努力永遠都是指向、離開或攀爬往更接近真理的地方，沒有任何一套學問可掌握全部真理。因此，我們無從自誇；也因此，我們充滿盼望。

6.3.3 立體迴環領悟的路

所以，筆者認為，要整頓心理學說中心靈與心理的裂縫，又或者，要整頓心理學知識與基督教信仰之間的角色、連繫、分歧和位置，需要通過一條立體迴環的路。輔導員在了解個案的心理情狀、判斷情況，及思考如何去協助案主的時候，需要在心理學說、實務、個人靈性修練、神學四方面，來回對談、體會、遊走，讓說真理的靈使你產生悟性，而判斷這個立體迴環道路的惟一基石就是主耶穌自己。

立體迴環領悟的路

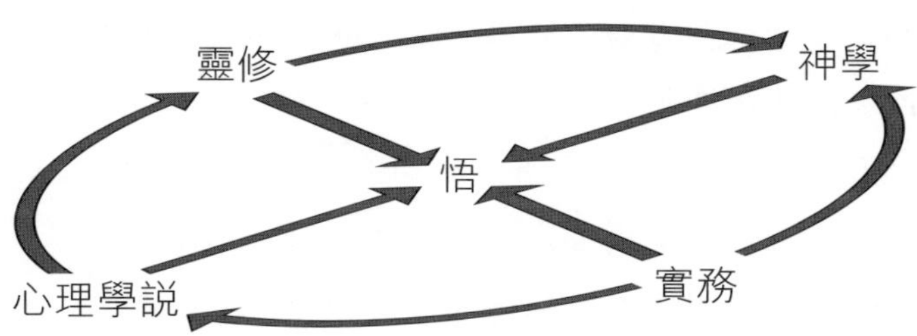

主耶穌是神在世上惟一以人身形式出現的具體呈現，好叫受造者能認識他們萬古以來的獨一的父親。「從來沒有人見過神，只有父懷裏的獨生子將他顯明出來。」(約一 18) 道成肉身是人類自古以來惟一最重大的神蹟！主耶穌也說：「我就是道路、真理、生命；若不藉著我，沒有人能到父那裏去。」(約十四 6)

在心理學範疇，愈接近物質層次現象的事情，例如：睡眠的時候眼球會如何轉動、腦神經會產生甚麼變化等，愈沒有通過耶穌去審視的必要；我們由此也可以發現，這種知識不把人指向父那裏去。相反，一個人在夜間睡眠作夢，他想藉著解夢對自己產生更深的認識，這個知識可以把人帶往更確切的自我知識，而自我知識跟人的根源有密切的連繫；所以，這方面的心理知識或心理輔導知識，就更需要通過耶穌去審視和領悟，因為這種知識可以把人指向父那裏去。

餘此類推，物質、功能、道德、靈性等等不同界面，顯示了需要藉著耶穌去理解人的心理活動的深淺程度。在牽涉人倫關係的個案，如：性侵犯、暴力、墮胎、自殺、婚外情等等輔導議題，輔導員必須藉著耶穌，帶人步入更深層、更符合真理的境地，去認識自己、認識人性、認識創造，走到父神那裏去。

因此，**筆者提倡輔導員以耶穌基督為評審心理輔導與心靈信仰的交接整頓的基石，又以心理學說、實務經驗、個人靈性修練和神學學問四方面，構築螺旋式的迴環對話，藉著聖靈產生領悟，作為心理與信仰的整頓方法。**

筆者目前認為這個領悟方法符合立體的多面向的真理本質，超越以概念和分析推理為主的西方整合道路；同時，這個進路包含了美國四個進路的神學理念和優點，亦避免了每個進路的弱點。基督教信仰的知識論，以及近代興起的系統理論和建構主義，都顯明知識是通過人在處境中和關係中衍生的。

這個進路強調：尋求心理知識的輔導員要與現實人生、與創造主、與自己、與心理學和神學累積的遺產，交往和互動而產生領悟。若當事人深深地活在聖靈之中，他們領悟的知識，就更能趨向真理。每一個人都是罪人，但是，在追求上主的恩寵下，其罪性和限制就可減到最少。

6.3.4 中國與西方的路

中國學者林語堂說：[15]

> 因為現代人心想到宗教時的迷惑，大部分是由於一種方法上的基本錯誤，且可歸因於笛卡兒方法的得勢，以致過度把重心放在認識理性為首要這方面，這樣對直覺了解的重要性，便產生不適當的概念。巴斯加說：「我不能寬恕笛卡兒。」我也不能。因為在物質知識或事實的科學知識的範圍裏面，用時間、空間、活動及因果關係等種種工具，推理是最好及最沒有問題的。但在重大事情及道德價值的範圍——宗教、愛，及人與人的關係——裏面，這種方法奇怪地和目的不合，而事實上完全不相關。對這兩種不同知識範圍（事實的範圍及道德價值的範圍）的認識是最重要的。因為宗教都是讚賞、驚異，及心的崇敬的一種基本態度。它是一種用個人的全意識直覺地了解的天賦才能；一種由於他道德的天性而對宇宙所作的全身

15 轉引自林語堂：《信仰之旅——論東西方的哲學與宗教》，胡簪雲譯（台北：道聲，1999），頁 284~285。

> 反應；而這種直覺的讚賞及了解比數學的推理精妙得多，高尚得多，且屬於一種較高級的了解。科學氣質與宗教氣質的抵觸，就是由於這種方法的亂用，以致於道德知識的範圍被祇適於探索自然範圍的方法壓抑。
>
> 笛卡兒在假定人類的存在必須透過認識的推理來尋求它的實在的證據上，造成了首要的錯誤。他完全信賴認識的理性，及這種今天仍是近代哲學的基礎方法的優越性，結果造成近代哲學差不多退化為數學的一支，與倫理及道德完全分家，且有點羞於承認神為不可思議、不可量度、超過他們的方法所及之領域。

於是，西方在認識人心、上主、萬物感通關係的起點產生偏差和錯誤。東方的說故事、求頓悟、重視體會、直覺了解、詩詞歌賦、故事人生的知識起點，更符合神學上三一神、仁格神、知識活現於關係裏的神學知識論。主耶穌說：「我與父原為一」(約十30)、「你父在我裏面，我在你裏面，使他們也在我們裏面」(約十七21)、「凡要救自己生命的，必喪掉生命；凡為我喪掉生命的，必得著生命」(約十六25)，那份弔詭懸空、言有盡而意無窮的意味，與中國莊子學說的味道十分相近。兩者接觸人生知識的方法，皆並非切割、分析、推理，而是圓融、投入、領悟、體會、推敲。這一點，筆者曾經在另一本著作《婚姻與家庭治療》第一章詳細討論過，這裏不贅。[16]

筆者曾經輔導一位在西方成長的日本人，她幾乎汲取了所有西方的思考方式：觀察、切割、分析、堆砌、推論、評價，

16 霍玉蓮：《婚姻與家庭治療：理論與實務藍圖》(香港：突破，2004)，頁20~45。

並用來反覆分析自己與日本丈夫的關係。雖然她冰雪聰明，推論也十分確切，可是卻愈分析愈煩惱，愈推理愈失望，腦海變成一部會自動構築的建構機器，落得身心疲憊、夜夜失眠，亦無補她單純渴望家庭溫暖的心。筆者問她是否知道中國和西方思考的模式是相異的，她大表興趣，當筆者加以比喻和解釋，用燉湯來形容東方人重體會和領略的思想模式，她才恍然大悟，西方的邏輯推理把人的關係愈拉愈遠，把問題愈搞愈複雜，把焦點愈拉愈模糊。

這個西方腦袋日本心的女孩子，給筆者帶來許多啟示，讓筆者憶起禪師青原惟信的故事。青原禪師憶述自己成長的歷史說：「三十年前，見山是山，見水是水。後來，親見知識，見山不是山，見水不是水。如今，見山只是山，見水只是水。」

6.3.5 心理學的虛位

很高興心理學有虛位，而事實上，心理學的確有許多虛位。普及心理學的確很令人著迷，閣下隨意翻開一本坊間少女雜誌，都會載有一些心理測驗專欄，譬如：你喜歡穿甚麼樣式的衣裳出席晚宴呢？給讀者A、B、C、D四個答案，從中作出選擇，就可以憑A、B、C、D的選擇告訴你，你是一個怎樣的人，諸如選擇A的人大方得體，能適應環境；選擇B的人收藏內向，易生嫉忌。諸如此類，做一個測驗，就可以了解自己的性情、取向和特點。如此有趣，的確百玩不厭。

普及心理學用沒有甚麼根據的測驗方法，逗你相信它幫助你認識真我、相信它很有權威。這權威從何而來？是從世人都想認識自己而來。

在社會心理學、行為心理學的領域，心理學的研究和發現，增添了許多有用的常識，讓人更了解人類交往的模式和趣怪的心理表徵。當心理學踏入應用範疇，例如教育心理學、臨牀心理學（應用於人類精神病症的治療），心理學的不足就顯而易見。一個有趣的事實是：許多有效而重要的心理學治療模式，都不是在實驗室驗證出來的，而是人自主自創地在輔導室摸索出來的。

心理學是我們的好朋友，心理學把人生的難題解讀成為淺易能懂的行為癥狀，用我們熟識的親切語言，把人內在心靈的奧祕和人性的矛盾，描述成為簡易顯淺的方程式，讓人可以按圖索驥。心理學不像哲學般艱澀而高傲，也不像文學那般霧裏看花，它坦率、筆直、外露，沒有唬嚇平凡人，而且提攜弱者。

可是，由「心靈」和「學問」而生的心理學，離開了母親「心靈」，跟隨父親「學問」，但卻又不能一起相處，與神學、文學、哲學等分了家，猶如孤兒一般。心理學獨擔大旗，解讀人類命運，一旦踏入人類深刻的苦惱和災難之中，就無可避免地摻雜了人類愚昧、貧脊的苦水，帶領著羣眾在曠野打圈。

一個孩子面對父母離婚，心情極度悲痛，幾乎想把玻璃杯捏碎。這位青年人在輔導員面前泣不成聲。輔導員忍耐等候他哭泣完畢，然後依書直說：「父母離婚與你無關，你應該照顧你自己的生活，不去理會成年人的事。」

這位輔導員大概是依據家庭系統裏，父母系統與孩子系統應該分隔開來、劃清界線的理念，於是成人系統裏的事情，應該與孩子系統分開，少年人不應干涉父母。可是，父母的離異直接影響少年人的生活和人生處境，又怎能說與他無關呢？

在一位面對家庭破裂的青年人面前，說這些冷靜的無聊話，不是冷漠、就是無知。青年人感到很挫敗，拂袖而去，再也不肯見輔導員。

身為孩子，親身經歷父母決裂和離異的情景，又無能為力，父母完整而理想的形象也隨之破滅。面對這撕心裂肺的痛楚，文學比心理學有更佳的描寫和承載能力。看見家庭一分為二，自我身分亦在當中撕裂成兩半、血肉模糊。人是怎麼樣的？愛，是否真實？親人是否值得信賴？哲學和神學都比較能夠提供心靈深處的亮光。

心理學是心靈奧祕的一個淺易入門，這個門口又大又寬，人走進去時十分愉快，待進到黑暗彎曲又層層疊疊、重門深鎖的內部時，在裏面待久了，就會迷失，不知應邁向何方！

心理學有何欠缺？心理學談及人的潛能與資源，卻不談及人的根源；心理學談及自我超越、自我實現，卻不談及人的靈魂和人性本質；心理學談及自信心、自助和自我，卻不談及內省和恩典；心理學談及內疚、饒恕，但不談及罪孽與邪惡；心理學談及情緒和痛苦，卻不談及人的命途（humanity destiny）及苦難，情緒有如解決苦難的七色沙，把沙瓶搖幾搖，顏色轉換了，那苦痛就會好了；心理學談及死亡的反應和哀傷的歷程，卻不談人死後有沒有永生，以及人生的終極；心理學談感受、知覺和情緒，卻不談愛心與公義，捨命與犧牲是甚麼樣的人類境界。心理學患了失憶症，只談人類，卻不談創造人類的上主！

心理學有這些欠缺是好的，讓人可以知道它的不足，而且也可以讓心理學正視自己的虛位。若是如此，人類進入心理學之門後，就會尋找或被牽引到其他更深邃的啟示、學問和智慧，去尋索人類精神世界的事！只可惜，心理學說不甘平凡，誤會自己了解人類精神世界的一切，可以號令天下！

於是乎，心理學家和心理輔導員不去讀文學、哲學、神學、聖經及各種生命的經典，只拿著心理學去指導人如何生活。「我行的，你也行」（“I'm OK, you're OK”），「辦公室的十大心理攻略」云云。單靠幾本親子技巧的書籍，就可以推行家庭生活教育，教導人如何教導孩子？過去五十年來的親子心理學說，過分強調讚賞，絕不強調知足、感恩和人生志向，這樣的親子心理學，造就了更多自我中心、毫無感激，不能知恩知足的「Me世代」。[17] 心理學強調自我需要淩駕一切，直接間接催生了離婚文化。[18]

心理學有虛位不是問題，心理學不承認自己的虛位，而嘗試推銷一種「快、靚、正」的人生幸福全攻略的意識形態，那才是騙己騙人的要害。

到底心理學是一種工具？是一種技巧？還是一種解釋人生的意識形態？這是最值得反思的。

6.3.6 人性與靈性

既然我們知道並承認心理學有許多虛位，我們又來到心理學自身最尷尬的位置，就必須探究甚麼是心理學。心理學，顧名思義，是「心」的道理，是「心靈」(psyche) 的道理。但上述所論及的虛位，都是人心性和靈性領域的事。那麼，心理學如何自解？

心理學果真只談外顯行為模式的話，就像工程學、醫學、物理學一樣，只管一個物理世界的小範疇，那麼，即使有多少虛位，也不成問題。可是心理學涉及人類的性生活、自我的真

17 Jean M. Tweage：《Me世代：年輕人的處境與未來》，曾寶瑩譯（台北：遠流，2007）。

18 Barbara Dafeo Whitehead, *The Divorce Culture* (New York: Alfred A. Knopf, 1997); *Divorce Culture: Rethinking Our Commitments to Marriage and Family* (New York: Vintage Books, 1996).

相、痛苦、心理健康、自由選擇、人際關係、家庭倫理，凡此種種議題，的確牽涉心靈、心性、人性的議題，心理學若不嚴肅並誠懇地面對這些議題，就自打嘴巴、自相矛盾。筆者用婚外情的案例作為討論的題材，正正想顯出這種自相矛盾。

6.3.6.1 心理學家與治療師怎麼説？

心理治療是源於對人類精神失調的關懷，由於這份關懷，便在輔導室裏發展出各種治療方法，不同的治療方法又隱含著不同的人性觀。筆者已經在第三章詳細為心理學把脈，現在在這裏不妨再作一個概括的總論。

佛洛依德認為人性是一堆原始驅力匯集的物質，這些驅力被壓制，形成精神失調，只要把所有拘禁「原我」(本能) 的阻力釋放，人便能達致心理健康。佛洛依德是先相信他推測出來的理論，再去理解活在他眼前的人。佛洛依德所出版的第一個個案就是一個甚具爭議的案例。[19]

> 新發現的文件證實，據容格説，佛洛依德曾經告訴他，這個病人沒有被治好…… 成了個嚴重的嗎啡上癮者…… 身上還保留著…… 英語 / 德語失語症……[20]

佛洛依德和史堅拿，大概相信人與動物無異，一切人類行為，只是外來刺激和條件制約反應。家庭治療師曼紐秦和希利等人，則相信人是一批物競天擇適者生存的動物，只要解除他

19 彼得．班克特：《談話療法：東西方心理治療的歷史》，李宏昀、沈夢蝶譯（上海：社會科學院，2006），頁 93~94。

20 班克特：《談話療法》，頁 94。

們的結構的權力矛盾，他們就可以繼續競爭下去、生存下去。

羅杰斯、艾利斯、沙維雅比較傾向人本主義，認為人是有自由意志、情感和思想的，只不過他們認為人性只有善性，內藏無限量的資源，可以達致「自我實現」、「快樂」和「享受高自尊的自由狀況」，這一類治療師對人性存有樂觀精神。

貝爾斯和鮑恩，對人性有些保留和矛盾的意味。貝爾斯對人性沒有一套貫徹融合的思想：[21] 他一方面十分反對理性，貶抑所謂客觀的科學評量，認為科學評量只不過是一場「思想遊戲」；另一方面，十分著重人能夠活在當下，自我覺醒，去促進心智、身體、情感合一。一切覺醒是為了整合人生過去的未了事，為自己所有經驗負上全部責任；而人有天生的能力，可以自給自足地滿足生存的需要。這裏隱含著矛盾的人性觀，似乎有一種超越理性的靈性內住在人的心裏，但這靈性卻經常與理性起衝突。這些衝突源自甚麼呢？是人本能與理想自我之爭（這是佛洛依德的遺產）？

貝爾斯在這裏其實已觸及人心靈深處罪性與神性的掙扎，卻因為他活於現代時期，談及靈性是所有治療師的禁忌，甚至是自貶的迷信標籤。貝爾斯忽然把心靈最深藏的靈性掙扎，連繫到進化論，一切是為了滿足人基本的需求。何謂基本需求？並不是人性的原始本能，也不是強調愛心溫暖的積極關懷，也不是發展意志，甚至不是追求快樂，也不是把人從屈辱和失望中解放出來，只是希望人「徹底的活著，完全關注自己的感覺，學會表達、接納、承擔責任」。[22] 於是，人要藉著關注自己的知覺而達到覺醒，又必須藉著覺醒以達到能更深刻地關注自己的

21 瓊斯、巴特曼：《當代心理治療》，周文章譯（台北：中華福音神學院，2004），頁 373。

22 班克特：《談話療法》，頁 316。

知覺，這是一套「重言」（tautology）。在現象中重現再重現，原地踏步，作為一個靈性修練的操持覺醒，或者解開人類防衛機制的自欺和自我糾纏，這是極好的技巧。但作為一套人性的哲學，就很容易讓追隨者掉入更深的虛寂和空茫（emptiness）。[23]

事實上，倘若貝爾斯能突破他那個時代的框框，大膽地跑進宗教領域追尋他的研究，他會發現他的理論與信仰中的內在靈性掙扎十分相似。而且，貝爾斯提出未竟之事（unfinished business），與上主在聖經所陳述的救贖計劃也十分相近。我們整個人生就是一場未竟之事，這個創造世界和我們的存有，正在救贖的歷史當中，既從耶穌獲得了救恩的確據，卻又在肉身的歎息中仍舊等候完全得贖（羅八 21~25）。「已然未然」（already but not yet）的救恩史，在我們身上是一場未竟之事。

鮑恩對人性的想法看來比較踏實和中肯。可是，他的自主而相繫理論，描寫人類由最迷失、混亂、失調的非自主而相繫的狀態，成長到達自主而相繫的高峯，正好是人性於遠離上主，過渡至親近上主的人性的光景。鮑恩亦表明，人類在世間不能完全達致自主而相繫的景況，這亦符合聖經中人未完全得贖的真理。自主而相繫的人性觀，並不把人扣死在一個全好或全壞的狀態，而是一種可以向善可以向惡的成長流動，是一種人性存有的素質的描繪。自主而相繫包括兩個向度：自我內在協調的向度；外在與人相交的向度。內在的向度說明人的內在不和，要邁向和好；外在的向度也說明人因為內在不和而引起外在不和，要邁向與外在的人羣和好。這些復和協調的思想，與基督徒對人性的描述和理想，可以彼此相融。

鮑恩實事求是地追尋人性中自主而相繫的時代深因，回溯

23 Paula Bottom, “A is for Awareness”, 2；1990~2000 年間，葆拉．博頓（Paula Bottom）來港作完形治療訓練工作坊時派發給學員的文章。

歷史及展望未來，他發現了人類邁向退化和解體的悲觀現象。當鮑恩想到這裏，他就停頓了，再沒有發展下去。人類自從現代進步神話破滅之後，的確如鮑恩所觀察那樣，邁向退化和分崩離析。不知是甚麼原因令鮑恩思想理論發展停頓了下來？是一下子發現人類社會開倒車的現實而受了驚擾？是悲觀的情緒的襲擊？苦無出路？是在沉思如何找到盼望？是企圖在啟蒙後的理性進化思潮中再尋生機？進退兩難？沒有人知道他心裏所想的是甚麼。但他的停頓是誠實的停頓，因為沒有找到源頭，沒有人類歷史的終極目標，沒有主耶穌，又怎能在絕望中提供生命的答案？鮑恩的思想發展停頓下來，是誠實的反應，那裏也是心理輔導的盡頭。

鮑恩從來沒有談到心靈，但他對人性和羣體人性的描述，非常吻合聖經所啟示的人性觀。容格和沙維雅都直接談到心靈或靈魂的字眼，容格所論述的陰影（shadow）和人的角色（Persona）與聖經中有關人性、黑暗和掩飾的人性部分十分吻合。只可惜，容格心理學未有機會發展下去，否則有可能與聖經真理相融。[24] 沙維雅對神的觀念非常游移飄忽，她有時直接提到「創造者」[25]，也承認「所有人類，都出於同一個生命力」，[26] 有時又把這個力量形容為「死物」的「它」，只是一項供人使喚和滿足自己的力量，人完全自我主宰。她說：

24 盧德：《容格宗教心理學與聖三靈修》（台北：光啟文化，2004）；盧德為台北輔仁大學神學院講師。

25 沙維雅：《沉思與靈感》，王境之譯（香港：沙維雅人文發展中心，1990），頁 25。

26 沙維雅：《沉思與靈感》，頁 9。

意識那永恆的生命力量，
它不為我們的命運決定甚麼，
是我們自己決定它。[27]
我們擁有無限的希望……[28]
……只要允許你自己，
嘗試一切你遇到的，
但只吸收適合你的，
便可能達到你的願望。[29]
……我是有能力的，
我可以做得到，……
我滿有力量。
我是有能力的。[30]

沙維雅游移飄忽的神觀以及絕對肯定和正面的自我觀，毫無根據地確定自我滿有力量達成自己的願望，似乎有「自我稱神」、「自我催眠」、「自我膨脹」的傾向，她的神觀似乎是一種自我滿足的超級樂觀。

6.3.6.2 聖經怎麼說？

詩篇一百三十九篇啟示人性和心靈的奧祕：

耶和華啊，你已經鑒察我，認識我。

27 沙維雅：《沉思與靈感》，頁 13。
28 沙維雅：《沉思與靈感》，頁 14。
29 沙維雅：《沉思與靈感》，頁 22。
30 沙維雅：《沉思與靈感》，頁 34。

我坐下，我起來，你都曉得；
你從遠處知道我的意念。
我行路，我躺臥，你都細察；
你也深知我一切所行的。
耶和華啊，我舌頭上的話，
你沒有一句不知道的。
你在我前後環繞我，
按手在我身上。
這樣的知識奇妙，是我不能測的，
至高，是我不能及的。
我往那裏去躲避你的靈？
我往那裏逃、躲避你的面？
我若升到天上，你在那裏；
我若在陰間下榻，你也在那裏。
我若展開清晨的翅膀，
飛到海極居住，
就是在那裏，你的手必引導我；
你的右手也必扶持我。
我若說：黑暗必定遮蔽我，
我周圍的亮光必成為黑夜；
黑暗也不能遮蔽我，使你不見，
黑夜卻如白晝發亮。
黑暗和光明，在你看都是一樣。
我的肺腑是你所造的；
我在母腹中，你已覆庇我。
我要稱謝你，因我受造，奇妙可畏；
你的作為奇妙，這是我心深知道的。

我在暗中受造，在地的深處被聯絡；
那時，我的形體並不向你隱藏。
我未成形的體質，你的眼早已看見了；
你所定的日子，我尚未度一日，
你都寫在你的冊上了。
神啊，你的意念向我何等寶貴！
其數何等眾多！
我若數點，比海沙更多；
我睡醒的時候，仍和你同在。
神啊，你必要殺戮惡人；
所以，你們好流人血的，離開我去吧！
因為他們說惡言頂撞你；
你的仇敵也妄稱你的名。
耶和華啊，恨惡你的，我豈不恨惡他們嗎？
攻擊你的，我豈不憎嫌他們嗎？
我切切的恨惡他們，
以他們為仇敵。
神啊，求你鑒察我，知道我的心思，
試煉我，知道我的意念，
看在我裏面有甚麼惡行沒有，
引導我走永生的道路。

筆者希望能另外著述對這篇詩篇的無窮奧祕所作的細心玩味。在此，讀者可以自由來回咀嚼，讓你的心靈產生頓悟和回響。

1. 人性是一場關係

基督教所啟示的人性是一場關係，是一場相依—相離—回歸—相擁的關係。

美國文化和西方思潮的基督教，把一切人類奧祕都切割成為護教和思辯的硬繃繃概念，甚麼二元論、一元論、整全論……這是西方的煩惱，我們無需承擔。我們只管認清，首先向猶太人啟示自己又親自成為猶太人的神子主耶穌，祂給我們啟示的人性就是相依—相離—回歸—相擁的關係。

要了解人性，必須回答幾個問題。

- 人從哪裏而來？
- 人現在在哪裏？
- 人又往哪裏去？

每一個珍惜生命的人，都應該為自己的生命尋覓上述的答案。

2. 人從哪裏而來？

人從一位創造主而來。這位創造主十分關懷他、愛慕他（賽四十三 1~4、12~13）、認識他、設計他、鑒察他、看顧他、扶持他，前後圍繞他……試問，世上哪有如此相依相屬之情？

人未成形以先，已經在神的意念中被塑造，塑造了他的品性、特徵，還設計了他一生的日子。

> 我們肺腑是你所造的，
> 在我母腹中你塑造了我……
> 我在隱密處被造，
> 在地的深處被塑造……
> 我未成形的身體，你的眼睛早已看見；

為我定的日子，我還未度過一日，
都完全記在你的冊上。
這樣的知識奇妙，是我不能理解的；
高超，是我不能達到的。

——詩一三九 13、15~16、6；《新譯本》

人性活在祂的根源之內，活在祂的根源之中，活在祂的根源之下，縱使人不曉得，這仍舊是事實。

上主與人永遠同在。

3. 人現在在哪裏？

人在世間是客旅，人迷了路：「人如羊走迷，各人偏行己路。」(賽五十三 6)

這是人的處境和現況，心理治療最主要是回應人類精神失調的現象，這其實就是人類因迷路而產生的現象。人類不喜歡或不懂得拖著天父爸爸的手走路，喜歡自己走自己的路，就走迷了路。

人類始祖亞當和夏娃是迷路先鋒，我們步祖先後塵，不斷迷路。

始祖亞當和夏娃犯罪的故事，就是心靈失落的故事，就是喪失家園的故事，就是人類迷路的故事。有關這個故事，有許多釋經書已作了詳細分解，筆者較喜歡吳黃蓮英博士在《孵心之旅》[31] 的第二章對這個故事的詳細分析，有興趣的讀者可以尋找該書仔細閱讀。

簡單來說，吳黃蓮英把這個犯罪的故事敘述為始祖不喜歡

31 吳黃蓮英：《孵心之旅——在基督裏的自我實現》(香港：天道，2005)。

遵行神的話而變換視力的故事：看見了不能承擔的人生事實，失去了心靈的視力，看不見神的面，失去了家園，永遠經歷著「心靈願意但肉體軟弱」、「立志行善由得我，行出來卻由不得我」的心靈掙扎。於是，人在殘缺中逃離上主的面，或成為世間的流浪者，在上主以外、在基督以外，拼命尋找家園，尋找從前的自己。

人迷路的景況是怎樣的呢？[32]

a. 活在一個沒有視力的世界之中

人活在一個沒有視力的世界之中，缺少上主的光照和臨在，一切模糊不清，失去智慧，失去人生的判準和參透萬事的明辨力。

b. 活在一個割裂的世界之中

本來宇宙萬物相融貫通，但迷路的人各事其主、東奔西跑，一切學問知識全部割裂成碎片：心理與心靈割裂，藝術與科學割裂，理性與情感割裂，理想與現實割裂，自我與自我割裂，自我與人羣割裂，真、善、美、愛全割裂。[33]

c. 終極關懷的轉移

吳黃蓮英這樣表述：「終極現實的重要在於它決定了心靈的注意力。」[34] 若人看見圓滿的上主的存在，「便找到人生的重點，其他的所謂事實，只是細節」。因為失去了與上主的聯繫，人只能「從相對的事實開始，我們永遠徘徊在終極現實的外面，把注意力耗費在次要的細節中」。

---

32 吳黃蓮英：《孵心之旅》。

33 肯恩・威爾伯：《靈性復興——科學與宗教的整合道路》，龔卓軍譯（台北：張老師，2000）。

34 吳黃蓮英：《孵心之旅》，頁 49。

d. 入手方法的顛倒

人類失去心靈視力的時候，所認知的人生萬物也是乾坤倒亂的。筆者與吳黃蓮英的觀點不謀而合。例如，用大腦取代心靈，以五官凌駕直覺，以成就去確認個人身分等等，人類把心靈打入冷宮，以理智和感受帶領人生，這是前後顛倒、優次失序。「以心靈而不以理智或感受去帶領肉眼的作法。便是我們常說的信心」。信心（faith 或 conviction）是基督教信仰的根基。[35]

e. 活在別人的現實中

失去了自己，別人成為我們「成敗得失的裁決者」，「我們有意無意地把個人的『擁有權』讓給世界和別人」。[36]

f. 內心的孤寂

迷失的人沒有內在的安全感，沒有無條件被愛的肯定，沒有穩定不移的歸屬感，孤寂是現代人普遍的心聲。

g. 無法兩全其美

情與義、善與惡、美與醜，人性的趨鶩和偏情，使人常常心裏作難，左右徘徊，無法兩全其美，持續活在期望和失望的困境中。

這是人在脫離創造主後，呈現的人性，也是人迷路的景況。請讀者細心玩味，這些景況豈不是心理學困局的寫照嗎？

人類歷史的寫照？你和我的寫照？

4. 人又往哪裏去？

人類在尋找歸家的路。

「世人都犯了罪，虧缺了神的榮耀。」（羅三 23）換句話說，

35 吳黃蓮英：《孵心之旅》，頁 51~52。

36 吳黃蓮英：《孵心之旅》，頁 53。

世人都失去了與上主的聯繫，那緊密、親切、相愛的連繫。於是，世人都活在不理想、不圓滿、不愉快、不滿足的景況裏。用心理學名詞說，就是情緒焦慮、憂鬱、懼怕、不安、精神失調的景況。這是世人的寫照，也是人類日復一日經驗種種心理矛盾和心靈痛苦的寫照。也許，我們並沒有蓄意做成一個「罪行」，但我們卻被虧損的人性、顛倒的真理、受破壞的社會制度、污染的環境、隔代的傷心所包圍。

一位加拿大安大略省的教授及愛主的靈修導師蒙威廉（Monty William），在一個靈修操練的退修課堂裏，[37] 與參加者探討人心靈的四種渴求（desires）。他分辨出四種模式：（1）嚮往／夢想（Longing）；（2）衝突與平安（Conflict and Peace）；（3）空虛與滿足（Emptiness and Fulfillment）；（4）懲罰與接納（Punishment and Acceptance）。他的洞見給予筆者許多啟發，讓我可以從一個較深刻的角度去理解人類的心理問題和精神毛病。**心理問題其實就是心靈失去方向，生命力沒有拋錨，不知如何歸家。**

自古至今，人類無論用甚麼言語，用甚麼表達手法，都離不開這幾個面貌：心靈失去方向，生命力沒有拋錨，不知如何歸家。「罪」等於不中紅心，這些未達心靈富足的景況，就是「罪」的面貌。（許多人一聽見罪這個字就下意識產生反抗，筆者將在下文再詳細討論。）

6.3.6.3. 神聖命途：「榮耀神」的錯誤聯想

人活著原有一個神聖的命途（divine providence）。中國人雖

37 Redeeming the Present退修營，2008 年 9 月 12~14 日。

然從前未認識基督，也知道天地有「正氣」，也知道「死有輕如鴻毛，也有重於泰山」。中國人在心靈深處意識到「天地人一體」的道理，人類死後，彼此命運依然緊扣、永遠延續，所以寧可「流芳百世」，也不可「遺臭萬年」。所以，中國傳統認為人的一生要追求活出一種光輝，可以天地輝映，可以萬物互通。

這也就是基督教所說榮耀上主的意思。「榮耀上主」這個詞，中國人聽起來會有一些反感：在中國的文化中，榮耀是虛浮俗氣的東西，而且與權貴掛鈎，「榮耀」立即令人聯想到帝王將相，大搞排場，平民百姓要歌功頌德、阿諛奉承，使權貴獲得榮耀，所以「榮耀上主」會引起負面的文化聯想，連帶對上主產生誤會。筆者建議用「映照上主的光輝」來取代「榮耀上主」一詞，更能傳達真理。

吳黃蓮英引用畢珀（John Piper）的一篇文章，題目是：〈當我們在上主裏面感到心滿意足的時候，上主在我們中間便獲得最大的榮耀。〉[38] 這個理解給我們引起完全不同的聯想，我們可能聯想到屬主的人在疲乏之時，會在上主懷裏呼呼熟睡，又穩妥又安心，天父望著孩子，心滿意足；又或者屬主的人童心未泯，在大地上跑跑跳跳、與清風共舞、與小鳥唱歌，天父看著孩子，心滿意足；又或者一個屬主的人，在寫字樓忠心誠實地做好分內的工作，與人羣構成和諧的畫面，天父看見，又心滿意足；這些滿足的時刻，上主就得著最大的榮耀。

有一次，伴我同行的靈修導師對我說了一句話：“Glory of God is a person fully alive.”（意即：上主的榮耀在於一個人活得「生猛」而滿足，又或者說：一個人的身心靈活潑地存活著。）

這句話很深邃，足堪玩味，又使我想起耶穌說：「我來了，

38 吳黃蓮英：《孵心之旅》，頁 13~14。

是要叫人得生命，並且得的更豐盛。」（約十 10）上主的榮耀就是看見兒女在基督裏自由豐盛的活著，令祂心滿意足。

這樣的存在（being）景況，就接近恢復上主原先創造人的景況。用神學的語言來說：「人與上主的約既被破壞，人失去了神的恩典，使他們與真理隔絕，令整個人性向自我和物慾發展⋯⋯更在道德倫理層面上犯了罪。自私、狂傲，及兇殺皆從敗壞了的心性而來⋯⋯被牢籠在死的權勢下（參羅五 13~14），耶穌基督的救贖使敗壞的人性恢復為人的真本性。」[39]

用筆者自己的語言來說，就是：在基督裏愈來愈似生我們的天父，恢復創造的美麗，清純、光潔、高貴的原貌（becoming as created）。

人類神聖的命途就是在天父的歷史計劃中滿足我們重新歸家的豐盛的渴想。

6.3.6.4 何謂靈性或美好的靈性？

我們常常以為屬靈人：就是捧著一本聖經、背上抬著沉重的十字架、又嚴肅又呆板的人；他們常常指出別人做錯了甚麼事，又常常不停檢視自己做錯了甚麼事。這樣的屬靈人使人退避三舍。

十多年前，筆者出席主領一個研討會，分享何謂「屬靈」。聖靈給我一個領悟；**屬靈人就是能夠時刻分辨甚麼是上好的事與甚麼是次好的事，而且滿心歡喜地選擇上好的東西，放棄次好的東西**。直到如今，我仍然感謝上主給我這個領悟。

讓我以上述四個心靈渴求去表達以上的領悟。

39 楊慶球：《會遇系統神學——真理與信仰體驗的整理》，二版（香港：中國神學研究院，2001），頁 98~99。

1. 嚮往 / 夢想與幻像 / 偶像

人類離開了根源，好像在至深層的潛意識患了思鄉病，常常若有所失，常常想到一個地方卻不知那地方在哪兒，這就是心靈的嚮往。人不知道自己鄉愁的根源和所嚮往的，就是天上父親，於是將次好的代替那上好的，追求終生相愛、此志不渝的伴侶，或追求獲得賞識和工作成就，或追求於比賽中獲得金牌，或追求自己有完美的人格操守……這些都是好的東西，但都只是次好的東西。次好的東西一旦代替了心靈上好的嚮往——與天上父親重逢——次好的東西就堆積成人生的沮喪。於是，一次又一次的期望、失望、原地踏步。在這兩方面，心理治療並沒有對人性的洞察，便會附和案主在次好的旋轉門中打圈。

2. 衝突與和諧

人類心靈的深處充滿衝突。又想客觀、又想堅持自己的感覺；又想滿足自己，又不想傷害他人；想誠實、正直、無私，又想偷懶、任性、出軌；想做聖人，又想做魔鬼。一個人只要心靈敏鋭，就能夠接觸這場內在蘊藏的爭戰，這是捲入婚外情的人士錐心的苦惱（在本書第七章筆者會更詳細闡釋），也是羅馬書七至八章對人性的深刻描寫。佛洛依德的「超我」和「原我」、容格的「角色」與「真我」，以及貝爾斯的「在上的我」和「在下的我」這些不同的心理語言，都細膩地描寫同一個心靈狀況。尤其完形治療的技巧，對提高這方面的心靈覺醒，尤其有效。可是，除了描述和覺察之外，每一套治療手法都不知道還有何良方？

中國學者陳耀南《從自力到祂力》一書[40]説出了解救的方向，聖經提供的清涼茶又可口又能清熱解毒，主耶穌在登山

40 陳耀南：《從自力到祂力》（香港：天地，2006）。

寶訓中提出「八福 / 八美善」(Beatitudes；見太五 3~12；路六 20~23)的人生指引，為我們留下了這劑可口清熱的清涼茶。

3. 空虛與滿足

人因為空虛而不安、自恨，恨世界冷漠、恨自己無能，甚至產生自殺傾向。倘若衝突矛盾無法疏解，會帶來強迫症及焦慮症，那麼空虛孤寂就會引申成怨恨和精神抑鬱。

人實在空虛，因靈性視力失明，接觸不到使人心靈真正飽足的源頭，就會瘋狂地抓那次好的東西填上。就是人類的這種心理，叫消費文化大行其道，廣告商正正覷準這個機會，大量銷售那使人滿足的美食、化妝品、瘦身療程、洗頭水、旅遊享樂，這些並非不好，這些都是很好的生活享受，但它們只是次好的東西。次好的東西叫人愈吃愈餓，而且還會上癮，性上癮、購物狂、抽煙、吸毒、打麻雀、酗酒等等，都是人在靈性視力失明以後，發狂地抓那次好的東西去填飽這個驚人的大空虛所致。

> 因為，凡要救自己生命的，必喪掉生命；凡為我喪掉生命的、必得著生命。(太十六 25)

惟有靈性操練，可以叫人恢復靈性視力，在每日生活中作出上好的選擇，讓人的心靈接駁到上主的活水泉源。

> 祂一張手，萬物隨願飽足。(詩一四五 16)
>
> 他必按時降下秋雨春雨在你們的地上，使你們可以收藏五穀、新酒和油。(申十一 14)
>
> 人若喝我所賜的水就永遠不渴。我所賜的水要在他裏頭成為泉源，直湧到永生。(約四 14)

4. 懲罰與接納

人心裏最深的痛苦，是自我懲罰，或者懲罰他人，不能包容接納。自我懲罰的人看見自己的卑下不足，又經歷人間弱肉強食的踐踏和鄙視，於是心靈受困，頭也抬不起來。有關自我形象的建立，筆者認為羅杰斯的「無條件積極關懷」、沙維雅三人小組的「會心」肯定，都在在活出上主「愛你的鄰舍」的吩咐。鮑恩協助案主回到原生家庭，與親人真情相繫、與自己內在復和，都是十分可嘉的治療手法。

只是，這份付出愛與關懷的能力從何而來？心理治療保持緘默。或者沙維雅、羅杰斯認為內在資源取之不竭，無窮無盡。筆者細想，沙維雅和羅杰斯是對的，也是錯的。他們是對的，因為人性裏面有上主的形象，有孟子所說的惻隱之心，有良知善性，願意付出關愛。

而且上主給予人類普及恩典：「因為他叫日頭照好人，也照歹人；降雨給義人，也給不義的人。」（太五45）感謝天父慈悲，由於這普及恩典，人還能具有尊嚴和挽救一點人性地生存下去。可是，人類一旦面臨利益衝突、生死存亡，人的善性就會大大減低。楊腓力（Philip Yancey）在他的著作《恩典多奇異》（*What's So Amazing about Grace?*），描寫這個社會沒有恩典，是一個「憎人富貴厭人貧」的競爭世界，冷漠無情。[41] 他的描述讓我一位朋友大為感觸，當場落淚。

願所有尚有人性和善性的人，繼續傳遞這份可以令人賴以生存的恩典！

---

41 Philip Yancey, *What's So Amazing about Grace?*（Grand Rapids, MI: Zondervan, 1997）；中譯本：《恩典多奇異》，徐成德譯（台北：校園，1999）。

6.3.6.5 人性與靈性總論

人性渴望尋找他的根。人找到受造的根源，明白自己不是一堆隨意碰撞的分子和原子，也不是進化的猿猴，而是尊貴的受造物。(參詩八 5：「你叫他比天使微小一點，並賜他榮耀尊貴為冠冕 。」) 人是尊貴的受造物，就有了可信賴的、立足的基地和絕對的自尊。人性渴望尋家，找著接納、歡迎、滿足和溫暖，這個可以歸家的保證，就是一份不滅的盼望。

人性在旅途中需要相依、扶持及前行的力量。主耶穌曾說：「你們在我裏面，我也在你們裏面。」(約十四 20) 祂保證跟我們同行，因此：「現在活著的不再是我，乃是基督在我裏面活著⋯⋯他是愛我，為我捨己」(加二 20)；「我靠著那加給我力量的，凡事都能做」。(腓四 13)

人是按著神的形象被造，所以人有善性，也有尋找源頭的靈性傾向；可是，人亦可以背離上主，使人虧損、喪失人性，活在欠缺、傷殘中，無能為力。人性亦善亦惡，惟有人內存一點靈光、慧根與善根，使人追尋上主，接駁源頭，才能平息這恆存的內在騷亂。

人性在基督耶穌活現、輸送和遺留的信望愛之中，靠著聖靈的指引 (約十四 26)，可以接近天父，逐漸恢復自己本來高貴、美好的本相。

6.3.7 罪、光明、黑暗

罪是甚麼？罪是沒有生機。

人是個有靈的活人。人脫離了生命的源頭，就沒有生機。

人脫離了生命源頭，就失了方向。「迷失」是一種罪的寫照：沒有依據，沒有指向；上癮、麻木、自欺、失落、迷糊、迷惘、失序，都是罪的景況。

人脫離了生命源頭，就失去力量，虧損、貧脊、枯乾、無水、傷殘、不圓滿、不符合理想、不符合真理、有心無力。想做的不去做，不想做的倒去做，就是保羅陳述有關罪的景況。

人人都活在罪的環境和傾向中，城市商業社會，人人長時間工作，甚至沒有時間睡眠，不斷損害聖靈的殿（身體）已經是一種罪的景況。心靈遲鈍，遠離上主，一切都缺乏生機。

但我們今天很少在日常生活中談「罪」，更不會在教會場景以外談「罪」，為麼麼呢？我想是由於文字運用、文化聯想，使我們對罪的敏感度和理解都產生極大障礙。

6.3.7.1 罪：翻譯的障礙

在中國文字，罪這個字通常引起許多聯想。例如：「罪大惡極」、「罪無可恕」、「千古罪人」、「罪有應得」……這些詞語立即使我們聯想到種種作奸犯科、打家劫舍、迫良為娼的行為，要犯上人神共憤的嚴重罪行，我們才會指責那人是死有餘辜的罪人！

於是，在中國文化的思維中，大部分人是奉公守法的良民，大家依良知辦事，沒有犯罪紀錄，只是小部分性情凶惡的人，才會違犯法律，做出傷天害理的事。在這種文化思維和社會習性中，若我們說別人有罪，對方會勃然大怒或作出強烈反對，因為「有罪」是非常嚴重且不被社會接受的狀況。說別人有罪，很容易「得罪」對方！

在中國文化裏，「罪」等同犯法，等同極度惡劣行為。是一個形容行為取向的詞語。

反而「惡」、「奸」，卻並不那麼行為取向。中國人形容欺負老弱的小混混是惡霸，囤積居奇的生意人是奸商。「奸」「惡」這兩個字形容人性素質，即使他行為上沒有犯法律，他的心態可以大奸大惡。奸惡之徒，在中國社會也有不少，卻始終不是大多數。「奸」、「惡」雖然稍微脫離行為取向，卻不能脫離道德取向。

原文聖經用“*hamartano*”（希臘文）和“*chata*”（希伯來文）來表述「罪」，意思是人被創造，是有一個聖善的目標和似上主的原貌，但人在罪性傾向和罪的慫恿下，達不到聖善的原貌。有時候，是人的頑梗自負不願意達到這聖善的目標；有時候，是人脫離了生命的源頭，已經有心無力，無法恢復聖善的原貌，活在殘缺之中，面目全非。這就是聖經所說的「罪」的景況，所以神學家田立克（Paul Tillich）說「罪」就是人與上主隔絕，好像風箏斷了線，漫無目的、無依無靠、不安惶恐、到處飄零。

事實上，**罪是一個形容心靈的字詞，說明人類脫離了創造根源的心靈景況。**那故意叛逆脫離上主的，稱為犯罪者。但在世界的運作上，普遍脫離了上主主權的社會文化，被家庭、學校、工作、人羣的罪性所侵犯的，稱為「被罪者」（或被罪所犯者）。大家都同樣活在「罪」的格局裏。

用中國人的思想去看，這種主動叛逆的犯罪景況，我們或會按情況稱之為「不仁不義」、「無知無良」、「損人利己」、「自以為是」、「自高自大」，以至極端程度，成為「大奸大惡」、「窮凶極惡」，以上所有的字詞都等如「罪」的含義。

同時，一個人活在罪惡環境，無法抵抗，自憐軟弱、自傷自苦，又脫離了上主的援助，離開了「活水」，我們會將之形容為：「不幸」、「不安」、「無依無靠」、「無根」、「無助」、「無夢無望」、「空虛」、「孤立」、「孤懸」宇宙之間、「沒有生機」。以上字詞都等如「罪」的景況。

上述全部景況就是聖經所描寫的「世人都犯了罪，虧缺了神的榮耀」（羅三 23）。

所以，愛任紐（Iraneus）這位教父曾經說過：「神的榮耀在於受造者生氣勃勃。」（“Glory of God is a person fully alive.”）

不準確、不恰當的翻譯，給人錯誤的導引。**若把罪理解為人脫離上主，心靈斷線、無依無望，而自高自損，可能讓更多中國人對人類的貧乏罪境有更多代入及共鳴。**

6.3.7.2 為何人不悔罪？

筆者因上主的大愛，在中學二年級時正式決志相信主耶穌。而事實上，在未正式明白基督教教義內容之前，筆者自幼感悟人生種種勞苦愁煩，已經深信世上有一位常常與我們同在的主宰存在，並且用最簡易的方法向祂祈禱。

決志信主的時候，流淚轉向，受感於上主對我及對眾生靈的莫大擔當，為世人困境被釘在十字架上。信主以後，更謹慎讀經祈禱，聆聽聖靈的提醒，不敢稍有差池，令上主失望。最深刻的一件瑣事是：信主以後，有一次測驗，獲取一百分，十分歡慰，後來發現老師看漏了一個錯處，應該扣兩分才是。當時內心交戰，本來九十八分已經十分美好，可是破壞了一百分那份圓滿的喜悅。而且，看漏眼的不是我，我也沒有主動欺騙任何人，是老師的過失而已；況且，這兩分的對錯，只是皮毛小事，也起不了甚麼教育和糾正的作用。筆者幾乎決定為了個人保留一百分那份圓滿的喜悅和感受（實在是私人的小小茶點而已，因為父母不大理會，同學也不會注意）而自圓其說。可是，聖靈輕聲提醒我「做人要誠實」，一想到不聽聖靈的提醒，使主耶穌受傷，這卻是天大的重要事，二話不說，主動將測驗卷呈上，請老師扣除兩分，做完了這個動作，感到聖靈很滿足，自己也很快樂。

從這件小事，讀者也可以推想到筆者是老實純品的乖乖女型人物。再加上筆者認同儒家「吾日三省吾身」，於是，常常規行矩步、謹慎做人；故此，當教會常常說我們有罪，需要痛悔認罪時，很難覺察有甚麼要流淚痛悔的嚴重「罪行」。到了三十多歲，為了不能痛悔流淚，十分煩惱。一次，一位外國屬靈導師白基瀚（Hans Burki）來港主領基督徒退修營會，筆者必恭必敬，拿這個隱藏十多年，無法理解的疑問請教於他：「每個人都有罪，我當然有罪。我常小心省察，當然也有一些不良的意圖和傾向，我就立即悔改，但總是沒有甚麼痛悔流淚的經驗，是不是我悔改不足，或不夠真心？為甚麼會這樣？」

你猜一猜白基瀚如何回答我？他完全沒有回答我，只是伸一伸舌頭，扮一個鬼臉。當時筆者心性遲鈍，仍然是老實忠厚之人，完全不明所以，反而覺得對方沒有重視我的問題，十分失望。

到了今天，研讀過聖依納爵（St. Ignatius）靈修的神枯、神慰，以及大德蘭（St. Teresa of Ávila）的《七寶樓臺》（*The Interior Castle*），開始逐漸體悟。人的靈有如一潭水，有死水、活水、濁水、鹹水、淡水和清水，人倘若每天省察，就是心靈操練，操練愈多，水自然愈淡愈清，心靈自然較為輕省自在，中國儒家說：「君子無入而不自得」就是這個境界。近年來，筆者再細心反思，領悟到心靈比道德更高一線，道德是判斷是非對錯的行為準則，心靈卻是審視自己生活行為所產生的回應。

主耶穌釘十字架，左右有兩個同釘十字架的罪犯，二人的道德情況同樣惡劣，二人的罪行相似，同樣被判死刑，但二人的心靈狀況卻有天壤之別。其中一位幸災樂禍，在自己的罪行中嘲笑耶穌無能：另一位在自己的罪行中自覺心靈慚愧，哀求主耶穌的紀念和接納。二人有不同的心靈回應，二人與耶穌的親疏關係有決定性的不同結局。

又正如彼得和猶大，一個三次不認耶穌，一個出賣耶穌。計算起來，罪行相仿，但一個（彼得）轉向耶穌，另一個（猶大）不斷轉向自己、自責自恨，最終自殺收場。這就是心靈回應可導致的差別。

成長了幾十年，又豈沒有嘗試過人生各種遭遇和試探？感謝上主自幼提攜，也感謝儒家精神的導引，更感謝母親鐵面無私的管教，明顯的罪行都比較容易勝過。反而，人世間各種絕境卻難以克勝，世界的經濟體系凌亂自利，窮苦國家為對抗有錢國家的強權欺壓，以暴易暴、以詭詐還詭詐，社會衰退民心淺薄，人人擁抱金錢、性愛、糟蹋生命……眾生一起受苦，一起頑固，一起滅亡。由周圍的親友到報章雜誌、受助人士，讓我一再看到挪亞時代的景況，淚流不止。我們時時刻刻在損害世界，或是主動或是被動；我們得罪他人，由別人以至到自身，經常出現無能無助、惶恐、困乏、殘缺不足、憂悶哀傷，這種種都是罪的景況。讓我們在罪的景況中轉而注視上主，求主憐恤，這就是悔罪的行動。**悔罪就是心思的轉向。**

毒販要轉向上主，好好先生要轉向上主，傳道牧師要轉向上主，乖乖女要轉向上主，老人、小孩、囚犯都要轉向上主，時刻回歸、時刻轉向。

轉向，就是不再以萬物的眼光看上主，而是由上主的眼光看萬物，因為愛上主而不肯讓上主的靈為我們憂傷。

張春申說得很好：「聖經對罪的看法與傳統完全不同，傳統的看法是把罪一個一個放在我們面前去衡量，而聖經卻是教我們從『關係』上來看罪，就是讓我們認出上主怎樣進到我個人的生命中，怎樣愛我，然後面對這位愛人的上主，我們反問自己如何答覆祂。」[42]

6.3.7.3 甚麼是信仰？

「我讓上主——耶穌基督啟示的主——進到我的心中，我以整個人（不僅是我的思想，還包括我的情感；不單是我個人，還包括我的羣體）去接納、去答覆這位上主，這才叫做信仰。」[43]

6.3.8 心靈、精神、潛意識

筆者曾經在另一本著作《婚姻與家庭治療》描述過這樣的觀察：「十八世紀以前，人類遭遇的一切困苦，都視作心靈的困苦，甚麼心理治療師，甚麼精神科醫生、甚麼輔導員都未誕生，人類心靈的關懷和照顧，除了鄰舍互助之外，主要是神甫和牧者的牧養工作，然而，在歷史發展中，牧養的重點出了偏差，神甫偏重了告解贖罪的禮儀，牧師偏重了福音救世，廣傳福音的運動，對人類心理、精神的痛苦焦慮，並沒有作出更深入的了解。」[44]

當神甫、牧者失卻恩寵，不去深入探討和闡釋心靈世界，佛洛依德鑽了個空子，衝上台前，大肆描寫人類心靈世界。當歐洲信奉笛卡兒（René Descartes）「心物二分」理論，將這種世界觀應用到人類生命及人類意識範圍，甚至「達到上主的『靈』

42 張春申：《靈之旅》，二版（台北：上智，2006），頁 38。
43 張春申：《靈之旅》，頁 27。
44 霍玉蓮：《婚姻與家庭治療》，頁 332。

及人的『靈』必須服從笛卡兒方法的程度』，於是，「這種趨勢終於逐漸變成十九世紀的唯物主義。」[45] 隨著二十世紀的進步，這種趨勢逐漸形成道德的犬儒主義，任何談及優美及光明的人，都被譏笑為老套落伍。林語堂進一步觀察到，所有藝術家或作者，若要表現自己思想進步、與眾不同，就必需找尋一些尚未受到破壞的東西去破壞，詩人、畫家進行各種標奇立異的破壞，藉以樹立自己的新派創作。

而林語堂進一步認為，佛洛依德是其中一個破壞者。佛洛依德想表達自己要說關於心靈世界的事，又活在唯物主義風潮下，必須創造自己的言語，佛洛依德發現「靈魂」一字被濫用，便非常聰明地用「精神」一詞來代替，也發明了一個偉大的字詞「下意識／潛意識」，去形容原始的「本能」世界、性驅力、死亡驅力。

於是，人的自我就是意識加上潛意識的總和。超我掌管道德意識，原始我掌管潛意識，本我在兩者之間作出協調。

當然，佛洛依德的唯物世界觀十分值得商榷。但他對意識、潛意識流動的觀察，也豐富了我們對心靈世界的認識，可與保羅對於人內心心靈世界中屬靈和屬肉體的交戰（羅七章）的描述互相輝映。

由此看來，精神、心靈、潛意識等等，是述說相同事情的不同字眼。筆者一直從事輔導工作，閱讀聖經、心理學書籍和進行靈修操練，也深深體察到，不同的人、不同的描述、不同的字眼，其實，都是嘗試描述心靈世界的事。

45 林語堂：《信仰之旅》，頁 210。

6.3.9 真我、假我、理想我

筆者憑興趣閱讀各式各樣關於自我的描述，發現如下：真我 (true self)、假我 (false self)、實我 (actual self)、理想我 (ideal self)、別人眼中的我（perceived self）、應然的我（ought self）、原我（id）、本我（ego）、超我（superego）⋯⋯果然多姿多采，令人眼花撩亂！下一次，有人向你談及真我、假我之時，你要明白他是說哪一個人發明的哪一個「我」。

由於「自我」是心理學觀察的主要對象，也是人類共通的關懷，我們必須作出全盤了解。若上主許可，將來再另作專書探討。但筆者獲得艾奇柏．哈特（Archibald D. Hart）啟發，想謙卑地分享一個可以綜合及整理各家學說，並融合聖經真理的「自我」藍圖。[46]

筆者融合鮑恩、沙維雅、相依理論及哈特思想構成右頁的「自我」藍圖。

這個藍圖相信對我們應用不同治療技巧、靈修指導以及心理健康、靈性成長路程都有所啟發和幫助。

我們曾經談及心理學的虛位，從這個圖表，我們可以領會部分心理學派把自己局限在行為以上的意識層面，如：行為治療學派、結構家庭治療學派，他們都否定、推翻或無視人類的心靈世界；另一些心理治療學派以潛意識或冰山理論去提及人類心靈流動，例如：完形治療學派、沙維雅治療學派，可是卻不提及或不承認心靈深處的核心，儲存著各種各

---

46 Archibald D. Hart, *Me, Myself and I: How Far Should We Go in Our Search for Self-Fulfillment?*（Michigan, MI: Vine, 1992）；中譯本：《我》，吳瑞誠譯（台北：中國主日學協會，2005），頁 239。

「自我」藍圖

人神結合 / 恢復創造原貌
(真自我 = 喜樂、滿足平安)
靈程導引
心靈甦醒
輔導員
治療關係
無條件積極關懷
(融解防衛)
行為
不一致 / 角色我
防禦系統
精神緊張
(密閉防禦系統)
精神毛病
(缺乏防禦系統)
精神不健康/患病
下意識
心靈痛苦
想法：我在做甚麼？
感受：我的反應
期望：為甚麼這樣做？
完型治療
EMDR
催眠
夢的剖析
默想
心理健康
心理輔導
心靈覺醒
提升自覺
內在
冰山
心靈沉睡
潛意識
隱約痛苦
爆發
揭發
渴望 夢想
價值觀
隱藏 動機
低自主相繫
內在防禦系統
心靈麻痺
核心
原我（Id）
悔改
(聖靈
與水)
自私
貪婪
競爭
原罪 / 犯罪 / 被罪所犯
性慾
侵略
殺機
心靈死亡
慾望
惶亂
神的形象
被壓迫
人性：光明 / 黑暗 → 存在的焦慮

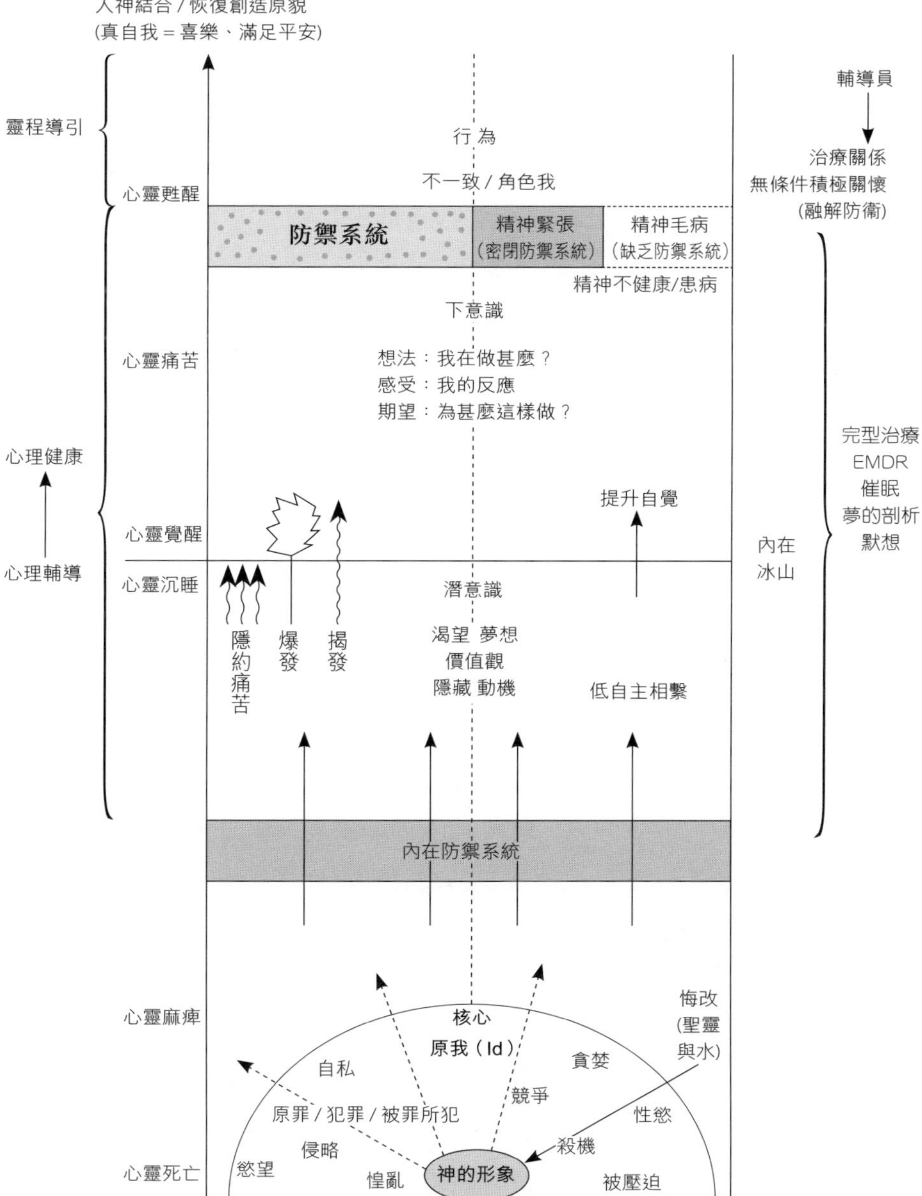

類光明及黑暗的能量，一旦爆發出來，那人可以成為德蘭修女（Mother Teresa）或者希特拉。這個原始的核心蘊藏著原罪的傾向，有時產生罪行；有時無法抵禦外來的攻擊而被傷害，或被罪所害，受到傷殘和污染，因此開展出來的潛意識流動，及思想、情緒、行為都受到破損。容格的心理治療提及人心靈的核心，並且形容這核心為一個影子或陰影，是人性的幽暗面。存在主義和佛教思想也是描述這個核心處於「捱打」狀態、是一場無能為力的苦境，苦海無邊。

一些醫治深層創傷的治療工具，如催眠、眼球轉動減敏治療法、夢的剖析、自由聯想、沙盤遊戲、心像導引、內觀、默想，都是一些嘗試接觸和調整潛意識的心理工具和心靈導引。

當我們用符合真理的知識去描繪自我的全圖，我們能更有效地判斷不同的心理知識座落在哪裏，帶我們到哪裏去。

6.3.10 從自力到祂力

上述圖表，只是儘量忠實、中肯、透徹地描述人內在心靈的狀況。描述歸描述，不能由描述而跳步為再創造。人的原材料仍是不變，誠實的人、敢於進入內心世界的人，都必會承認人類苦境無邊。忽視人類核心的貧脊和無助，就顯出膚淺。請容許我作出這樣的觀察：心理學直率、外露、簡易，卻膚淺，是由於心理學輕視或否定人類內在存在邪惡或幽暗的核心動力之故。美國人比較熱情、開朗、樂觀、膚淺，特別推崇心理學；歐洲人比較沉靜、內斂和深思，覺得心理學未能滿足他們心智成熟的要求，相較起來對心理學沒有那麼推崇和信任。

讓我們又從中國文化思潮去看人的內心景況。陳耀南的著作《從自力到祂力》，把中國文化如何看心靈景況，分析得簡潔通明。

首先，陳耀南指出中國人不喜歡接受「原罪」的說法，因為中國人相信人性本善，很抗拒「世人都犯了罪」的宣稱，因為一個人本著良心，奉公守法，不行姦淫邪盜，就心安理得。

讓筆者扼要簡述陳耀南對中國文化思想的觀察和評析，若讀者喜歡詳細了解，請仔細閱讀陳博士原著。

儒家崇尚仁義禮智，「仁」就是人之所以為人的價值核心，良心是人與生俱來判別是非善惡的力量。而仁義禮智，惻隱之心、辭讓之心、是非之心四種善端（〈公孫丑上〉），就是人的良知。陳耀南進一步引述經典，由王陽明、陸九淵、朱熹、孔子等談心論性，顯示出良心、良知是人類向善的感應能力，但良心良知亦會受蒙蔽，不是全然可靠的指引。況且，人人都曾經歷心有餘而力不足的隱況，又或者心靈願意、肉體卻軟弱了的無助境地。再進一步推想，這良心從何而來？陳耀南這樣說：「不論孔孟道德之心，佛家覺悟之心，如果不講來源，就是忘本。」[47] 所以，心的後面，另有根源，另有主宰。

中國古代文化，憑自己的省察和覺悟，一樣領略到身體的內部有未可觸摸的心靈境界，稱為良知和良心。雖未有西方心理學所述說的層次分明，卻補足西方心理學忽略了的人格精神、情意感通，例如「惻隱之心，人皆有之」，是不昧著良心自圓其說。

同理，中國人與西方人都只能描寫內在世界的流動，向善、向惡的傾向，不能單憑描述感應內在世界的流動，就得著自我超拔的力量。那豈不是寫「一」字一樣的顯淺道理？尋找心靈創造的源頭，連於源頭，就可以恢復血色、精神和原貌！

47 陳耀南：《從自力到祂力》，頁 123。

連繫就是歸依創造主，脫離就是背棄創造主；前者就是悔罪，後者就是犯罪；前者就是力量充沛的驕兒，後者就是苦海無邊的孤兒。心理學否認這個事實，就是為孤兒穿金戴銀，自圓其說，自欺欺人。這樣，心理學一旦失了這個覺醒，就免不了陷入羅網。

第 7 章
婚外情輔導的反思

抉擇，是人生最極至的倫理邊界，也是心理上最高峯的戰場。在神學上，抉擇是艱難的，因為抉擇的自由意志是上主對人類最慷慨的禮物，是上主預留給人類最寬闊的境界，允許人類參與祂永恒計劃的偉大工程，也是上主與人類共創人生的一大證據。

7.1 至死不渝是個神話？

「問世間，情是何物？」人類有一份相依的執迷，渴望找著那可以付託終生的摯愛，永遠相依相屬。正是這份天生的嚮往與執迷，使人經常受那情花毒所傷。感謝信任我的案主，他們打開他們的生命故事，允許筆者陪伴他們走過最艱辛的一段路。終於走過了、傷癒了，他們都變成了新造的人。有一些人經歷婚姻的不如意，才像一場夢醒，發現了自己、發現了人生，脫胎換骨，甚至多年後抱著小寶寶來探訪我，與配偶共喜同悲，專心建立健康的家庭。有些人，離離合合，自己不能戰勝自己，流了許多眼淚，亦牽連別人流了許多眼淚；在人生舞台上走了一圈，環境、佈景、家庭、色彩、身分、未來，從此都不再一樣了。

路遙遙，添了艱辛。

處理婚外情個案是眾多婚姻輔導個案中最吃力的，過程峯迴路轉，叫輔導員對人性有更深的了解，有更深的慶賀，也有更深的感傷。

在輔導室裏，廢紙箱見證了幾許斷腸人的眼淚。那不是一個言情故事，那是人投入了珍貴信任而被拋棄的心靈重傷，是真實的人生歷史。為了安慰被妻子拋棄的一位堂堂大男人，我寫下了這些詩句：

隆重的誓言

十六年　不短的日子
如何去填補回憶的碎片

抹掉了吧
太輕易的說話
人又豈能忘記手指腳指
觸摸過的印痕
和心中某個角落
「你我」和混一起的品質

淚都乾了　放手吧
雖然義人在神眼中
都如破爛的衣袍
然而　情長淚不斷
義長失方寸

若沒有情　沒有義
還有甚麼人生？
婚禮場地的笑聲　太烈
在鮮花笑語簇擁下
年青人在人生的長跑
尚未起步
豈能明白　婚姻的誓言
是多麼隆重的宣告：

無論順境逆境
富裕貧窮　健康疾病
都遵從上主的聖愛照顧你
珍重你　直到終生……

在離婚書上
押上自己的名字
歷史碎成片片

其實，要成為一個負責任、有專業修養的治療師，去協助當事人度過婚外情的困局，不單要有良好的婚姻治療訓練背景，更加要通情達理、表裏如一。不單要明白「如何」(即技巧)做，更要了解「甚麼」(即本質) 在發生和「為何如此」(即背後的哲理) 等等議題，才能陪案主走上一程，而不會白走一趟。

在這裏，由於臨牀實務的反思，筆者願意與大家一起探討幾個相關重要的命題：

1）　人生的抉擇與心靈的閱讀。

2） 歷史的路徑。

3） 生、死與自由。

4） 意義重尋。

這些命題正正是心理與心靈不可分割的命題，亦全部在婚外情個案中自然顯露出來的。[1]

7.2 案主自決

筆者曾經很誠懇地告訴一位因婚外情而掙扎於婚姻去留的朋友說：「我不能代替你做這個抉擇，沒有人能夠代替，因為這是一個嚴肅的抉擇，人生的每一個抉擇都啟動了你人格的光輝。」用悟性來說，就是「每一個抉擇說明了你自己」，用英語來說：「Your decision defines your person!」案主陷入沉思。

也許，這就是人生抉擇的全部真相。

有關婚外情的抉擇的著作，歐美方面的出版物令人失望。由於歐美非常崇尚個人主義，所以，任何人生抉擇都是當事人的自主權問題。故此，輔導員 / 治療師採取不干預政策。心理學書籍提供的惟一指引，是案主自決（self-determination）。

曾經有一位案主，遇上了婚外情，心靈掙扎在兩難之間。來找筆者輔導之前，曾經向一名外籍輔導員求助，那位輔導員說：你目前想有甚麼決定呢？受助者正在兩難之間，無法作出抉擇。該名輔導員說：「你回家好好想清楚你的決定再來找我，若你願意復合，我會為你提供復合輔導；若你決定離婚，我就

1 Katherine P. H. Young and Anita Y. L. Fok eds., *Marriage, Divorce and Remarriage: Professional Practice in the Hong Kong Cultural Context*（Hong Kong: HKU Press, 2005）, 3.

協助你們和平分手。」

這的確就是西方心理治療的導向：「金盆洗手，與我無關。」結果，這位朋友掙扎了一年，仍未想清楚如何決定。這一年完全得不到任何援助，婚姻情況每況愈下。

的確，心理治療師要尊重案主個人的決定，更不能以主觀意志或任何私人理由去強迫任何人作任何決定。然而，「案主自決」，絕對不是一句口號，而是一場掙扎。正正因為案主需要自決，案主站在十字街頭，需要看清楚交通燈的警號，需要了解前後左右的路面情況，更需要知道哪條路是「不歸路」，哪條路通往羅馬，哪條路是死胡同。

輔導員給予適當的陪伴，提供充足和恰當的知識扶助，才是真真正正幫助「案主自決」。

當然有些輔導員 / 治療師的工作手法更加惡劣。有一位輔導員面見了有婚外情的丈夫，問他的意向。丈夫說他有「七成意向想離婚」。輔導員說：「那就好辦了，你回家去給妻子一個曖昧含糊的態度，讓妻子猜不準你的意向。然後，給予我時間去輔導你的妻子，我會安排一些提升自尊的訓練工作坊，協助她提升自尊、培養自信心，到她自信心增強了，你才向她表露你的決定，她屆時就可以接受了！」

請大家想一想，這位輔導員有沒有違犯了甚麼輔導倫理守則？請大家想一想，當這位妻子的自信心提升了，是否就可以安然接受丈夫的婚外情與離婚的決定？提升自信心、自尊感，就可以承受相依關係的破裂和信任的破壞嗎？這是對人生何等膚淺幼稚的理解？結果當然是經過一番輔導後，那位女士聽到丈夫提出離婚，不但沒有接受，反而更加晴天霹靂，哭得像淚人一樣。

又有一位輔導員，同樣遵守尊重「當事人自決」這句刻板條文，見了丈夫，知道丈夫「九成想離婚」，他就告訴丈夫，會給他安排一個向妻子清楚表白意向的機會。結果，輔導員在一次聯合會談裏，請丈夫向太太表白他的決定，那位太太仍是感到晴天霹靂，有如聽見丈夫向她宣佈判處死刑。然後，這位輔導員就協助傷心痛絕的妻子去「接納」離婚「事實」。

讓我們冷靜地思考一下整件事的邏輯。「案主自決」，但誰是「案主」？讓筆者作一比喻來説明這情況：假若兩夫妻共同擁有一幢物業，其中一方説，我不喜歡這幢建築物，我想把它拆掉，有沒有誰可引用「案主自決」原則，不顧及另一方業主反對的意願，立即宣佈把它拆掉嗎？死物尚且如此，更何況活生生的人和家庭呢？

在上述個案，為何輔導員安排聯合會談去「協助」丈夫宣佈他單方面的決定？若然「案主自決」，太太又是不是案主？她又有沒有決定權？人有權決定自己的命運，又有沒有權決定別人的命運呢？二人結婚，在婚約簽定之時，表示自願與對方共同生活、照顧對方、彼此扶持，這就是説這個人自願與另一個人的歷史掛鈎。今日這個離婚的決定，事實上是源自當日那個結婚的決定。倘若當日不是他人用武力威脅迫婚，當日是自願自主的決定，今日離婚就不是一個「決定」，而是一個「否決」，否決當日自己自主自決下所立的約定。一個有歷史背景與責任的「決定」與一個嶄新的決定大有不同。

最最令人痛心的是，這名自稱在外國受過訓練的專業基督徒輔導員，沒有明察人情倫理，也沒有善待承受著人生疾苦的人，擺出十分專業的姿態擺佈他人！後來，孩子聽見父母離婚，產生激烈反應，親友把孩子帶到輔導員面前。孩子激動地哭過不停，輔導員沒有怎麼問候或安慰，只是等候孩子哭泣完畢，就計劃下一步的分居輔導程序。

為何那麼多輔導員、治療師雖然飽受西方家庭治療及心理治療訓練卻行徑冷漠？這豈不是再一次呈現心理學說中，心理與心靈割裂的闊大鴻溝？

輔導員、治療師接受和強化案主某一方面的感受和價值觀，有意無意地讓人類寶貴的心靈接受了後現代世界的破碎和割裂。[2]

7.3 人生的倫理邊界：抉擇與取捨

為何處理婚外情個案吃力？因為婚外情個案牽涉一個人生最深刻又影響深遠的議題：抉擇與取捨。

抉擇，是人生最極至的倫理邊界，也是心理上最高峯的戰場。在神學上，抉擇是艱難的，因為抉擇的自由意志是上主對人類最慷慨的禮物，是上主預留給人類最寬闊的境界，允許人類參與祂永恆計劃的偉大工程，也是上主與人類共創人生的一大證據。

所以，當一個人面臨抉擇，天上、地上、人間，所有天使、惡魔、仇敵都聚在一起，屏息以待，有如觀看奧林匹克運動會最後決賽。要看看誰是金牌得主？天使、惡魔、仇敵都聚在一起，仔細觀察有靈的活人能否得勝。

能夠抉擇，說明了人是人。

每一次抉擇，說明了你是一個怎麼樣的人。

每一刻的抉擇，意味著當事人重領他人格的身分證。

2　約拿單．威爾遜：《破碎世界裏的忠心教會——從麥金太爾的《德性之後》學習教會之道》，陳永財譯（香港：基道，2008），頁 51。

7.3.1 抉擇：西方心理學說遺漏的議題

筆者處理婚外情個案的時候，儘量飽覽西方有關婚外情的治療模式的書籍，全部書籍集中把婚外情分成不同類別，又依據整個婚外情發展的過程，細述每個環節可採用的輔導步驟，但卻完全沒有提及抉擇的議題。對於婚外情個案的案主，治療師基本上只留意行為互動，不停反映互動模式，然後尊重案主自決，直到一方堅決離開，就勸導另一方接納事實。對於如何輔導處於兩難之間的當事人，則完全沒有提供任何心理輔導的指引。

後來，筆者反覆思量，終於明白「道德抉擇」是西方心理學說遺漏了的議題。正如本書第五章討論到西方心理學說的搖籃，那些心理學說背後隱藏了實證主義、自然主義和人本主義。

實證主義認為人是一堆分子和原子的碰撞。既然如此，遇到婚外情的家庭，就是一堆分子在系統中碰撞，碰撞完畢，就會恢復系統原有的持定性（homeostasis）。於是乎，孩子在父母離婚後，傷心和混亂一會兒，過後自會適應；眼淚也是一堆碰撞出來的玩意，情緒抒發了就會適應，只要不引致甚麼精神毛病，一切無可無不可；一屋兩妻又是否可行？這也可以是碰撞後的結果，一輪碰撞之後，各就各位，恢復功能，也就沒有甚麼終極的好壞對錯。

自然主義者認為人是大自然裏的一種高級動物，物競天擇，適者生存。太太不及第三者年青貌美，自然失去競爭力，失掉丈夫；丈夫不及太太的上司明白事理、體貼溫和，自然失掉競爭力，失去妻子，也與人無尤。於是乎，輔導員的方法就是順其自然，觀察推拉動力，或者指導案主實行一些吸引丈夫的行為招數，例如：煲湯煮飯、穿透視內衣，或者忽冷忽熱、故弄玄虛，凡此種種去增加競爭的籌碼。因為他們相信大自然是一場淘汰賽，更加沒有是非對錯、道德、良心，只怪自己沒有看守配偶或者過於信任對方。在下一場競爭裏，就要學得「精乖」一些，謹守防線，重新做人。再見亦是朋友，一場遊戲，又有甚麼大不了呢？這種意識形態潛移默化傳給下一代，有些年青少女專搶結了婚的「好老公」，以作宣洩。有一位年青的第三者這樣說：「一定要先搶回來，搶到手再扔掉他，也是好的！」這個口吻，這個心態，多麼可怕！

人本主義的輔導員佔大多數，他們認為人性本善，擁有無限資源，可以實踐無限自由，每個人都應該尊重對方的良好感受，只要大家願意坐下來坦誠溝通，一定可以找出滿足所有人的良好方案。人本主義者也關注人類的選擇、自由和幸福。他們是情感至上的唯美主義者。[3]

「良好感受」就是一切最高的指導原則，一個人應該聆聽自己內心深處的「需要」，忠於你的感受，大膽作出抉擇，選取適合你的東西。沙維雅也是人本主義的表表者。

> 看著你現在已經有的和正期望的，
> 只要允許你自己
> 嘗試一切你遇到的
> 但只吸收適合你的。
> 便可能達到你的願望。[4]

所以，筆者常常聽見這樣的論調：

3　威爾遜：《破碎世界裏的忠心教會》，頁43。

4　沙維雅：《沉思與靈感》，王境之譯（香港：沙維雅人文發展中心，1990），頁22。

- 「我要忠於我的感受。」(即是目前對太太感情淡了，完全沒有「feel」，對另一位女孩子真心傾慕。)
- 我不想勉強我自己，我也不想對方改變，因為改變了就不是他自己，勉強也無益。」
- 「你不是真正愛我，如果你愛我，你會尊重我的感覺，釋放我、祝福我追尋我的自由。」

這些言論，大家一定覺得耳熟能詳，敍事治療師又有他們另一套重構的方法。本來一位丈夫有了婚外情人，心裏十分內疚，但敍事治療師把他的煩惱和內疚外置，把他的不忠故事重構成為勇敢追尋夢想的故事，當事人十分快樂、充滿朝氣，繼續追尋他的烏托邦，覺得全部問題迎刃而解。

讀者讀到這裏，不知有何反應？有沒有自心底打一個寒顫？抑或覺得自己原來也被其中一些論調和思潮所俘擄？

西方心理學說失掉了人性，又或者把人間當作一個予取予攜的兒童樂園。掉入「真我」「假我」捉迷藏的遊戲。

試問，誰是「真我」? 誰是「假我」?

那個害怕妻子、損傷父母心腸的，是「真我」，還是「假我」?

那個朝思暮想，希望與所愛的情人牽手相擁，踏出一頁快樂人生的，是「真我」，還是「假我」?

那個昔日向太太求婚，或者答應與丈夫在教堂行禮，向天父、向眾人表示盟誓的我，又是「真我」，還是「假我」?

倘若昔日的我無知幼稚，今日的我才變得成熟，那麼今天的決定，又會否成為明天的幼稚？

倘若說當天的我是真心愛太太的，今天的我也是真心愛女朋友的，我只能每分鐘真誠地活著的話，昨天的我可能不同今天的我，今天的我也可能不同明天的我，對於未來，不能保證甚麼。既然這個「情緒我」每分鐘在改變，自己也無法掌握，那麼，又何須去強調何謂「真我」? 倘若根本沒有「真我」可言，又為何認為社會規範禁制了人類「真我」的實現？

西方心理學說失掉符合人性的自我觀，於是也就無法應對「抉擇」的議題。

由於西方學說這個傳統，筆者不單止一次接觸到被另一位治療師或輔導員做「壞」了的個案。為何說做壞了呢？一些治療師或輔導員都是盲目依從西方心理治療的傳統，只談互動，不干涉、也不介入人內心的心靈和道德掙扎。在輔導初期，有婚外情的一方尚有一絲良心自責，但經過一輪關係互動的輔導，結果，婚外情一方反而自圓其說，婚姻失敗不是由於第三者，而是由於關係早已冷淡、疏離或者破裂。於是乎，沒有婚外情的一方獲得雙重懲罰：第一重傷害是來自婚約被背棄、信任被出賣的處境；第二重傷害是被指為婚姻破裂的肇因，這個處境是自己招致的，那罪魁是你本人。這好比有人踩了你一腳，然後，再說這因為你沒有放好你的腳，是自招的。

可能孟子可以成為我們處理婚外情的指導導師，他對人性抉擇的觀察更深刻和精微。孟子說：「魚，我所欲也，熊掌，亦我所欲也；二者不可得兼，捨魚而取熊掌也。生，我所欲也，義，亦我所欲也；二者不可得兼，捨生而取義者也。」抉擇確是困難，但卻也有輕重和優次之分。

7.4 教牧人員處理婚外情的難題和陷阱

按筆者觀察，在東南亞地區的教會來說，香港的教牧是相對上最開明、最先進、最肯進修和學習的一羣。在香港，有一些神學院已開始推出一些輔導心理學、教牧心理學課程。當然，心理學和神學的整合道路仍然迢長路遠，許多心理學輔導課程，基本上只是移植外國進口心理學和輔導知識，在神學、倫理、人性矛盾、苦難議題上的探討，以及不同心理學問的人觀和世界觀的反思，都尚在極雛形階段。即使如此，許多教牧人員都願意進修輔導課程，甚至加入一些實務督導小組去操練輔導技巧。教牧人員無論對心理輔導持正面或負面的想法，都免不了要面對會友可能犯上婚外情的狀況，教牧人員處理婚外情又有何需要注意的難處和陷阱？筆者願意在此與大家一起探討。

7.4.1 多重角色的矛盾

如果會友信任教牧人員，向他們披露家事，而當中牽涉婚外情的時候，教牧人員常常遇到兩難：一方面要照顧面前的這一隻小羊，給予支援、啟迪、開解；另一方面也要照顧教會裏那一大批小羊，要向會眾交代處理手法跟聖經原則。於是，教牧人員同時負上輔導和執行紀律的角色，而這兩個角色各有不同的重點和要求。於是乎，教牧立即陷入兩難的矛盾。

一方面，對於信賴教牧人員的會友，教牧人員在輔導的角色上，有關懷、體恤、保密、保護私隱、尊重對方人生步伐和抉擇等倫理操守，而這亦是所有會友的隱含期望。

但另一方面，對於教牧人員作為整體會眾的心靈領袖，是擔當了示範和權威的角色；教牧人員在聖潔的教會和聖潔的國民的踐行上，需要處事公正、透明，維護教會羣體的純潔度，安慰其他因此受傷和困擾的小羊。這樣，教會才能在黑暗的社會裏有貫徹的公信力和取信於民。所以，教牧要清楚公正的執行教會紀律。

在道德方面，教牧一人同時承擔兩個角色，必然遭遇二律背反的矛盾；在心靈精神方面，公義與慈愛、光明和黑暗兩個勢力拉扯攻擊，稍一不慎，便會引致全體皆大受傷。

如何恨惡罪卻又愛護罪人？在婚外情事件的回應上，教牧人員遇上最嚴峻的測試。筆者曾與不同教會合作，或直接或間接地看見各種各樣的處理手法：有一些很有智慧；有一些帶來許多傷損。教會不能單靠編寫一本紀律手冊就可以解決這個矛盾。

筆者也建議一些中立團體，例如教會更新運動或各教會的聯會，搜集現存的立場和手法，已有案例的得與失，加上心理學知識、神學立場反思，作出對應時代、深入的倫理神學討論，最後，再延伸成為指導手冊。這樣，教會整個羣體都會得著深遠的祝福。

7.4.2 欠缺心理學知識

正如筆者在本章開端所說，婚外情是一個多層次、多面向的人間倫理課題。除了心靈、道德層次，還牽涉個人心理學常識和家庭系統常識。

舉例說：夫婦中沒有發展婚外情的一方，在婚外情危機過去，夫婦承諾復和之後，通常會陸續出現創傷壓力症候羣的癥狀。意思是：遭受婚外情打擊的一方，會出現一些心理癥狀，有如遭遇嚴重創傷（trauma）後的反應：

1） 不由自主地在腦海中反覆重播一些說話和片段，精神極度困擾；
2） 對婚外情新聞、電視劇情、與事件有關的事物，都會輕易

觸發當事人情緒過敏反應，產生情緒應激狀態；[5]

3） 產生自動麻痺或極度迴避事件的心理反應等等。

於是乎，有些當事人會夜半失眠，找配偶反覆審問，或者重複又重複要求保證；無法忘懷一些「字句」或印象等等。不明白心理知識的教牧人員或輔導社工，會認為當事人不肯原諒配偶或故意留難，或者因此而指責當事人。

又舉例說：筆者在臨牀經驗中，發覺戀上婚外情的人士碰到了某些心理關口，就會出現心理顛倒和是非顛倒的現象，甚至當事人也會不覺察。這需要輔導員或教牧人員有極高的同感心及精確的讀心本領，以及對弔詭的理解；這是最易造成誤會和令各方人士受傷的關口，一旦處理不當，更容易造成會友與教會間互相排斥的現象。

筆者在此只是舉了兩個例子，還有種種微妙心理，不勝枚舉。

7.4.3 罪與罰

婚外情是不是犯罪？若是，犯了甚麼罪？得罪了誰？婚外情的罪與其他罪比較，可有輕重緩急之別？教會或神學院對婚外情、婚外性行為等有關議題的探討，似乎還有許多需要值得努力的地方。

筆者絕不敢妄下任何結論，只想就臨牀經驗的反省，以及約翰福音八章1至11節的記載（耶穌不定行淫時被捉拿的婦人的罪）作一些討論分享。

面對婚外情的事件，教牧人員面對一個難題：要不要正視

5 霍玉蓮：《情難捨：從相依之道到相分之痛》，八版（香港：突破，2004）。

當事人的罪或定當事人的罪。筆者想分享「罪過」、「罪惡」或「過錯」等名詞，都有不同意涵。「世人都犯了罪」，所以，每個人（無論有沒有犯姦淫）都有罪。於是，有兩個極端的反應：既然人人都有罪，婚外情的罪，上主也必赦免，故此沒甚麼大不了！因此，有些牧者會暗地裏代表教會赦免傳道人、神學生的罪，不予公開。另一個極端反應，是這個罪行開罪了婚姻盟約，也得罪了聖靈，傷害別人心靈，必需執行紀律和恰當懲處。這兩個反應都落入「定罪」的巢穴。

「罪過」，有事理一面、有道德一面、有心靈一面、有心理一面。看看耶穌如何面對法利賽人要求處理淫婦的罪行：

> 於是各人都回家去了；耶穌卻往橄欖山去，清早又回到殿裏。眾百姓都到他那裏去，他就坐下，教訓他們。文士和法利賽人帶著一個行淫時被拿的婦人來，叫她站在當中，就對穌說：「夫子，這婦人是正行淫之時被拿的。摩西在律法吩我們把這樣的婦人用石頭打死。你說該把她怎麼樣呢？」他們說這話，乃試探耶穌，要得著告他的把柄。耶穌卻彎著腰，用指頭在地上畫字。他們還是不住地問他，耶穌就直起腰來，對他們說：「你們中間誰是沒有罪的，誰就可以先拿石頭打她。」於是又彎著腰，用指頭在地上畫字。他們聽見這話，就從老到少，一個一個地都出去了，只剩下耶穌一人，還有那婦人仍然站在當中。耶穌就直起腰來，對她說：「婦人，那些人在哪裏呢？沒有人定你的罪嗎？」她說：「主啊，沒有。」耶穌說：「我也不定你的罪。去吧，從此不要再犯罪了！」
>
> ——約八 1~11

- **事理層面：**耶穌從來沒有否認淫婦有罪，祂讓罪愆自己呈現出來。所以，祂沒有為淫婦作出任何規避的藉口，也沒有姑息養奸包庇罪惡，亦沒有定她的罪。耶穌只是讓罪愆本身自己呈現出來。
- **道德層面：**耶穌的行為認同了錯誤行為應該受懲罰，祂只是提醒懲罰者應具備甚麼條件才符合執行懲罰（拿石頭打她）的資格。
- **心理層面：**耶穌明白犯罪者會有心理慚愧和歉疚的難堪。耶穌低下頭，給婦人及所有有關人士反思的空間和心理上的尊嚴。
- **心靈層面：**耶穌饒恕了淫婦，同時亦顯示出淫婦在神面前是應該被定罪的。於是，神也不定你的罪顯得隆重而珍貴，這昂貴的恩典更帶來未來的行動（去吧），以及悔改的自然回應（從現在起不要再犯罪了！）。

在臨牀經驗中，筆者發現心理輔導由於價值中立，會演變成沒有立場，甚至否認或輕視事物的本身。**不審判並不代表迴避、自欺、消滅人間的事理；不審判就是不以高高在上的姿態去判決他人的好壞，反而選擇以同等卑微的身分去正視人間的缺陷。實事求是地讓事理呈現，就是最誠懇的立場。**

在婚姻輔導方面，虐待配偶的個案經多年討論，已開始醞釀明確的輔導立場：無論兩夫妻有何衝突和關係如何惡劣，施虐者要完全為暴力負責，因為他 / 她選擇舉起自己的手去打人。被虐者亦要負責，不是為暴力負責，而是要負責保護自己的生命安全。

援引到婚外情案件，出現婚外情可能基於種種婚姻難題：缺乏性生活、夫妻關係惡劣、生活壓力等等，但那都只是催化因素，不是決定性原因。在千百種壓力下，陷入婚外情仍然是當事人的「自選動作」，當事人要完全為自己陷入婚外情而負責；沒有婚外情的一方無需為婚外情負責，卻要負責保護自己的精神、心理、靈性健康，或保護在颶風中的家庭關係。

這些不是審判，是讓事理自行呈現，呈現事理也是對當事人的信任和尊重。這是甚麼意思呢？當事人可能在試探中陷入感情而不自知，這試探可以諒解，但當中一關一關的行為，例如：由思念到通話到約會到拖手到表白到性接觸，是一連串的自選動作，隨時可以由於良心責備而停止。事理上，「不停止」就是當事人要負上的全部責任。

何罪之有？罪也許是當事人對自己行為的回應：在良心不安時泯滅天良，想到他人會受傷害時卻諉過於人，就是當事人的惡；能夠感到良心不安而為此掙扎，在意他人會因此受傷而渴望抽身停止，就是當事人的善。在善惡爭持中投降，就是泯滅靈性良知，這是良知自殺，才是最嚴重的罪。

有些輔導員或教牧人員，會見婚外情的夫婦，劈頭就對沒有婚外情的一方說：「我想你要檢討自己的性生活。」或者：「你想一想為甚麼丈夫有婚外情，你可能不很殷勤體恤，你脾氣太差，你趕快改變和認錯。」這些說話就是違反事情最核心的事理，向被背叛的一方施以雙重懲罰。

固然，有些教牧人員和輔導員，劈頭就是主持正義，向婚外情的一方曉以大義或嚴詞督責，那是「定罪」，而不是讓事理呈現，也並非主耶穌的行事所為。

在輔導室，筆者從沒有義正詞嚴地對過當事人說：「你錯了！你犯了罪！」因為筆者也是罪人，沒有資格定別人的罪，但卻從不迴避這事實。在安全、接納，毫不矯飾的環境底下，當事人防衛機制鬆弛了，大多數時候，就會說：「我知道我是錯的，但我不能走回頭路。」或者：「我明白我做的事傷害太大，我也不想的……」有一次，一位非信徒與筆者做了三次會談，內容從沒有討論事情的對錯，然而，到了第三節結束，案主離去時走到門邊，忽然回頭很認真地向筆者發問：「我想問：我到底是不是錯得很『交關』(很嚴重)？」筆者誠懇地回答：「你想問我意見嗎？」案主說：「是！」筆者語氣平和說：「是，錯得很『交關』。」對方很踏實地深思離去了！

當事人在婚姻的掙扎中，正在為人生未來作出重大抉擇，給輔導員或牧者投以極大的信任，輔導員或牧者沒有資格去審判或定罪，只能以平實謙卑的態度，給予以貴重的坦誠和誠懇的回應。

耶穌在其他每個層次的示範，都令筆者既感動又佩服，尤其如何維護當事人寶貴的自尊心，又同時激發對方悔改的心意和行動，這是最深奧的愛的示範！

饒恕開啟人間的悔意，悔意又是恩典和盼望的開關掣。這一切不是交換條件，只是宇宙的定律和真理的入門鑰匙。

當然，在後現代社會，又可能會出現不同的妙趣橫生的場景去考驗主耶穌。設曰今天在香港，一個性濫交者捉拿著文士、祭司長，傳道、牧者，到耶穌跟前，請耶穌定文士，祭司長的罪，因為他們不懂得尊重性濫交的自由。耶穌會有何回應呢？

7.5 婚外情的掙扎——正視內蘊的兩難

步驟一

首要任務：穩定現存系統，防止關係惡化

7.5.1 婚姻的瓶頸

切入婚外情輔導的個案分享：美淳與約翰（化名）

美淳來到輔導室，說話急促，情緒混亂，夜夜失眠，話未說完兩句，又流下淚來。她和丈夫約翰結婚六年，一直相安無事，丈夫在朋友之間是公認的「好好先生」，美淳千萬想像不到約翰竟然與公司的女同事發展了一段婚外情，整個人混亂矛盾，對他的信任瀕臨崩潰……

治療師的首要任務，是穩定現存系統，防止關係惡化。治療師細細聆聽案主的期望，觀察雙方互動的模式，共塑一個可行的工作方向。

美：我現時十分煩惱，日間神不守舍，夜間睡不安寧，大家吵了幾次，又不敢再跟約翰開聲討論，怕惹惱了他，我真不知如何是好。

治：我很明白你的煩惱，這個打擊很大，使你整個人像失去了重心一樣，左右為難。在你目前情緒困擾的情況下，你希望我怎樣幫助你？

（與案主深度連繫，謹記案主才是自己難題的專家。治療師並非扮演超然的診斷權威，而是要專心聆聽當事人的心意。）

治療師步伐溫和，幫助案主多番聚焦，細細聆聽，就會發現：案主目前最大的憂懼是甚麼？二人的互動怎麼樣？誰更需要誰多一些？下一個危機是甚麼？有甚麼措施可以穩定目前的狀況？再設計方法去邀請有婚外情的一方自願而舒服地進入輔導室。

步驟二
與婚外情一方會心交談

7.5.2 解鈴還需繫鈴人：與婚外情一方會心交談

約翰來到輔導室，與其他結上婚外情緣的人一樣：觀望、心理自衛，若無其事，內心卻羞愧、自責、惶恐、陶醉、帶幾分自欺，不樂意別人干涉他的私事，更不相信任何人能提供更好的解決方法，只不過，應妻子的要求，即管來一次，盡上自己的責任。

可以說，沒有任何技巧可以叫人放下自衛心理，按筆者二十多年的實務經驗，純粹是成熟的聆聽，親切地臨在，深度體恤、尊重、會心交談，可以幫助案主開心見誠。筆者根據長年累月的實務經驗，發現與男士接觸，情緒需要持平、穩定，說話乾淨俐落、一針見血。有些男士需要保持距離才能感到安全，有些男士渴望別人大膽地觸動他的心。先保持距離，坦誠、實在、尊重、平等，再於關節眼上觸碰男士的心，是大部分男士渴望被接觸的心理畫面。

治：當然，你的事情你自己最清楚，你在公司裏管理幾百人，當然也透徹地想過了所有解決方法，沒有甚麼人可以教你甚麼東西，多謝你來到這裏，既然你已來到這裏，你喜歡跟我談些甚麼？

約：的確，我自己想得很清楚，我也不知道可以跟你談甚麼，既然你是專業人士，也許可以給我多一個參考意見。

治：很好，你很開放，令我十分欣賞。倘若我可以多給你一個參考意見，可否請你先說一說你曾經想過的思路，與我分享？

約翰與治療師交談的後半段，逐漸舒暢而輕鬆。第二節面談，約翰開始訴說內心對婚姻的怨憤、沮喪，對自己的矛盾、失望，以及與第三者的一段情……

• 治療師的反思 •

治療師必須省察內心，覺察自己有否憤怒、擔憂、同情、反感？治療師個人的情緒會直接或間接地騷擾案主的情緒，治療師需要豁達、詳和，立場公開、透明、堅定，卻沒有「企圖」「動機」和「私願」，才可表達「無條件積極關懷」。此外，治療師由於正抵抗內心隱形的矛盾張力，很容易不自覺地搶了「呔盤」，自己駕駛，不停去研究解決方案。這些都是陷阱，都是不能協助當事人正視心靈掙扎的內蘊兩難。

為何說內蘊兩難？內蘊，由於當事人是一個「人」，而不是一個機械人。人，就是一個有靈的活人；活人，有七情六慾，有是非良心，有自欺自恨，有原始的衝動。戰場，不是外在的規條、婚姻的束縛，更不是別人的眼光；戰場，是內心蘊藏的兩難。

當事人堅定而又軟弱，忠心而又負心，操控而又無能，不顧一切去愛和付出，同時又昧著良心去傷害和欺騙。當事人為了減少傷害而說謊，又為了說謊而增加傷害，形成惡性循環。討厭自己的時候，喝罵別人，找一千個理由為自己脫身；而聰明的自己卻又清清楚楚地看見自己為自己找一千個理由去脫身，為了追求幸福，去出賣心靈的清白，但若為了維護心靈的磊落，又怕失掉了美麗的人生……

這個時候，對於當事人來說，甚麼都不管用，他只需要安全的承托力，讓他去仔細認識自己的內心。

7.5.3 治療師、輔導員、教牧人員的實務難關

面對不可知的未來和強大的內蘊張力，輔導員和各類助人者會傾向有意無意去導引當事人走上一條「正」路，加添積極「游說」。這樣的做法，動機良善，但效果不良。「游說」或勸說，壓抑了或減去了當事人正視內蘊兩難的機會，即使「游說」一時奏效，內在張力積累到相當份量又再次爆發，循環不息。另一個陷阱就是快速請求或游說當事人接受婚姻重建輔導，然而，當事人由於未曾與自己內在分裂的部分和談，會半推半就面對婚姻輔導，人在心不在，在心理上會刻意拘束自己不要投入輔導，以免給配偶一個假象和期盼彼此可獲重建婚姻，由於這種心理纏結，在這樣景況下的婚姻輔導，事倍功半，甚至產生反效果。當事人會更加著意注視婚姻的「不足」和「傷害」，去合理化（justify）自己婚姻出走的原因。

倘若輔導員不添一分力量，袖手旁觀，又會令當事人在漩渦中繼續失重，苦惱高漲，愈踩愈深。

輔導員、教牧人員、治療師面對上述實務難關，如何是好？

筆者在上述種種人情事理、時限危機、宇宙定律的議題上

再三掙扎，一再聆聽上主，發現必須發展出一種聚焦的抉擇輔導，才能正視問題本質，緊握時機及尊重當事人。

步驟三

聚焦抉擇輔導

7.5.4 聚焦抉擇輔導

只有一種人不需要這個輔導。這一類人，雖然結上婚外情緣，但有具體的清晰的方向感，有強大的意志力，有敏銳善感的靈，有穩固而堅強的道德操守，也有頗為健康的家庭背景，良好的父母典範，自己能戰勝自己，痛徹回轉，悔改認罪。這樣的人，筆者只是見過一、兩個，可謂鳳毛麟角。

人活著最大的戰場，就是自己。

人活著最大的祕訣，就是戰勝自己。

在任何一點或任何一刻，綻放人格的異彩，回轉、得勝，天地都要歡呼。

聚焦抉擇輔導，是由治療師提供有安全承托的輔導環境，讓當事人接觸陌生的自己，與自己相逢，與自己交鋒。這個聚焦抉擇輔導不宜太長，大概四節的流程就很好。這些會談適宜密集、聚焦，積極而從容。內容因人而異，主要是提供安全和自由的空間，讓當事人一無掛慮地傾倒內心的渴望和夢想，內容保密，當事人可以陳述對第三者的感情、對自己的想法、對配偶的矛盾、對人生的願望。

治療師靠著上主的恩慈，積極而被動地聽從上主的指引，牽引當事人細察內心。治療師最好熟練完形治療法，一些內觀、默想、內心圖像的意識流治療技巧，都非常適合用於協助當事人一層一層進入內心與自己對話。治療師專心聆聽當中重複出現的主題、受創傷的情緒、心理盲點、盲動的重複模式，當事人會一層一層的與自己相認，接觸靈裏最深的渴想。人類最深的渴想，往往都是找尋幸福、找尋真愛，找尋接納和肯定自己的人。

曾經有一位朋友在述說婚外情的矛盾時，重複說「生無可戀」，筆者回家不停咀嚼這四個字，默想和祈禱。回到輔導室，由這四個字引路，進到當事人心靈深處，發現他從前在初戀受了創傷，自此之後，一百八十度改變對追求對象的要求，由鍾情長髮、含蓄、冷漠、抽離的女士，轉向熱情、爽朗、短髮、直率的女士。這一急轉彎，讓他感到失掉了戀愛，亦等於失掉了生命。原來那創傷的疤痕很深，令他下意識不停地在婚外重新尋找這個初戀情人。

7.5.5 發生婚外情一方的心理痛楚

發生婚外情的一方最大的痛苦，是自己違背了自己。人被出賣，是最痛苦的事；而出賣自己的並非別人，正是自己，那不單只痛苦，而且還有震驚、錯愕，簡直天旋地轉。由於人天性愛護自己，不能正視這個極端的事實，會立即採取強大的防衛機制，分散注意力、自欺、自圓其說、投射、否認、迴避、躲藏。筆者在輔導室觀察發現，當事人為了平衡自我違背的極端痛楚，會產生逆反心理，好像一個反手倒立，頭向下腳向上，把事情的是非黑白、美醜賢愚全都逆反來看，以紓解心理上的不平衡。久而久之，甚至出現自我放縱和自暴自棄。

> 柏拉圖有一天問老師蘇格拉底：甚麼是外遇？蘇格拉底叫柏拉圖再往森林走一次，在途中要取一枝最

好看的花，柏拉圖充滿信心地出去。

兩個小時之後，他精神抖擻地帶回一支色彩鮮艷的但稍稍枯萎的花回來。

蘇格拉底問他：「這就是最好的花嗎？」

柏拉圖回答老師：「我找了兩小時，發覺這是開得最燦爛、最美的花，但在我採下帶回來的路上，它就逐漸枯萎下來。」

這時，蘇格拉底告訴他：「那就是外遇——外遇是誘惑。它也猶如一道閃電，雖照亮，但稍縱即逝；而且，追不上，留不住。」

蘇格拉底這番充滿智慧的說話，正好說明發生婚外情者掉入的那一種幻象。

有一位曾經發生婚外情的女士回過頭來，決定與丈夫重建婚姻關係，她這樣描述自己：

案：唔明白自己點解會做咁嘅事（這樣的事），當時個人好亂，現在清醒看翻轉頭（再回望），都幾「得人驚」（十分叫人吃驚）。

治：哦，現在回想，感到吃驚。怎樣「得人驚」?

案：明知唔啱（不對）的事，都要去做，而且義無反顧，好「得人驚」!

案：當時好亂，一種好強的感覺，好似完全無法控制自己。

治：可否多作分享？

案：總之，是好強烈好強烈的感覺（開始滿眶眼淚），當時眼中只有他，其他甚麼都不重要……

要陪伴當事人走一段路，就要明白及體諒他們當時活在幻象之中，要細心友善地協助他們從幻象中回到實相，再從實相回到真相。

7.5.6 歷史的道路

人生的歷史是一頁一頁開展的。昨天的歷史影響今天的歷史，今天的歷史又影響明天的歷史。從來沒有一個人，可以躍步跳出歷史，沒有過去、沒有未來地追求所謂將來的美好。

基督教歷史觀是螺旋式向上前進的，被揀選的麥子（太十三29~30）將會直達永恆新天新地，留下的稗子將會化作草木禾稭。人類在歷史關頭（*kairos*）作出任何一個決定，都可以扭轉先前的人生命運，向上更新或向下陷墜。同樣，現時任何一個決定，也改變了未來人生歷史，向上更新或向下陷墜。

所以，人生的抉擇與歷史，息息相關。

許多人，走到婚姻關係的瓶頸位置，不停追悔，往日結婚是否做錯了決定？是對是錯，很難稽考。倘若從前的決定果然是錯，今天的決定更加不可草率魯莽，一錯再錯。許多時候，操控我們選擇意向的深層心理流動，有一個往復循環的模式，令人換湯不換藥地一錯再錯。西方研究發現，有百分之五十的人士在第一次結婚後決定離婚，然而，離婚後再婚的人士，再度離婚的比率竟然更高，是百分之七十以上。為何這樣呢？當中有許多因素，其中一項是，當事人換了一個結婚對象，卻沒有改變心裏底層心理操作的模式。結果，犯上相似的錯誤，又再重演離婚的悲劇。

故此，治療師在聚焦抉擇輔導中，抽絲剝繭地幫助當事人發現自己內在的兩難，心靈左右矛盾的渴想：不想離開第三者，又不想傷害配偶；對婚姻前景沒有信心，但對新的關係也未必有絕對的肯定和盼望等等。這個時候，惟一理智的做法，是停一停、想一想，重訪從前的歷史，看一看如何走到了今天。認識了歷史裏的我和自己走過的人生，才可以在這停頓下來的一刻，思索如何更有信心、更有盼望地開展下一頁歷史。

步驟四
重訪歷史

7.5.7 停一停，重訪歷史：未來日子怎麼過？

輔導婚外情夫婦個案分享：尚志與湘心（化名）

尚志曾經見過神學院的講師，見過另一位輔導員，見了一次、兩次，感到一切了無新意，不想再尋幫助。湘心左催右請，終於，尚志答應再作最後一次嘗試。

尚志來到輔導室，神情多麼惆悵，他的說話十分簡約，他看見遠近親友，癌症、意外、英年早逝，他慨歎生命唏噓。筆者收到的所有信息，就是對太太完全沒有感情，不知未來三、四十年怎麼過。

回想結婚當日，有如行刑一般。他感到太太能幹、本事，但他不喜歡太太的樣貌，不喜歡太太的個性。戀愛的起點是太太主動熱情，開始拍拖以後，尚志對湘心毫無思念之情，只是不敢分手。一直不渴望結婚，直到湘心提出要結婚，又沒有勇氣拒絕。婚姻生活一直不愉快，自己閃避，息事寧人。來來回回，發生了幾次婚外情，不想重重複複，反問自己，自己到底想怎樣？難道就此虛度一生？

尚志的惆悵很深，輔導室裏的空氣幾乎凝結，筆者感到難以呼吸。

筆者沒有説甚麼，只是輕輕的説：「你現在正在經歷人生重大的時刻，你的説話讓我認識到你為人十分誠懇，若你仍喜歡與我交談，我只有一個要求，就是若你有衝動想做任何決定之時，可否答應先來這裏商談一下，不單獨作任何決定？」

不知是甚麼原因，尚志很樂意再來輔導室。他自願停止了約見第三者，亦阻止自己立即搬離家庭的衝動。

尚志每個星期都來做輔導，筆者調整了夫妻雙方一些導致極大壓力的相處模式，穩定了現存系統，尚志很自然就訴説他的故事。

重訪歷史有兩種：一種是婚姻歷史，一種是個人歷史。尚志給我感應到的重量和份量，是要進行個人歷史的重訪。

尚志的母親在他幼年的時候離家出走，當時他年紀太小，不太了解來龍去脈，只知道有一天忽然就給送到親戚家裏住。除了尚志，沒有人介意，沒有人哭泣。他放聲大哭，一樣無法挽回他遺失的家人，從此以後，他決定了不再哭泣，封鎖了自己的情感。

尚志失掉了眼淚，他用平實的語調去陳述那小孩子呼天嗆地的分離。那是一次撕裂的分離，也是他幼小心靈感到摯親最殘忍的拋棄。

已發生的往事，藏於心底，一個大男子，只有回憶沒有眼淚，如何醫治？筆者心裏默默地滾流著淚水，擁抱著這個故事，默默地想念這個只有幾歲的小孩子，在私禱裏，把小孩子帶到耶穌的跟前。

默想之中，上主讓我想起一本硬皮精裝繪本小故事，故事名為《到那遙遠的地方》。故事講述一批孤兒乘搭長途火車到遙遠的地方，每到一個車站，就會有樂意收養孤兒的家長來挑選孩子。故事的主角是一對姊弟，每一站，他們都白白下車，再白白上車，因為被挑選的人總不是他們，都是別的孩子。整個故事，沒有對白，只有神情落寞的孩子，到了最後一站，終於有一對家長把他們挑選了去。全書的結局有這一句：「怎麼知道，那遲來的，不是比先前的更好？」

在下一節輔導時，尚志淡淡地說出他的故事，筆者專心的聆聽故事，回應、探討，末了送上這本精裝繪本的小故事書給他。

尚志還述說了青少年時期的故事，與父親相處的故事，追尋母親的故事。尚志的人生主題逐漸清晰起來：渴求親密，又害怕親密。有一次，尚志忽然靈光一閃，他所追求的婚外情人總有幾分悄似他失蹤了的母親！原來傷心的內心小孩不斷地尋找母親。

尚志臉上逐漸多了笑容，輔導室的氣氛逐漸輕鬆，尚志對自己與父親、母親相依的經驗，有了許多洞察，對自己的無形負面影響化解了不少。

與此同時，治療師定期約見湘心，湘心是剛強硬朗，另一類性格的人。治療師用另一種方式去接觸她，快拍子、直接清晰、實事求是、溫和對質，叫湘心更深刻認識自己盲動的行為，減少負面的互動關係。

內容細節不宜詳說。然而，筆者領略到帶著尊重嚴肅的心情去協助他人重訪自己的歷史，有一種奇妙的作用。

在個案的末期，案主這樣告訴治療師。「我發現了我從來不肯把我心裏最深的房間打開給耶穌，原來我害怕一打開，連僅有的都給耶穌搶去了。」

現在我深深明白「我一切的好處不在你以外」是甚麼意思，亦記得：「怎麼知道，那遲來的，不是比先前的更好？」

尚志對生命的領悟讓我驚歎！

尚志重訪了自己人生的歷史，整個人安定了下來，於是，筆者為尚志和湘心再重訪婚姻歷史，在婚姻歷史回顧中，尚志和湘心發現了許多從前相處失敗的模式，排除毒素，[6]化解誤會，釋放無形壓力，重新連繫，彼此饒恕。

筆者不會忘記在最後一節輔導時，尚志和湘心手牽著手，湘心打扮得很漂亮，尚志有點返老還童的輕鬆，末了，尚志在評估回應表寫著：「再出發，愛太太！」

整個輔導室都溢滿了陽光和溫暖！！

• 治療師的反思：恢復創造原貌的新故事 •

尚志是一位熱情、敏感、理想主義、要求高的人，湘心是一位爽直、簡單、負責、務實的人，由開始到結束輔導，他們

6 霍玉蓮：《婚姻與家庭治療：理論與實務藍圖》（香港：突破，2004），頁260~267。

的本性沒有太大改變。只是他們內在對人生經驗、對生命解讀、自我整合、相互交往流動產生了改變，於是他們可以拋棄舊的婚姻，牽著同一個人的手歡歡喜喜地開展新的婚姻。

筆者這種歷史重訪的治療手法，聽起來與敍事治療法很相似，但其核心卻並不相同。敍事治療法是透過治療師來回的發問，協助案主發掘隱藏的故事，然後治療師與案主重寫新的脫離「問題包袱」的故事：有時候，靠一些美好強項去遮蓋短缺的故事；有時候，靠語言運用去顛覆和重構故事。

然而，筆者這種歷史重訪的治療手法卻有所不同。筆者同樣與當事人一起重訪故事，有時候也呈現和發掘了隱藏的美好故事，但筆者絕不諱言，有時候也會呈現隱藏了的幽暗故事、懦弱故事、自欺自損的故事。在重訪過程中，是重新認識歷史，而不是篡改歷史或強姦歷史。

筆者不會從「問題故事」(problem saturated story)或「解脫問題的故事」(problem free story)的角度去重看人生，人生不是一連串要解決的問題，而是一場要活出來的奧祕。

活，才是發掘故事的重點。由於**目標是助人真正的活著，重訪歷史的角度是透視創造的故事、創造受損的故事和逐漸恢復創造原貌的故事**。

在重訪歷史的過程中，治療師需要活在深度的靈修默觀生活之中，只是靜靜地聽、靜靜地看：基督如何以祂的愛、祂的手，透過人生、透過輔導過程，令萬事萬物互相效力，去贖回歷史，在「已然未然」的救贖過程之間，買贖舊歷史的新人，開創舊歷史的新故事。

舉例說：尚志和湘心都不懂得如何彼此相愛。尚志在一個被拋棄的單親家庭裏成長，相依經驗虧損，形成恐懼抽離的相依模式；湘心出身於一個大家庭，雙親為口奔馳，每個人自尋生路，家人關係疏離。因此，尚志與湘心都不懂得輸送感情和親密關係，在相處不良的互動模式中，尚志重新經歷父親專制高壓的相處模式，迅速掉入消極抵抗的反應循環裏。

所以，雙方都渴望親密關係，雙方都活在「創造破損」的關係之中，若雙方熟習這種「不足」的處境，就可相安無事。

及後，尚志反感愈來愈強，探討之下，是由於湘心把人生的渴想都寄情在工作之上，有如年少時把自我寄情在用功讀書之中。湘心不斷升職，尚志工作上平平無奇，情感空洞更為顯眼。再探討尚志既然長年情感封鎖，因何醒覺到情感渴求呢？原來尚志曾經在工作上遇見懂得關懷別人的同事，一羣基督徒同事給他許多鼓勵、提點，尚志的情感世界逐漸萌芽（這裏隱藏著一個贖回的故事）。

筆者與尚志一起探索，發現這些同事就是尚志的情感天使，尚志得了很大的頓悟。與此同時，太太在工作上遇上困難，沒有任何滋養，筆者鼓勵尚志：「也許，上主派遣你成為你太太的情感天使？」尚志忽然頓悟了人生，尋著了驚喜，找到了意義。

故事就這樣更新了，失落的故事變成恩典的故事。贖回的泉水叮叮咚咚的流溢起來，來自那更寬大的泉源，直湧到永生。

7.5.8 生、死與自由

輔導第三者個案分享：白雪（化名）

白雪，三十歲出頭，身體非常虛弱。她一點也不愛惜自己，省卻早餐和午餐，一天只吃一頓飯，不上班的日子，睡到日上三竿，有時根本不想上班。兩個月來休克三次。見了三個輔導員，覺得毫無幫助，也是朋友好心強迫她來輔導室作最後一次嘗試。

白雪毫無希望，聲音微弱，像快要燒焦的炭爐。她抱著即管一試的心情前來，也作了最壞的打算——大概再試一次還是招來失望的。

治療師能送上的只有一份真誠臨在。

「我聽得出你很氣餒，對輔導沒有甚麼期望，也惟恐再次失望。我也未知道能否幫助你，就讓我們首先保護你的情緒，讓你不要再失望。你隨時可以結束輔導，隨時可以告訴我有關你的失望。」

白雪被認真對待，又沒精打彩的說了一些瑣碎事，她的男朋友怎麼忽略她，她不知道人間到底有沒有愛……

第一次會談結束的時候，治療師給白雪一個回應：「我聽見你裏面有兩個聲音，一個你想自己生活幸福快樂；另一個你想跟自己作對。」白雪沒有作聲，也沒有反對。

「感謝你與我分享你的掙扎。既然你不知道來輔導有甚麼期望，我也就不知道怎樣不會令你失望，可否請你回家想出一個具體的期望，協助我保護你不致失望？目前，你甚麼也不需要改變，只需要注意日常生活飲食，有基本的健康身體，才可以作出輔導，這就是給予我的幫忙，你回家想一想，好不好？」

第二次會談，白雪多了一點生機。她表達清楚而流暢，看白雪的表達方式，我知道這個女子聰明伶俐。許多次，筆者說穿了白雪背後的善意和良好動機。

白雪一次又一次成為別人的婚外情人。（到最後一節會談，才讓我知道她自己是離婚婦人。）家中重男輕女，幼年即使考獲彪炳的成績，父母也毫不理會，她對父母、對人生充滿憤怒和恐懼。自從父母冷漠的回應後，她一直無心向學，到了小學二年班，她才知道一個祕密，母親是別人的婚外情人，她自己是私生女。從那時起，她不知道怎樣才可以使自己開心一點。

「我不知道甚麼是愛，也不知道人生有沒有未來，不知道為甚麼人要活在世上。為甚麼看上去是甜的糖果放進口中卻是鹹的？」

每逢白雪碰見一個好男子，她就緊緊纏著不放，好像想奪回她所失去的一切。

白雪也曾返教會，但非常失望。

白雪對輔導沒有甚麼期望，只希望活得開心一點。

第二節結束的時候，治療師說：「你很難過，因為你太聰明，把人生看得太清楚。既然你這麼多年來從不開心，當然不會無緣無故的開心起來。我想了解你從前的生活，甚麼時候是開心的，甚麼時候是不開心的，從認識你自己的人生開始，好不好？」

往後，筆者見了白雪六次，白雪比我預期的更快尋回自己的路，產生了一些連白雪自己也意想不到的改變。

她曾經與一位聲稱愛自己的已婚男人一再糾纏，甚至恐嚇要尋死；她竟然有能力站起來，脱離了那段關係。正當治療師為她高興之際，她又戀上一個依戀母親的年青男子，治療師用手掌比劃二人相依的關係，以手掌的形態揭穿了她以為有男子可以倚賴，可以獲取保護、扶持的迷思。她竟然有能力毅然離開這位男士，這是連治療師和她本人都感到意外的。三個星期後回來，她開始做一些一生人從來未做過的事，買一棵六呎高的真聖誕樹，學畫畫、學芭蕾舞，毅然發展自己自小未償過的心願。整個人活潑了，有了生機。

最後一節，治療師與白雪作出評估，到底甚麼對她最有幫助。白雪這樣說：「你很快捉到重心，有時你又能夠一語點破真相，並且，我感到你信任我，能激發我『自強不息』的精神！」

多麼歡喜，一切都是出於上主的恩惠。

• 治療師的反思 •

選擇這個個案，由於這個個案短促，乾脆俐落，容易描述，同時同樣反映所有婚外情當事人、第三者糾纏的矛盾主題：生、死與自由。

若案主不肯透露，筆者想不到年紀輕輕的她已經結婚、又已離婚；若案主不肯分享，筆者絕不能猜想她背後複雜的人生故事。那麼，筆者能想到甚麼？家庭互動、心理纏結、相互依存（co-dependency）的心理知識、自殘自恨的心理知識，對治療師是一些基本背景知識，但筆者沒有刻意對當事人作出任何分析，只是珍惜案主來到我面前，那份自殘自恨、自我作對的頹喪觸動了我，她可能很快就在我面前經過，我能夠為這一次相逢留下一些甚麼嗎？

筆者在私下把這個不受歡迎的小生命帶到主面前，也為她的父母、曾令她失望的教會認罪。

筆者嗅到這是一個生、死與自由之間搏鬥的個案。

筆者嘗試幫助當事人更深入認識自己，回顧她生命的故事。案主說她十分恐懼，她害怕看見自己醜惡的一面，更恐懼的是回顧以後仍然得不到釋放。

案主的誠實和自知之明，叫筆者又佩服、又詫異，筆者領略到案主早就明白心靈世界的美善醜惡。

心靈世界之中有兩道力，有一道力，叫人求生；有另一道力叫人求死，在這兩道力之中，人們被監禁，無法安舒。

筆者沒有跟案主談哲學，只是追蹤和觀察：囚禁案主的監牢是甚麼？哪裏有鑰匙？

筆者運用心靈圖像的默觀方式，讓案主接觸自己內在的心路歷程，案主獲得頓悟。多年來，她在漆黑中跌跌碰碰，一直找一份禮物（一個好男人），打開了，卻每每換來許多眼淚。案主在這番頓悟以後，有能力取笑自己。

筆者又與案主從家庭故事和成長故事找出她人生的監獄：（1）抵抗不公平；（2）害怕拒絕；（3）不知如何做一個女人。在這些監獄之中，她時而努力，時而放棄。

筆者開始與案主分享「拖累症」的知識，逐漸把所謂愛她的男人看得更清楚，又訂定了人生快樂的指標：（1）自學、能幹、有為；(2) 有穩固長久的關係；(3) 有歸屬感；(4) 有內在平安。

案主是那麼聰明伶俐，這是她痛苦的根源，也是她獲得釋放的契機。案主一早就有「死」的能力，只是不懂得往哪個方向「死」，案主開始向「幻象」死了，看似萬能的男士逐漸遠離了「神位」，案主自然就活過來。

懂得往哪一個方向死，往哪一個方向活，就是自由的開始。

7.5.9 第三者的心理痛苦

作為婚外情人，有一份很深的心靈痛苦，他們大多數曾經被人生欺騙，他們學懂了欺騙別人、欺騙自己，去抵償她曾經失去的東西。

作出這個抵償，有昂貴的代價：真實與虛幻顛倒，扣押自己活在黑暗之中，誤以黑暗作為光明。長期被拘留在一個幻象裏，在心理上必須自圓其説、自憐自苦、自怨自恨、自欺欺人，或者以報復、反擊、破壞去平衡內在的自責自苦。結果，倒果為因，生活亂序，愈法無力離開情人，不斷飽受性愛神話蠶食，把對方愈抓愈緊，抓得愈緊、愈覺肚餓，因為已經押上了沉重的身體、心理、心靈的代價，事情一旦搞不好，輕輕一碰，最後的幻象也就幻滅了，就很容易走上自殺的路途。

許多次，有婚外情的一方不喜歡聆聽筆者的預言，常常説有把握保持婚姻，同時又保留紅顏知己。結果，這一方喊自殺，那一方又喊「死」，當事人才知道「情」是何物，不宜嬉戲。

輔導第三者要有高度心靈能量，下盤要紮得穩。因為第三者有如踩在浮泥之中，每一個動作，都使她下沉。

筆者從實務觀察中，初步理出一個脈絡，輔導第三者，似乎有以下的轉變階段：(1) 從麻醉中甦醒；(2) 恢復知覺；(3) 恢復痛楚；(4) 恢復心靈掙扎；(5) 向幻象死、向真相活；(6) 重獲自由。

7.5.10 意義重尋

首先，讓筆者整理一下曾經談論的輔導實務步驟，以免大家在心理、心靈、哲理的世界穿梭過後，失了座標。

也許，一個輔導實務流程圖表對輔導員、治療師較為實用。(見本書頁 312)

有關實務流程的細節，可能更適宜以一個實務工作坊的形式，以輔導實務訓練作為講解。

在這裏，筆者只希望再多點出一個重點：在關係重建的過程中，其中尤其關鍵的一項是探討婚外情的意義。

社工或輔導員常常遇見一個難題，即使夫婦雙方脫離了婚外情，也作了關係輔導，學習互動、溝通方式，甚至重訂婚盟等等，可是，沒有婚外情的一方，常常活在恐懼的陰影下，心裏循環不息纏繞著一些問號：「為甚麼我的配偶竟然與別人發生戀愛 / 性關係？」「既然有第一次如何保證沒有第二次？」「從前他欺騙我的時候，與現在回到婚姻的他，都是同一個樣子、同一個人，怎樣識別哪一個才可靠？」「到底我的配偶是誰？我好像完全不認識他？」

饒恕是釋放那些被侵犯的往事，而釋放要根植於可理解的意義。

在婚外情輔導的關係重建階段，除了要提供有助心理康復的各種關係互動常識、情緒康復技巧之外，人內在的心靈需要求問，要明白整件事情的意義才能釋懷。這個現象又顯示出心理和心靈密切地不可分割。

當筆者指導學生進行意義重尋的輔導，學生感到十分困難。有不少人把關係回顧或重尋意義，作為一個關係評估的過程，例如：夫婦彼此相愛嗎？關係有沒有基礎？夫婦其中一方是不是性格強硬，難以相處？夫婦發生婚外情的時日是不是由於讀書、生孩子、婆媳矛盾而產生關係疏離等等？

上述探索都是有意義和必需的，但這些探索容易建基於一個假設之上——上述其中一些因素引致婚外情的發生，將某因素與婚外情拉上一個因果關係。這樣無意中拉上一個因果關係，是思路不清和實務陷阱。結果，沒有婚外情的一方變相要背負起「婚外情元凶」的罪名。舉例說：一位女士為人野蠻、性格強悍，經常要丈夫遷就，或者一方有很強的主見，對方感到事事受操控，引起反感等等。於是，情感褪色發生婚外情。由是推論，用探討關係互動的弱點，變成為婚外情的成因，會構成其中一方無形中要背負全面指責，或將婚外情歸咎於環境成因。

婚姻關係不良的互動，只能夠做成婚姻關係虛弱，形成危機或「虛位」；讀書、生孩子、婆媳矛盾等等背景因素，可以形成關係的另一個虛位。然而，一個人是否發生婚外情，完全是自選動作，不能抵賴，或諉過於人。即如一個人以暴力去打妻子，完全是舉起拳頭那一方的責任，無論關係有多惡劣，拳頭始終是自己的，自己有全權決定是否舉起，也因此要為暴力行為負上全責。婚外情也有如心理拳頭或心理利刀，是否舉起來刺入對方心坎，是自選動作，關係虛弱只是背景脈絡，不是必然成因。

因此，處理婚外情，不要掉進這個陷阱：由追蹤婚姻關係，去追究是非責任，這個思想謬誤。是就是，非就非，說謊就是「非」，背約就是「非」，毋需調查追究。指責，對任何人都沒有幫助。是非之中，道歉和悔改是最合理的抵償，有婚外情一方為婚外情悔改、道歉；在關係挫損的地方，當事人為此挫損道歉。互動失效，雙方都有責任。

因此，不是評價、不是追究責任，是意義重尋。簡單來說，意義重尋是讓當事人認識他們性格和關係如何出現「虛位」，人性、成長、動機，如何叫當事人「點頭」容許自己違背了自己。這一籃子相連的東西，織成一個叫人豁然開朗的故事，就是意義重尋。這個意義只適宜於描述這個人和這段關係。恰當的意義重尋能指出一條出路：讓人理解有婚外情的當事人如何同時是人人眼中的好好先生、殷勤負責；同時又是說謊話、隱瞞另一段感情的一個人，從中理出一個貫徹而一致的人格故事。

舉例說：一位男士一向老實、沉默、與妻子感情不差，後來發生婚外情，即使丈夫脫離了婚外情，又努力重建關係，妻子仍舊不安，時常流淚。筆者作出一次個案諮詢，追蹤其中意義，才發現丈夫幼年時曾見過當妓女的母親許多接客的情況，形成一個又羞恥又隱藏的祕密，無法宣諸於口，也被壓抑遺忘了。然而，潛意識收藏了許多情慾、憤怒、羞愧交織的情緒，下意識衝了出來，總是想完成一些幼年不明白的事實。有了這個理解，妻子不但體諒，而且全面地認識丈夫，心情安舒下來。

還有許多複雜的故事，不能一一述說。要佔用很多篇幅，並十分囉嗦。這一方面，也適宜在輔導實務訓練工作坊作細微解釋。這裏先說清楚概念，將來有機會再於實務訓練中舉實例說明。

7.5.11 受傷一方的心理痛苦

沒有婚外情的一方所受的心理和情感傷害是很劇烈的。很多時候，案主會出現劇烈的身體癥狀：消瘦十多二十磅、持續失眠、心慌意亂、胡思亂想、頭髮大片大片脫落，甚或患上抑鬱症。

為何配偶有婚外情，受傷的一方呈現這麼巨大的心理痛苦？因為這是親密關係中的相依創傷（Attachment Injuries, a kind of attachment trauma）。[7] 近二十年，相依理論的討論非常熾熱。當兩個人以情、以愛、以身軀，相依相守；二人的身、心、靈，都會因此而互相依靠互相連繫。這種相繫帶來心靈、

7 S. Johnson, *Emotionally Focused Couple Therapy with Trauma Survivor*（New York: Guilford, 2005）, 181.

意念、情感和身軀的記憶，同時帶來習慣、依靠和期望，日復一日的相連重疊起日復一日的依靠、習慣和期望！一旦有一件重大事件發生，產生遺棄、背叛或失信，那種打擊有如一張利刃，刺穿對方的心理、情意、信任、盼望和長久以來的寄託。所以，有一些研究發現，這種傷害深入心理、心靈、記憶的深處，所呈現的心境傷害症狀與災難後創傷症狀相似。[8]

重創後壓力症（Post Traumatic Stress Disorder）的癥狀如下：[9]

1）　極容易被刺激而情緒激動（hyper-arousal symptoms），任何相關的刺激都會產生杯弓蛇影和強大的恐慌。
2）　不能自制地在腦海重複某些說話和片段，一次又一次地重新經歷受創經驗（Intensive Re-experiencing）。
3）　麻木和迴避。
4）　激動和麻木的癥狀會相間出現。

極易激動的癥狀包括：無故流汗、心跳加速、血壓上升、做噩夢、受驚的景象不斷重播、不能自制地胡思亂想。受創傷者又容易心驚膽跳，對於聲音、痛楚及突如其來的東西過分敏感，令當事人覺得很難控制情緒反應。

麻木症的癥狀包括：容易疲倦、提不起勁、情感空虛、抽離羣眾、難以專心完成任務或參加社會活動、對身體痛楚毫無知覺。

從上述癥狀，我們可以了解，為何受傷的一方會重複又重複地審問當事人、做噩夢、對一些已知或未知的事情細節糾纏

8　Shirley P. Glass and Tom Wright, "Healing the Trauma of Infidelity", in *Family Therapy Network Symposium*, March 35 (5), 1995 workshop #410.

9　Glenn R. Schiraldi, *The Post-Traumatic Stress Disorder Sourcebook: A Guide to Healing, Rccovery and Growth* (Los Angeles, CA: Lowell House, 2000).

不休、情緒激烈，甚至出現竭斯底里（hysteria）的情況。

生理和心理的癥狀，具體地顯示出心靈的痛苦，受傷一方在心靈深處有許多無法化解的疑問，其中最最核心的疑問是：「怎麼我枕邊最親切和最親愛的，可能是我從不認識的另一個人？」「我所深愛和相信的人竟會出賣我，人還可信嗎？人間還有沒有相信相愛的可能？」

筆者在臨牀實務工作中，看到各種各樣的案例，最嚴重的情況，是整個人信念崩潰、無可依靠，甚至自殺尋死。所以，被親密伴侶出賣，撕毀盟約，會帶來嚴重的創傷。

7.5.12 死蔭幽谷與饒恕

「我雖然行過死蔭的幽谷，也不怕遭害，因為你與我同在；你的杖，你的竿，都安慰我。」(詩二十三 4)

由上述有關受傷一方的心理痛苦，我們可以理解，在婚外情事件過後學習饒恕對方，於受傷一方來說，將是極度困難的一課。倘若對方回轉，與伴侶復合，饒恕的歷程主要去著力處理的，便是信任重建和意義重尋，前面的文章已有詳細闡釋。在這裏，筆者作出簡單的點題。

7.5.12.1 饒恕是一個旅程

許多時候，人在受了重傷的時候，自然衍生各種複雜情緒：憤怒、惶恐、擔憂、怨恨、鬱結、委屈……一籮筐的雜亂心情，有如天氣四時變化，連自己也不認識自己。饒恕的終點是達到裏外的豁達祥和，即使回憶起整件受傷事情，也可以用平常心面對，這便是達致饒恕的境界。可是，這個境界並非在立志饒恕的一刻，便一下子就可以達到。

所以，每次當案主受了創傷，跟我說：「我想饒恕他，但總不能饒恕。」筆者會溫和地指出：「你希望饒恕，這份善意，已經是萌發饒恕的心腸。不要著急，饒恕是一個旅程，你不去尋仇、不去報復，嘗試好好地生活下去，已經是饒恕旅程的開始。」幾乎每一次，當筆者清楚指出這個事實，案主就能接納自己，減少無謂的矛盾和自責。

7.5.12.2 饒恕先於悔改

世上有兩種邏輯，在世上的邏輯來看，人應該以悔改交換饒恕。不下一次，筆者聽見受傷的配偶心懷怨恨的說：「除非他肯認錯悔改，否則，我絕不肯原諒他。」

「除非他肯認錯悔改，否則，我絕不肯原諒他。」這是一種期望以悔改買贖饒恕的哲學。驟然聽來，先悔改才可以獲得饒恕，合情合理；深入地探討下去，才了悟這完全失掉了饒恕和悔改的真義。要索取對方的悔改、認罪、補償，彌補自己的虧蝕和損失；持著這一種態度的人，未能拔除內心的苦毒恨怨，未能真正的饒恕。即使對方低首下心的道歉，他仍會有機會執著一些漏洞，說對方悔改未夠真誠、改過的行為不夠徹底，把從前不順心的事又數一遍，嗚嗚咽咽的彷彿又再重新受罪。

這一等「受害者」把自己的地位提高一等，渴望心目中的「罪人」填補自己生命的缺口，空餘白費一生在期待，那苦毒怨戾卻蔓延至後人。那被定為罪人的只會增添怨憤，或死力自圓其說，或貌合神離，或遠走高飛。明知自己行為上犯了錯誤，卻不能心生悔悟。懊悔是在愛心、接納和饒恕中才能誕生的情懷，是一種戰慄的自省。

饒恕和悔改並不是行為上加分減分的邏輯判斷，而是屬乎心靈的更新。所以，饒恕是一段心靈的掙扎，悔改也是一段心靈的旅程。

有兩件事要仔細弄清楚，的而且確，一個人要真心徹悟悔改，才能經受和體驗心靈上的寬恕。然而，弔詭的是，人要在心靈上大徹大悟，必先要經歷無條件的愛。所以，在神學上，饒恕先於悔改，人類經歷上主無條件的大愛，才可以悔改，也由於經歷上主無條件的大愛和庇護，才有能力寬恕。

為何饒恕先於悔改？在這裏，筆者想分清楚兩個層次：道德的層次和心靈的層次。在道德的層次上，一個人傷害了另一個人，是在道義上侵犯了他人、虧損了他人。在道義的天秤上，這個人虧欠了對方，對方可以保留追討的權利，這才能滿足人對公道和公義的期望。因此，在饒恕的心理歷程上，認錯道歉和尋求補償，可以滿足道德上的公義。

然而，道德上的公義卻不足撫平心靈上的痛楚。比方說，有婚外情的一方每天向伴侶道歉一次，或者接受懲罰，如自願限制行動的自由等等，雖然如此，受傷的一方可能仍舊無法平復心靈痛楚。然而，倘若有婚外情的一方有一天忽然感悟到伴侶因被出賣而承受的嚴重創傷，無言地流淚，或者為了自己的過錯而徹夜失眠，那麼，伴侶的心靈痛苦或會因此一下子就撫平。

犯錯的一方要踏上悔改的心靈旅程，最少經歷四個階段：

1） 認知上的徹悟；
2） 感觸上的扭轉；
3） 心生悔疚；
4） 承諾新的行為模式。

許多時候，為了息事寧人，夫婦很快便達成「挽回婚姻，終止婚外情」的協議，婚外情的一方，一下子就進入第四階段，承諾新的行為模式，完全沒有經歷頭三個階段。這樣的悔改很不扎實，沒有基礎。

悔悟的第一階段的心靈旅程，是世界觀的轉變；第二階段的心靈旅程，是感觸上的變遷。不肯悔罪的人常有自憐和自義的傾向，他們的感受是悲苦、恨怨、無助、憤懣和抗議。在愛和寬恕的體驗中，心眼兒開了，感情也舒展了，開始有空間體會、反省自己對別人造成的傷害，感受轉變為羞愧、歉疚、悲憫和惻隱。感觸上的變遷，推動第三、第四個階段的心靈旅程：認罪和決志。

第一和第二階段的心靈旅程是一種翻天覆地的經驗，是一個人對自我徹底的挑戰。一個人要是對恩典的體驗不足，很容易被內疚、羞愧的巨石所埋葬，永遠無法踏出第三和第四階段的心靈更新之旅。出賣耶穌的猶大便是這樣一個例子。

不是每一個個案的案主都能達到徹底悔悟，而受傷的一方亦未必有能力在經歷創傷後付出無條件的愛，輔導員要按著夫婦雙方的能力，引導他們逐步攀爬。有時候，先去保障現實生活的利益，然後，在道德上逐步引導。最難於疏導的個案，是案主雖然活了幾十年，但在道德發展程序上卻只有十歲以下的孩童道德層次的認知能力，輔導員要以愛心、包容和智慧逐一引導開啟他們踏上更進一步的人生。

7.5.12.3 饒恕的心理步驟

倘若發生婚外情一方不肯悔改，婚姻也不能復和，受傷一方便同時經歷三重情緒困擾：（1）被欺騙感情，在婚姻裏被出賣的傷痛；（2）因打擊嚴重而出現重創壓力癥狀；（3）失去親密關係而引致的痛苦哀傷。

三重痛苦重疊起來，所以伴侶出現婚外情而不願回轉及復和，受傷一方的傷勢複雜，要一步一步痊癒，才能邁向饒恕。

1. 哀悼的過程——情感的養傷

人面對永恆的破損，包括傷逝或永久肢體殘缺，都會呈現一連串自然的心理反應；否認事實—憤怒控拆—討價還價—接納現實。關係的破裂，也是一種永恆的傷逝，當事人少不免也要經過這些心理階段；有時候，三年五載的，才有勇氣接納現實，完全復原。所以，要聆聽及尊重自己的心理節奏，容許自己經過哀傷的歷煉，慢慢復原。

2. 認識創傷——情感的認領

認識自己的創傷——情感的認領人要醫治自己的創傷，首先要探討自己到底有甚麼損傷。相類似的感情創傷，對不同的人有不同的含義。人要坦誠問自己，面對痛苦，我到底損失了甚麼？損失了一份信任？青春的投資？破滅了愛的夢想？失去了安全感？挫傷了自尊心？接受輔導有助這探索的歷程，能夠清楚認識自己的痛苦是療傷的第一步。

通過了認知過程，我們要進一步「認領」我們的感情，沙維雅稱之為「擁有你的情感」（own your feelings）。意思是說，那不願意發生的經已發生，已成不變的事實。自我曾經憤怒、傷痛、被出賣、疑惑、仇恨，這是屬於自我真實的感情，我需要承認它、接受它、認領它。

下一步，就是向這些創傷的情感道別。可以用對話、意象、儀式協助自己與這些負面的情感一刀兩斷。例如：可以溫柔地對自己曾經有過的憤怒或絕望說：「謝謝你，用憤怒 / 憂愁幫助我應付了人生的一段困境，但現在我已經度過了困境，不再需要你的陪伴，再見！」又或者你可以欣賞自己曾經艱苦掙扎，給自己寫一封致謝信，然後將它燒毀。

有關哀悼親密關係的傷逝離痛，種種心理現象和處理手法建議，可參考筆者另一本著作《情難捨》。[10]

3. 公義地算帳——認知的重建

唸神學的時候，教授曾經說：愛和公義是同一件事情的兩面，任何一面不可或缺。有愛而沒有公義，純粹是多愁善感；有公義而沒有愛，屬乎邪惡。（Love without justice is mere sentimentality; justice without love is demonic.）饒恕必然有著愛和公義。

人間的愛和恨其實都是與對方難捨難分的情緒。捷克的大文學家，現今的總統哈維爾（Václav Havel）曾經說過：「憎恨與愛其實有許多相同的地方，兩者同是超越自我，把焦點貫注在他人身上，自己的喜怒哀樂都受制於他人的影響。事實上，把自我身分的一部分賦予了對方⋯⋯仇恨者朝思暮想自己仇恨的人。」

4. 人生信念的重整

公義的算帳的核心要素是人生信念的重整。一個人在親密關係中受創，有如飛機墜毀——飛機零件可能在意外發生後修補、改良；機師亦已休養復原。但機師卻仍然無法駕駛飛機升空，因為他對飛行失去信心。

在親密關係中受創的人常常禁不住發出一連串的疑問：為

10　霍玉蓮：《情難捨》，五~六章。

何人要相愛？人到底能否相愛？一個忠誠的人是否一定獲得忠誠的回報？為何我最信任的枕邊人竟往我背上插刀？人還值得信任嗎？人的感情受傷了，人脆弱的信念也就此粉碎。人可以從挫折中成長，將危機化為轉機，重整自己的人生觀和生命信念；也可以在沮喪、懷恨中委靡不振。

7.5.12.4 個案分享

秀瓊的丈夫樹仁感情出軌，與他的女客人手牽著手走上太平山頂。婚外情被揭發，丈夫心裏十分內疚，立即自動辭職，好與那位女客人斷絕來往。由於樹仁的道德發展夠成熟，而且對孩子、對秀瓊都懷有關愛和惻隱之心，很容易步入饒恕的旅程。可是秀瓊卻天天苦待樹仁，說出尖酸刻薄的說話，二人關係緊張，雙方都形貌憔悴。

細聽之下，秀瓊完全不能接受樹仁的行為出現污點，因為丈夫素來是羣眾公認的好好先生，守信用、有義氣，對街坊鄰里都十分友善詳和。

筆者沿用上述所說的重建步驟，找出婚姻關係的定位和整件婚外情的特殊意義，雙方都舒了一口氣，明白了事情的原委，然而，秀瓊總是不能饒恕丈夫，不能接受他的人生出現了污點。

筆者首先引導雙方回憶及體會為何對方在自己心目中這麼重要。丈夫說出對妻子欣賞重視的地方：負責任、心地善良、對社會和世界抱有正義心腸。雙方因此在感情上產生了連繫。再探討導致秀瓊不能寬恕的底層傷害，原來秀瓊不能接納人生的不完美，以及出現污點。

治：是的，人生出現污點是一種遺憾，很難接納。

(秀瓊點著頭。)

治：每一種污漬，都有除污劑，現在丈夫出現了心靈污漬，讓我們尋找合適的清潔劑。

(兩人同時閃現神采。)

治：秀瓊，樹仁，我想請問你們從小至今有沒有出現過心靈污漬，你又是用甚麼清潔劑去清除心靈污漬的呢？

(樹仁承認幼年曾有一次考試作弊，後來被老師發現，從此不再作弊。)

治：啊！很好的例子，你怎麼可以有這個能力不再作弊？

樹：因為我很內疚，心裏不安樂，想通以後，接受自己的資質有限，令自己良心好過一點。

治：哦，清除心靈污漬的清潔劑是「心靈徹悟」，如何去除呢？產生內疚、悔改，由於悔改產生新的自我認識和自我接納，非常好！

治：秀瓊，你從小至今有沒有甚麼心靈污漬？

秀：沒有，我從來不作弊，不説謊，完全守規矩。

治：那很不錯，的確值得驕傲。你沒有道德上的污漬，有沒有其他污漬？例如情緒上的污漬？

秀：(想了一會) 有，我容易發脾氣，很大脾氣。

(然後秀瓊敍述一些幼年任意發脾氣的事件。)

治：謝謝你的分享，那麼你在道德規律上沒有出錯，你在情緒關係上又有沒有出錯呢？

秀：(想了一會) 我想我這份人好勝，罵人要罵到最後一句才肯罷休。

治：多謝你坦白自省，你有沒有洗去這些污漬？

秀：我有時也很後悔。

治：很好，後悔是清潔劑，有沒有向對方誠懇道歉？

秀：很少，沒有。

（然後秀瓊若有所悟，沉默了一會。）

秀：（自言自語地）即是說每個人都有污點，都要去清洗。

治：十分欣賞你們的自省和誠實。可否告訴我你們現在感受如何？

（雙方都在頓悟中彼此道歉，而且心情舒坦了許多。）

筆者曾在輔導室看到各種各樣竭斯底里、不能饒恕的例子，在這裏不能盡舉，其中關鍵是輔導員先無條件地接納案主，促進反省和心靈的更新。有一位女士三番四次被丈夫欺騙，筆者協助她回望自己的盲點和生命的核心追求，發現她過分美化自己的父親，並全面遷就自己心愛的人，以致失去了自己。

筆者鼓勵她退修，在退修之中，藉著一些生活的小挫折，她看見自己情緒不夠成熟，傾向尋找依靠，不斷為愛人付出，付出太多便會忽然轉而苦毒自虐，企圖掌握時間、掌握摯愛。幾日的靈修經歷，終於叫整個人醒來，可以擁抱青天朗日，重新做人。

生命沒有捷徑，也沒有可供全盤參照的完美樣板，每一個人都要勇敢走自己的路。

意思就是在愁苦痛傷之中，饒恕自己、饒恕他人、饒恕人生，重新認識自己，再擁有（被愛的）自己；然後釋放歷史，清除苦毒，重尋意義，重新上路。

卡繆曾經說過：「當幸福的召喚過於沉重，憂傷難免從人的內心油然而生。」

奧古斯丁說：「『做人』是一種利益，只要願意就可以選擇過幸福的生活。」

7.5.13 小結

筆者嘗試以婚外情個案，作出實務觀察，顯示出心理治療及家庭治療理論沒有觸及「人生抉擇」、「生、死與自由」、「歷史的路徑」、「意義重尋」等議題，而這種種議題是處理婚外情個案時不能迴避的。一旦迴避了，輔導就失了重心，亦失去效果。

在下一章，讓我們更進一步探索心理與心靈整合之旅。

附記一：介入婚外情輔導的實務流程圖表

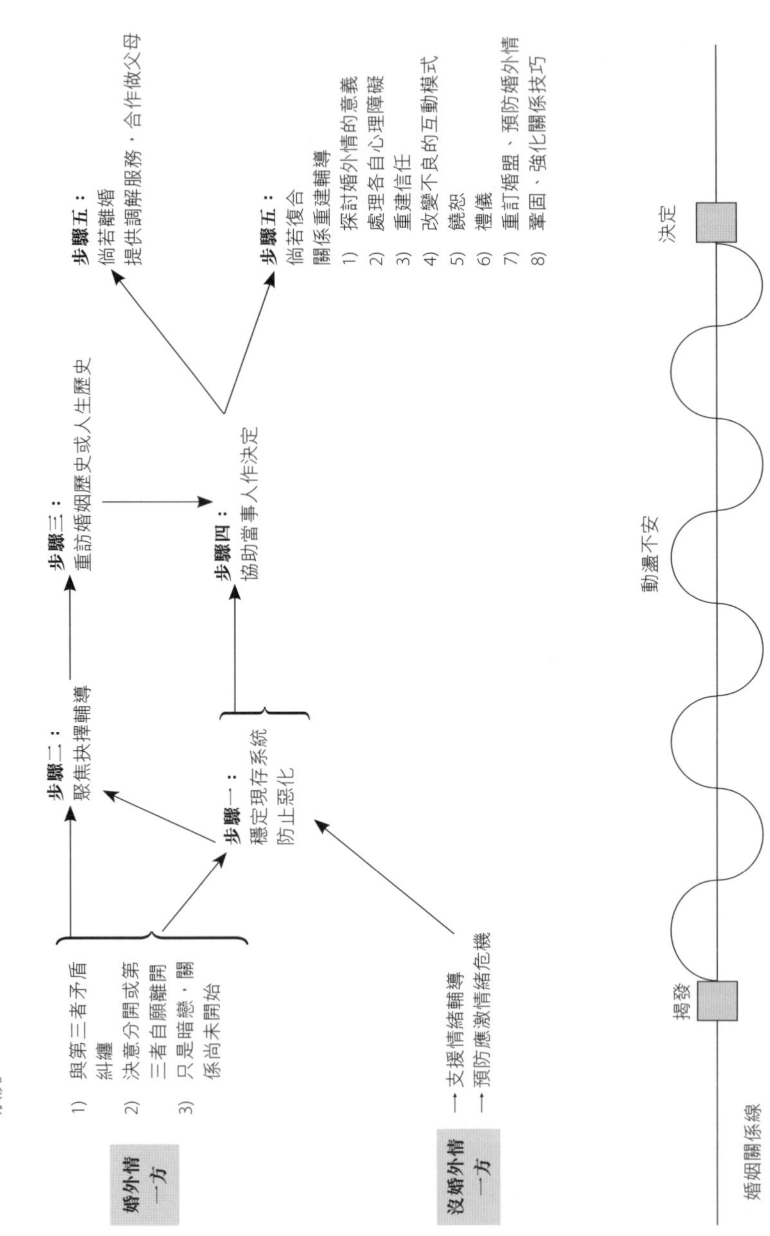

第 8 章
基督為依心理治療

真理，不是一堆理論和概念。真理，也不是一加一等於二的方程式。真理，是一個視點，是一個活出來的現實，而且這個活出來的現實，使人活得更天真、喜樂、充滿生機，更能與宇宙的真氣和正氣響應與共鳴，那便是真理。

8.1 基督為依

「我們只要去找祂在的地方。」[1]

8.1.1 不是基督教或基督徒心理學

為何稱為基督為依心理學 / 治療，而不是基督教心理學或基督徒心理學？不！不是基督教心理學，歐洲羅馬帝國的政教合一，歷史已經給我們上了沉痛的一課，基督教若要與心理學無條件地纏在一起，也必然是另一場災難。也不是基督徒心理學，這好像把人類分成兩種，一種是基督徒，一種是非基督徒，底下隱含基督徒比非基督徒優越的味道。不是的，基督徒

1 潘霍華語；參蕾娜特．溫德：《力阻狂輪：潘霍華生命史》，陳惠雅譯（台北：雅歌，2004），頁 164。

是人，非基督徒也是人，同是上主所創造的人，同樣有上主的形象，同樣獲得上主陽光雨露的滋潤。不，不要製造一種基督徒優越感，保羅說：沒有可誇的，我們「誇口的，當指著主誇口」(林後十 17)。「他〔上主〕必興旺，我必衰微。」(約三 30) 真正的基督門徒，忘卻自己，惟有基督！我們絕不是要創一套甚麼基督教心理絕學來獨霸武林！

基督為依心理治療，就是慷慨開闊地學習採用一切心理學的學問和治療方法，但背後以基督為最高典範、最終極的審視原則。

基督為依，就是以耶穌基督作為依靠、依據、依存、依憑，與基督相依。耶穌基督作為依靠、依存，即是耶穌基督作為我們生命的源頭、生命的起始、終結、憑藉，是生命的惟一及所有的答案，是能力的來源；基督作為依憑，就是耶穌基督作為一切生命學問、知識的至高參照系統；基督作為依據，就是從耶穌基督道成肉身的生命示範，找出「做人」、「接觸人」、「建立人」的準繩、原理和精神法則；與基督相依就是說一位輔導者必需在心靈靜謐處，時刻與基督連繫、交談，才能穿透萬物表象，解讀眾生。

「從來沒有人看見神，只有在父懷裏的獨生子將他表明出來。」(約一 18)

從來沒有人能作耶穌基督所作的；而惟有藉著聖靈的感召，帶領我們與基督相繫相親。

從神學上來說，主耶穌的犧牲，已完成了救贖萬物的工程；可是在萬物的結局未到之前，全然得贖的情況又未完全實現。好比一個人付出金錢買了一幢樓，成了業主，可是，那幢樓宇仍然在興建當中，這位業主就處於「已然未然」的狀況。在「已然未然」的狀況，萬物仍然待贖的處境下，宇宙萬象殘缺不足。基督為依心理治療，一方面接納宇宙萬象殘缺不足的現象，另一方面，又由於耶穌基督的犧牲和復活，對人生萬物充滿盼望。基督為依心理治療就是依靠耶穌基督的心腸和眼光，在心理學的領域中尋求合乎上主的啟示，進入眾生的殘缺，與上主、與人一同經歷已創造和持續再創造（更新）的可能。

在心理治療的實務來說，有三方面的意義：

1）以耶穌基督的眼光和心腸去「穿透」（see through）。一方面去「穿透」心理學問的可取與不可取之處；另一方面去「穿透」人間萬物的悲歡離合。

2）以耶穌基督的心腸和教導，進入心理學的領域，去認同人間身體、心理、心靈的貧病疾苦。

3）不以人意論斷，以基督耶穌所啟示的道路、真理、生命，去審視心理學問和人間萬象的底蘊。

從本書一至七章的追蹤顯示，自從佛洛依德以來，心理學就在西方社會以至東南亞社會，逐漸成為解釋人類行為，甚至指示人生取向的重要學問。所以，學習心理學說是必須的。筆者也曾經強調，心理學治療理論，一方面強調價值自由，揚棄任何道德準則，卻有意無意中設定了一套新的道德規範，現代心理治療的意識形態，本身成了一種新興宗教。[2] 彭鈴（D. S. Browning）有這樣的見解：「但凡治療心理學嘗試為人類的不安全感提供答案。給人類描述整個世界的整體印象，及塑造促進

2 霍玉蓮：《婚姻與家庭治療：理論與實務藍圖》（香港：突破，2004），頁326~327。

人生活的應有態度，並涉及生死的本質，道德的基礎，就會變成一種宗教。」[3] 十八世紀以前，人類遭遇的一切困苦，都被視作心靈的困苦。關懷和照顧人類心靈，主要是靠神甫和牧者的牧養。然而，在歷史發展中，牧養工作出現了偏差，神甫偏重了告解贖罪的禮儀，牧師偏重了搶救靈魂的傳福音運動，心理學說和各種人類學說就此迅速發展。教會有時無意中容易存有一種自義、怠惰、荒疏的態度，對於如何在現實人生解讀人生的奧祕，以及心理知識方面，均落後了許多。

然而，在東南亞地區，香港教會也算是比較開放和寬容的，在心理知識的吸收上顯得進取，但在神學反省、學識融和方面仍需要多下苦功，神學院的培訓方面，仍有許多可以開展進深的餘地。近年，喜見在中國文化和基督教信仰的融通方面有好些扎實的學術交流，學者如：陳耀南、劉小楓、楊慶球、溫偉耀等都為此下了許多功夫。然而，在心理學和基督教信仰方面，我們仍需要有更多扎實的學術根基和融通對話。

聖經上說：「知識叫人自高自大」(林前八 1)，所以，我們害怕知識和理性把人帶引離開真理，我們害怕理性，務實的中國人尤其害怕理性、思索、探討。我們都是「差不多先生」[4] 的後人，認為做學問一定要為自己帶來好處，例如可以帶來溫飽，或者帶來福氣、錢財、俸祿，否則就只是消閒的無聊玩意，不做也罷。香港人寧願動輒花費一萬幾千元去旅遊、吃喝玩樂，也不願花費金錢時間去鑽研學問、明白真理、探討人生，就是因為這樣的思維。但話說回來，香港人的素質正在不斷提升，

3 D. S. Browning and T. D. Cooper, *Religious Thought and the Modern Psychologies*, 2nd ed. (Minneapolis, MN: Fortress, 2004), 120.

4 胡適的短篇小說《差不多先生傳》膾炙人口，把中國人馬虎隨便的民族性勾劃出來。

有素質、有內涵的講座活動，還是很有叫座力的。只是，有素質和實學的講者為數不多。當然，我們很理解大城市的繁忙生活，確實殺死了許多有心人的思想細胞。

理性是上主所創造的，藉著真誠的直覺、天真的發問，理性可以助人助己更深切掌握和領略真理。理性，若以擇善固執的熱情護航，以愛上主為思考的動機，以忠心和虛心作推動力，就可以免卻自高自大的毛病。事實上，真知識只有愈發使人謙虛，學海無涯，愈尋覓愈能體會自己的渺小無知、創造主的偉大神奇！

理性，若能配搭上人內在的直覺、真誠，與內心已有的生命經驗，恆常與知識對話，不罷休地尋索——這就是上主所創造的理性最神聖的地方，理性的執著、追蹤、痴迷，是由於想念還有更美之地——就是神學上「信心尋求了解」(faith seeks understanding)的動人之處。

8.1.2 道路、真理、生命

「耶穌說：『我就是道路、真理、生命；若不藉著我，沒有人能到父那裏去。』」(約十四6)

陳耀南以中國文字去解說「道」，解說得真好。他說：「中文『道』字真好，下面的『辵』是邊走邊停，上面的『首』是能作主，能思想、有智慧、有行動，所以『道』就是『路途』，就是『真理』，就是『生命』了。」[5]

筆者倡議基督為依心理學，就是不去崇尚或擁抱任何一套心理學說，作為惟一的學說；事實上，世間萬象，有如瞎子摸

5　陳耀南：《從自力到祂力》(香港：天地，2006)，頁126。

象，有些學說摸著象鼻，有些學說摸著象身，各有可取、各有所缺。所以，筆者倡議的，是以基督為「道路、真理、生命」，以基督去審訂我們學習和運用心理學的方法、尺度、依據，以及成為我們的力量源頭。學問、神學、靈修之迴環的心理整合進路，只是筆者大膽地憑著上主的允許去「抛磚」，去呼喚相同感召的同路人，互相糾正，並肩前行。

8.1.3 道路：方法與尺度

筆者執筆寫這一章的時候，特別要靜心禱告，身為一個血肉凡軀，充滿無知、偏見、私慾、邪情，如何能摸著基督的心？求祂去除我的無知、愚昧，為祂名的緣故，對我們這個時代說話，抓住我的手、我的心，使用我的腦袋，全盤主宰我，好說出祂想說的話。

在本書第六章，探討心理與心靈可否重聚時，筆者曾經提出「立體迴環領悟」的進路。就是以真實的實務案例作思考及關懷為起點，參考心理學說，借助神學反省，以及盡心盡性盡意盡力地愛主，操練靈性，來回觀察、咀嚼、思量、考究，而產生領悟。這領悟的源頭是耶穌，基石是耶穌，判準也是耶穌。這是筆者倡議基督為依心理學問的道路。

具體來說，基督為依的做學問方法是怎樣的呢？

1） 以耶穌基督為圓滿的獨特啟示，以心理學說和其他學說，作為輔助性的普遍啟示。
2） 求學的態度：虛心熱切，理性與靈感並重，尊重科學、尊重心靈啟迪的藝術、尊重知識。
3） 以基督為本，作為審視各種心理學說的原則、價值標準。

4）不斷悔改，作為「永生回歸」（eternal re-creation）。就是參與上主創造、更新，再創造的永生工程。參與的方法，就是留心上主的心意，不斷轉向祂。德國哲學家尼采曾經提出「永劫回歸」，說明人類有如沙漏一樣，毫無意義地一再重複生命。筆者在這裏以「永生回歸」的想法回贈尼采。[6]

8.1.3.1 道路：求學的態度

「我不是以為自己已經得著了；我只有一件事，就是忘記背後，努力面前的，向著標杆直跑，要得神在基督耶穌裏從上面召我來得的獎賞。」（腓三 13~14）

我們不是以為自己已經得著了，人生奧祕，浩瀚、繁茂、精奇，深廣難測。耶穌基督留下很好的榜樣，祂的心柔和謙卑，我們當以基督的心為心，以謙卑開放明辨的精神，去研讀了解各種學問。每逢筆者督導社工、輔導員、牧者、私人執業輔導員，他們不停追問人生的本相、技巧的來龍去脈等問題，筆者就打從心裏愛上這些人，因為他們是忠於服事、熱愛真理、深信真理的好奇孩子。

理性，可以墮落，也可以神聖。有一本名為《與神相遇》（*The Sacred Pathways*）的書，指出其中一種靈修操練的路徑，是以理性追尋上主，[7] 那一章給我很大的安慰！基督教傳統有兩個極端：一個極端是輕率地接收任何理性學說，加上祈禱、交託的禮儀，就不問情由地信奉各種學問，如管理學、統計學、

6　參F. Nietzsche, *The Gay Science*, translated by W. Kaufmann（New York: Random House, 1974）, 273~274。

7　加里・托馬斯：《與神相遇——認識親近神的心靈路徑》，陳永財譯（香港：基道，2007），頁 193~213。

市場學、心理學等等；另一個極端，是正邪兩立，聖俗不互侵，一切人類的學問，腦袋的學問都是高言大志的敗壞東西，不要學心理學，不要學傳播學，不要學經濟投資學，只讀聖經就好了。而事實上，兩個陣營都是愛主的，只是雙方都有些徬徨，不知如何面對這個意識形態已經脫離上主，並主要由理性所理解、描繪的龐大世界而已。

一切的意念，都離不開上主的鑒察和管治，一切的道理都離不開上主的道理。耶和華鑒察萬人、認識萬人，祂在遠處就洞察人的意念。人類坐下、起來、行走、躺臥，都離不開祂的細察（參詩一三九 1~2）。任何人都不能逃躲上主的光，任何人都不能逃避祂的面。我現在執筆寫的一切，祂都在凝視；祂也在觀看、在細察，你所閱讀的一切，祂全知曉。詩篇一百三十九篇 1 至 8 節說，黑暗和光明在祂看來，都是一樣的。多麼艱深的道理，在上主那裏只有光，沒有黑暗，祂的光自動照明了黑暗，黑暗不能再躲藏起來。所以，我們無需害怕知識，因為上主早已征服了黑暗。但是，我們必需以懇切的心，靠著上主賜下的悟性，以萬里尋親的決心與熱情，去明辨真理的蹤迹，理性就可以成為聖潔，為主所用。

聖潔，並非一種修行的素質。「聖潔，是一個關係性的觀念。」[8] 在聖潔、慈愛、公義的聖父、聖子、聖靈中，與上主相遇，由祂指教我們的理性去追尋祂自己。這就是理性可以成聖的路，也是心理、心靈、情感、意志、良知，在理性主義抬頭後被切割得支離破碎的狀態下，仍可以走上的復和的路。這又好比，我們看見一朵白雲，十分喜愛，於是向它凝視、凝視、再凝視，看見它又像一隻大象，又像一匹白馬，又像一朵蓮

8 約翰．韋伯斯特：《聖潔神學》，陳永財譯（香港：基道，2006）。

花……我們很高興認識了白雲。事實上，我們很高興白雲教我們認識了它。

於是，讓我們在主面前等候，等待祂的風。祂的風一吹起，我們渺小的帆便鼓起，出海再一次遊歷十九世紀以來心理海洋濺起的大浪小浪，認識心理學問的故事。

8.1.3.2 道路：特殊啟示與普遍啟示

聖經不是一本心理學書籍，我們不能希冀在聖經裏找到所有現實生活的具體應用的答案。正如聖經不會解答建築學的問題、身體醫學的問題一樣。所以，聖經也不會為厭食症、亞氏保加症、抑鬱躁狂症、上網成癮症提供具體應用的答案。然而，聖經卻為人之所以為人的目標、路途、意義，提供了永恆不滅的真理。耶穌基督親自道成肉身為人，嘗受過人生各種甜酸苦辣，「因我們的大祭司〔耶穌基督〕並非不能體恤我們的軟弱。他也曾凡事受過試探，與我們一樣」（來四 15）。惟一不同的是祂沒有犯罪。所以，耶穌基督的生活行為教導，可以作為「真人」的藍本。基督徒可以讀聖經，與耶穌基督相交，去體會一切有關人生心理和心靈的終極真理。舉例說：「凡事都可行，但不都有益處；凡事都可行，但不都造就人」（林前十 23），可以成為成癮行為的基本真理。「小子們哪，我們相愛，不要只在言語和舌頭上，總要在行為和誠實上。」（約壹三 18）「鐵磨鐵，磨出刃來；朋友相感也是如此。」（箴二十七 17）這些教導可以作為人類相交關係的指引。

基督徒大可以憑著自己的天分和恩賜，以聖經真理，加上實務研究，創出一套專門治療或改變某某心理毛病的學問，這是沒有人可以禁止的。舉例說：筆者在本書追蹤有關心靈兩難的聚焦抉擇輔導，也是一種從實務處境，依據人類心靈掙扎真相（羅六~八章；太十六 24~26），而嘗試開創的一套專門治療模式。

其實，任何心理治療模式的開創，都需要參考許多心理學問已經發掘出來的普遍啟示，才足夠應用於這日益複雜的現代社會。所以，追求博學、實學、虛心求學的態度，可以幫助人將特殊啟示和普遍啟示融合匯通。

可是，當一般心理學問與特殊啟示發生衝突的時候，我們需要鍛煉明辨的心智，以特殊啟示為依據，去濾清普遍學問的渣滓。再拿婚外情作為例子，雖然筆者大量應用人類內在心理和互動心理的知識去幫助當事人，可是，在人類的抉擇議題上，心理學沒有提供符合真理的手法和思想。舉例：「案主憑自己的愛好作決定」、「案主憑個人感覺作決定」、「所有決定都沒有好壞對錯」，這些思想違背了聖經的特殊啟示，我們在應用時，要照顧人性的本性，濾淨似是而非的渣滓。

在開創或承襲任何心理學說，作出心理治療的時候，慎防捨本逐末。舉例說：近年，心理學不斷流行情緒智能或情緒取向的治療方法，剛好是上個世紀以理性為本的治療取向的極端反動。當別人研究情緒，我們又一窩蜂去研究情緒時，所有傷害忽然全部被解釋為情緒傷害，即使研究耶穌，也用放大鏡去偵測耶穌的情緒，這就是以情緒為本，不是以基督為本。

情緒是甚麼？情緒與感情有何分別？情緒，只是西方把人類行為表現拆細來思考的一個名詞；西方的情緒與中國的情義思想已經相差很遠，而耶穌也從來不會聚焦於照顧人的情緒。情緒要放回人生、人的本性、人的命途（human destiny）、人的整體去看，才有意思。耶穌何曾主張人要不斷宣洩情緒？為何人一定要獲得情緒舒暢？在十字架上的耶穌，情緒絕不舒暢！

另一方面，從靈修操練來看，同樣的情緒，可以來自聖靈，也可以來自那惡者，在靈修操練中明辨源起才是最要緊的。我們要仔細察看哪些是捨本逐末的歧途。

筆者在一段悠長的依納爵靈修歷程裏面，發現情緒、五官、心靈全部都是可以接觸和通往上主的通道。可是，在靈修和操練中，負面情緒可以是一扇窗戶，讓我們識辨自己的屬靈景況，我們無需立即用人為方法去宣洩或撫平這負面情緒。有時候，美好的情緒也可以是那惡者化裝為光明天使，誘惑我們離開心靈更新之路。心靈喜樂（joy）的意思，是人的意願融合上主的意願，但不代表人的肉體、本能情緒一定快樂舒暢（pleasure）。保羅和西拉被收押於監牢的時候，衣食貧脊，生命懸虛，情緒不會很舒暢，但他們心靈十分喜樂，以致這不舒暢的情緒變得微不足道，可以在獄中高聲唱詩歌。主耶穌在客西馬尼園，汗如血滴，祈求上主拿去苦杯；祂的情緒多半是驚懼、惶恐、無助、受傷、孤寂、被遺棄、愁煩等等，但祂以上主的心意為念，不但沒有被情緒駕馭，也沒有刻意處理和宣洩，就可以在心靈上得著力量，體恤在旁呼呼大睡的門徒。

筆者只想說：心理學界流行NLP，我們就追逐NLP；心理學界流行情緒智能，我們就講情緒智能；心理學界講權力操控，我們就說權力操控。這就是捨本逐末，失去了人生大圖畫，以心理學界的興趣為本位，不以整全人性為本位、不以耶穌基督為本位。

中國的《黃帝內經》的〈素問篇〉說：「虛邪賊風、避之有時，恬淡虛無，直氣從之，精神內守，病安從來，是以志閒而少欲，心安而不懼，形勞而不倦，氣從以順，各從其欲，皆得所願。」

中國這本古老而智慧的經卷，都可以窺探情緒與人內在的慾求有關，與人的心性安閒，對外界利害追逐有關，病痛與健康也與全人的德性、心靈渴求有關。

詩人說：「你〔上主〕張手，使有生氣的都隨願飽足。」(參詩一四五16)

人生苦海無邊，是不是用一個「減號」就能解決這場人生的計算？抑或用養生、仰望、信守聖約去體悟及轉化？心理學是好的，心理學談及生物學的情緒研究實驗，以及腦部的各種觀測，都是有趣而有益的。可是，心理學在應用獲得的客觀科學知識時，稍微轉移我們的視線，就可以很巧妙地、不知不覺地奪去人類對上主的追尋和信靠。

這說明了甚麼？有許多重要的人生議題，如人性、苦難、關係、人生意義、生命死亡，真善美愛這些恆真的命題，是心理學的遺漏虛位，引致捨本逐末的「趨樂避苦」傾向。在真理方面，基督徒可以藉著上主的恩慈多下苦功，待會再詳細說明。

8.1.3.3 道路：審視心理學問的原則

1. 放棄二分觀點

放棄對錯的觀點，自然與超自然也無需二分，所有心理學問都是對的(有符合真理的成分)，所有心理學問都是錯的(有違反真理的成分)。面對所有心理學問，我們以是否符合特殊啟示作為審視觀點。求學的時候，要虛心、勤學、消化、掌握，謹記著最好的心理學也可以是最壞的，扎實學習以後，隨時願意為基督的緣故全部丟棄。

2. 審視學問的方法：察看

學習任何一套學說之前要透徹明白幾件事：

1） 知識是經由「人」去傳遞的，要細心審察認識這傳遞的人，才去認識他所創造或傳遞的學問。察看這位導師時，不管他是否基督徒，要察看這個人的人生背景，創建或傳授心理學說的動機，做人處事的方式和所結的屬靈果子。

2）所有人都是罪人，然而所有人都是上主所創造的，有上主的形象；於是，每個人都不完美，但卻應該獲得尊重。一位導師所授的學問是否可取，就要察看他為人的心術、動機和融會貫通的能力。

3）察看人和此人宣傳的學問，要查察此人和此學說有哪些地方肖似基督，哪些地方不似基督，哪些地方敵對基督。

4）審視學問的時候，不是單單去思想，而是去「察看」，即是以心靈和智能，深入認識該學說。不妄下斷語。勤讀聖經，將之與聖經和基督的啟示來回對照。又以世事和實務情況，來回觀察、推敲、應用此學問。在順利處與不順利處，與耶穌交談，以聖靈的慧根和善根去孕育智慧。

5）在充分消化以後，應用某種符合基督真理的心理學說時，由衷地感到歡欣、平靜、欣悅、美善的，那心理學說便可取。

相反，若在吸收和應用某學說時，人心內裏的雜質被挑動，引起虛榮、嫉妒、爭競、自命不凡、自覺大有能力操控自己、操控眾生的話，學子必須與此學說保持距離，此學說其中很有可能蘊含挑動人性邪惡私慾的成分。

倘若，吸收和應用某種學說時，感到內裏引起頹喪、壓力、恐懼、擔心、疑惑的，就要祈求上主的恩助，仔細考察該學說，那很有可能是真理的邊界，也可能觸及你內心心靈與上主接觸或疏離的邊界，學子要安詳自省，靠主明辨。

6）輔導員、治療師內在靈修、淨化的功夫愈好，這種觀照物象的能力就愈大。

3. 選上的人少

留心，所有治療大師都容易陷入試探。「豈不知在場上賽跑的都跑，但得獎賞的只有一人？」（林前九 24 上）

4. 語言互讀

認識語言和清洗語言。語言本身承載一系列的知識、價值和情感。往後，筆者再詳細闡釋，暫時容許我舉一個簡單的例子。伊底帕斯情意結是文學語言，相依理論，是科學語言，而亞伯拉罕獻以撒是心靈的語言，然而，這些都是關乎依戀和分離的心理現象，相依和相離是人類終生都要面對的張力，不同範疇的語言和意象也可以互相解讀。

5. 學問互通

人生的學問互通。舉例說，一位案主分享她人生曾遭遇的一個遺憾，我們可以用多層次的人生學問去了解她。從心理上來說，可能她所呈現的是抑鬱症的特徵；從文學方面，我們可以用「一棵瘦弱的小草，長於隙縫間，擔風受雨」來描述案主；在哲學上的探討，案主所經歷的，就是對世事無常的探討，對不停犯錯的人生的歎息；在神學上的反思，可以是人要能真實面對自己的失誤和困乏，死亡就是復活的前奏曲，生命原來是一連串的回轉、悔悟和重生。

所以，人生的學問互通。讀心理學的，最好也讀文學、哲學、神學，透過多面向多層次的水晶體折射真理。

筆者對於進修的次序有如下的建議：

1） 人物傳記 / 文學作品（先「人文」後「概念」）；
2） 心理學應用故事；

3）歷史；
4）人本主義的心理治療學派；
5）科學、實證主義的心理治療學派；
6）靈修大師作品；
7）後現代的心理治療學派；
8）神學（先「神學」後「哲學」）；
9）哲學：中國思想學說，西方思潮（先「東方」後「西方」）。

6. 求學態度

懷著開放、友善而批判的態度求學，不要在同一時間學太多，每一個時刻學到夠用就好了。「讀書多，身體疲倦。」（傳十二 12 下）不要為成績或成就而讀書，要為生命的議題讀書，為認識人生而讀書；不要單為尋求自己而讀書，要為尋求認識上主而讀書。

廣泛閱讀時，常常傾聽優質詩歌，洗滌靈性，使情感舒暢。右腦啟動時，左腦才不會幽困閉塞而誤入歧途。

任何不尊重人的生命以及不尊重創造主的學問，一律可以加以鄙視。

甚麼是求學？

求學就是先學求問，先學發出合宜的問題。合宜的問題引導我們找到有用的知識，不合宜的問題會領人走進牛角尖。對於有用的知識，要深入咀嚼、了解，直到能夠消化；但凡可以消化又能對應人生的學問，都可以付諸實踐。吸收回來的新學問，與內在舊有的慣性會產生內在張力。若誠懇地處理內在張力，必定需要有嶄新的悟性，這份領悟很多時來自對真理的清心渴想，由心靈的頓悟而生的，這樣才能將兩套思維整合內化，才有機會領取上主為你所預備的禮物，那就是真智慧。「敬畏耶和華是智慧的開端；認識至聖者便是聰明。」(箴九 10) 內有玄機！！

8.1.4 真理：生命乃一場奧祕

《論語》的〈里仁篇〉記載，孔子曾說：「朝聞道，夕死可矣。」孔子畢生廢寢忘餐地追求標準的倫常義理，以及做人處事的義理，成為萬世師表。所以，他感歎說：倘若有一天能接觸見聞這個真道，他那一天就可以安詳去世，他的一生就具有圓滿的意義。

人心靈酷愛真理。主耶穌說：「你們必曉得真理，真理必叫你們得以自由。」(參約八 32) 心理學是關於人類行為的科學研究，應用心理學或心理治療把這些研究資料應用到醫治精神毛病、糾正不健康關係、改變一些破壞性行為、醫治心靈痛苦。凡此種種行為毛病的背後，必定藏著一顆唉哼的心靈，正如保羅在羅馬書說：「我們知道一切受造之物一同歎息、勞苦，直到如今。」(羅八 22) 活著的悲喜愁煩，本身就是一場奧祕。真理，就是恆久、常存不滅的真相，從中彰顯宇宙、創造的奧祕。這奧祕來自創造的主人，祂創造的心意，並與受造物的關係。在應用心理學及心理治療，經常面對的就是：苦難、情感、意義、愛、缺陷、寂寞、迷失、失望、遺憾、連繫、整合、生、死、終極關懷等等事實。如何去體會、理解，及活出這些事實，就是一場奧祕，那就是真理的範圍。

在心理治療過程中，許多時候，協助案主悟出一份洞察力，知道那事實背後的恆真事理，案主就忽然脫胎換骨，可以重新上路。

舉例說：筆者有一次輔導一個已婚婦人，她畢生勞累，最後卻發現丈夫在事業、個性各方面都令自己失望，她雖然再次接納他，但還是覺得她自己人生像被拖垮了。她問筆者：「那麼，我豈不是要被他拖累著？」筆者說：「你說的正是，婚姻就是一場拖累，你拖著他，他拖著你，彼此就受對方連累。」當時，那位婦人很詫異，她的表情告訴我，我協助她「看見」了恆久常存的真相。

每一對夫婦都是彼此拖累。認識了這個事實，我們才可以獲得平常心。在平常心之中，我們學會謙虛；在謙虛之中，我們才可以找出比一味埋怨更為輕省的方法，即使彼此拖累著，或許也能夠一起振翅高飛。

又一次，一位發生婚外情的男士不願意離婚，又不願意離開第三者。訴說一輪苦衷以後，他說：「我太愛那位女士，我不能離開她。」筆者問：「你既然這麼愛她，你可以送些甚麼給她？」他說：「我也知道我根本不能給予她甚麼，我自己有一個家，有妻子。」筆者問：「你擁有她，卻不能屬於她，這豈不是霸佔？」他詫異而且啞口無言，沉思一會，點一點頭。筆者問：「那麼，你是愛她，還是愛自己？」那位男士想了一整個星期，在下一節面談的時候誠懇地覺察：「從前我以為我很愛她〔第三者〕，原來我只是愛自己。根本，我不知道自己是否懂得愛。」

在人生的苦難、抉擇、危機之中，人類心靈極渴望開一扇門，通往更真實的奧祕。

生命，不是一連串要解答的難題，是一場要活出來的奧祕。

8.1.4.1 真理：活出來的奧祕

真理，不是一堆理論和概念。真理，也不是一加一等於二的方程式。真理，是一個視點，是一個活出來的現實，

而且這個活出來的現實，使人活得更天真、喜樂、充滿生機（come alive），更能與宇宙的真氣和正氣響應與共鳴，那便是真理。

無論創造主如何發言、啟示、揀選，教導，人總不能明白。於是，那位比香港更大的上主、比中國更大的上主，比東南亞、歐、美更大的上主，比整個地球更大的上主，比星河、宇宙更大的上主，降下凡間，成為一個只得幾呎高的蟻民，成了「可大可小」的真理！不可思議的真理！

有一次，一位門徒來到耶穌跟前稱呼祂：「良善的夫子！」耶穌怎麼回答呢？耶穌説：「你怎麼稱我是良善的？除了神一位以外，再沒有良善的。」（可十 18；路十八 19）

這段經文有些令人吃驚。人，當然有缺點和罪惡，但主耶穌是神的兒子，從來沒有犯罪（來四 16）。為甚麼祂也不能稱為良善的呢？百思不得其解，後來聽了屬靈導師蒙威廉神甫的解釋，疑團盡釋。他解説，耶穌是神，祂完全成為了人，受人各種限制，祂也是藉著時時刻刻與天父連繫，在人生每個關口選擇天父的道路，才可以不犯罪。若以人的限制為視點，主耶穌便不能被稱為良善的，但祂以神為惟一的視點，時刻遵從天父的心意，反映出天父全然的良善，所以祂確實又是良善的。耶穌同樣擁有七情六慾、飢渴、肚餓、疲乏，與我們一模一樣，是一個有限制的人，祂卻活出上主完全的善，就可以示範人如何活出來的奧祕。

主耶穌全然的善，來自一個視點，惟一一個視點，那就是天父的視點。有一次，筆者在靈修的領悟中明白，**完全以天父的視點看萬物，就是真理。所以，我們每一天的生活，在乎以萬物的觀點看上主，還是以上主的觀點看萬物。是這個輕輕轉移的焦點，就是我們畢生要悔改的歷程。**

8.1.4.2 真理：宏大敍事

在古希臘的思想世界，真理都是概念，如真、善、美、愛、公義等等。每一個觀念都有一些絕對的定義和規律，可以思辯、推敲、討論、持守。

在十八世紀啟蒙時期，西方思想家仍然深受希臘哲學思想影響，追求和信奉事物都有一種絕對的定義和絕對的規律。於是，科學世界研究出來的種種定律，成為真理。逐漸地，思想、理性、邏輯推論出來，可驗證的，就成為真理。結果，改革宗傳統就以辯論、推敲、驗證這些護教方法來推論真理。推論式的真理取代了觀看日月星辰、花鳥蟲魚、感悟人生，推論式的真理取代了來自心靈感應、頓悟出來的真理。

十八世紀的理性科學發明，為歐洲世界的人們帶來巨大自信，他們相信人類善用理性、科學，就會在人間創造天堂。隨後在二十世紀，兩大主義支配和主導著人類生活的法則。共產主義視「宗教為人民的鴉片」，人類不需要追求任何心靈上的覺悟和拯救，人民力量就是拯救，無產階級匯聚的力量就是神，人類的公敵不是罪惡，而是資產階級，透過階級鬥爭，人類就可自己拯救自己。而以經濟統帥的自由主義、資本主義，雖不反對宗教或者神明，但宗教或神明變相成為給我們提供財富和精神滿足的輔助資源，財富是神，經濟體系是神，自由競爭市場讓人類在生存中察覺自己的價值和依據。直到今天，連教師、社工、牧師、傳道人都將不斷進修和學習稱為「自我增值」，掛在口邊，人成為貨品，在自由經濟市場上競爭，才能找出自己的價值。何等悲哀！

在《盼望猶存》（*Hope Against Hope*）一書之中，包衡和哈特提出現代世俗的進步神話是一個宏大敘事。[9] 包衡和哈特說：「宏大敘事是一種對現實整體意義的敘事架構。」[10] 兩次世界大戰揭示人類的殘忍，希特拉、斯太林、共產主義揭示人類鬥爭的癲狂。人類憑著理性、科學，可以邁向自由新世界這個進步神話全面瓦解。

後現代思想、新紀元主義，就是對現代的樂觀、自大唱出輓歌。近年的金融風暴、金融海嘯，是否也在揭示自由經濟市場給人類安全繁榮保障，原來也是一個巨大的神話？後現代的哲學家尼采、班雅明、李歐塔都在諷刺和反對宏大敘事。[11] 人類自行建構的神話幻滅了、人類受傷了，人類被祖先的驕傲、自大、自信所傷害了。歷史現實和社會現實碎裂，成為一堆碎片。[12]

我們活在破碎的年代，案主來到輔導室，主宰他們行為的，是支離破碎的思想，有時摻著自由主義的競爭思想、夾雜著中國文化的忠孝節義，再混雜後現代的相對主義精神。在貧富懸殊、人心疏離、資本主義的現實底下，心靈飢渴，追求性、名牌、科技、刺激，用來麻醉那無法安頓的心。有甚麼真理可以修復種種支離破碎？有甚麼宏大敘事可以叫粉碎的骸骨重新歡躍（詩五十一 8；結三十七章）？

歷史無法還原，但「哀慟的人有福了！他們必得安慰」（太五 4）。耶穌說：「任憑死人埋葬他們的死人；你們跟從我吧。」（太八 22）在歷史的野蠻和沉痛中，我們要以孩童的心重新去領

9 包衡、哈特：《盼望猶存——基督教終末論的當代意義》，蔡錦圖譯（香港：基道，2006），頁 8。

10 包衡、哈特：《盼望猶存》，頁 9。

11 包衡、哈特：《盼望猶存》，頁 19~23。

12 約拿單．威爾遜：《破碎世界裏的忠心教會》，陳永財譯（香港：基道，2008），頁 7。

略耶穌對生命的啟示。我認為這是每一位助人者、心靈導師、牧者必需承擔的神聖任務。

筆者專門從事婚姻及家庭治療的工作，筆者常常要求自己在千絲萬縷的家庭關係中，找出上主在人間情愛的定律。遇見案主活在種種的恩怨糾纏之中，筆者懷著禱告、默想，求上主指教自己以祂的眼光看萬物。筆者看見人生雖然有絕對的是非對錯，但在人生處境中，卻沒有絕對的演繹。

譬如說，不論基於甚麼原因，當一對夫婦後悔結婚時，他們會覺得，自己是由於一時無知而簽下婚書，由這一紙婚書而束縛他們一生，實在是太霸道、不公允。筆者反覆沉思。在情緒上，人活在困局，想企圖掙脱，是完全可以理解的。但與案主對談分享，在情理上，當初結婚的決定是出於兩個人自願的決定，並不是封建社會強迫或買賣所致；不成熟的自己也是自己，人即使走進墳墓也仍是不夠成熟的，我們也該尊重不成熟的自己當時自願的決定，並為此負責。倘若決定結婚是兩個人一起決定的，要解除這個約定，也應該是在雙方同意的情況下解除，否則，單獨解除雙方的決定，這行動在本質上不是決定，而是「拋棄」。沒有人能禁止任何人作出任何決定，但你內在的良知和理性不喜歡你自己拋棄別人。稍為有理智的案主，都認同這個事理。

又譬如，筆者常常誠懇地告訴當事人：「你的決定定義了你是誰，而這個決定又再決定了你未來那一頁歷史如何揭開。」

又譬如，有一次，一位發生婚外情的男士經歷了五、六節的個人輔導，開始認識自己的慣性反應如何束縛自己，又認識到成長歷史的哀傷如何阻礙自己建立親密關係，回顧婚姻歷史的時候，又發現雙方有一些同甘共苦的時刻，案主也真心感激妻子。即使如此，案主對第三者仍然念念不忘，常常有逃離婚姻的衝動，不知如何是好。筆者問他：「你認為你的婚姻還有沒有生命？」他沉思一會：「有的，我們仍在意對方。」筆者說：「那麼很簡單，凡有生命的，不要把『他』〔婚姻〕殺死。」案主沉思，得著很大的啟迪。

又有一次，一位朋友十分掙扎，對筆者說：「我覺得自己很不自由，我覺得生活裏有很多框框，我總不能突破這些框框。」筆者說：「誰告訴你自由等於突破框框呢？」這位朋友啞然。筆者說：「你剛才這句話不也是一個框框嗎？」這位朋友很聰明，意會到「突破框框才是自由」這個想法本身也是一個框框。筆者說：「對的，沒有人能夠得到全部的自由。」(筆者按：一般人認為自由的含意就是想做就去做甚麼，但那不是真正的自由，其實是任性。我們可以擁有的真自由，就是選擇走一條不違背自己的路。)

後現代的建構思潮觀察到一件事，就是每一個字都有能力建構現實，每一句話都有塑造的能力。耶穌的話也是充滿能力的，我們需要把祂的話咀嚼、咀嚼再咀嚼。把祂的話、祂的人生變成塑造我們和案主生命的能力，成為後現代生活聽得到的言語。

耶穌的話如何塑造生命，人類的心靈世界如何變化更動，在這方面，心理學對我們毫無助益。反而，中世紀的靈修導師如：奧古斯丁、聖依納爵、沙漠教父、聖本篤（St. Benedict）、聖法蘭西斯（St. Francis of Assisi）、大德蘭修女等等；大文豪如：托爾斯泰（Leo Tolstoy）、米德蘭昆德拉、魯益師（C. S. Lewis）、赫胥黎（Aldous Huxley）、杜斯托也夫斯基（Fyodor Dostoevsky），甚至金庸；古代的文學名著如：《紅樓夢》、《水滸傳》、《西遊記》；凡此種種，對人生真理、人類靈性有更豐富的助益、更深遠的啟示。

8.1.4.3 真理：神農氏嘗百草

有些有志從事心理輔導的人問我，既然許多輔導及治療理論並不符合真理，那麼，我們豈不是不需要心理學的理論？又或者請你告訴我哪一套學說最符合基督教思想，就讓我讀那一套好了。

我個人認為沒有簡易的答案。希望本拙作可以給大家作一個參考，可以作出微小的貢獻。筆者可以在兩方面分享。首先，萬物是上主所造的，祂看著一切都是美好。所以，祂在永恆廣闊的宇宙中撒播了不少真理種籽，西方撿拾到一些，東方又撿拾到一些，文學撿拾到一些，哲學又撿拾到一些，心理學也撿拾到一些……每一套心理學說都撿拾到一些，故此沒有一套簡易的方法滿足我們所有的需求。人類心理奧妙難測，除了明顯是邪惡或敵擋基督的心理學說以外，都有參考價值。

同時我也認為，我們這些有限制的凡人尋找真理，好比神農氏嘗百草，我們許多時候是通過「不是」去認識「所是」。每一種不太符合真理的理論，透過它的似是而非，讓我們更加明白何謂「真是」。我們要衷誠感謝每一套理論，給我們思考和反思的機會。

有一次，有一位朋友正掙扎於奉獻委身當輔導員是不是一件有意義的事情。我給他回了一封長信。當我執筆寫這本書的時候，無意中撿拾到這封久違的信的影印本，也許內裏有一些話可以代表這種神農氏嘗百草的精神。

在信中我這樣寫道：「我想有兩方面重要的原因：(1) 我勤力，亦相信博學（即使我常常自覺學識膚淺），**我相信做學問的功夫，不是相信理論，或相信甚麼學問權威，或甚麼虛名**。二者有很大分別。我信奉為學有如金字塔，要能博大要能高。於是，我盡了身為人、身為知識分子的責任；(2) **我勤學，是由於我不相信學問**。所以我不停在學問和人間去看清楚如何詮釋真理。如何更容易使人信主。矛盾和弔詭的是，我愈是這樣，對學問的利弊深淺掌握愈寬博。而且學問與人生和真理不停在我人生尋覓中對話；我關心甚麼？我關心世間的學問鄙棄了耶穌，這是我最關心的地方……」

世上學問，浩如煙海。我們所寶貝的，惟獨主耶穌，為了主耶穌這棵仙草，我們更加要嘗盡百草，去認識不同的學問，去尋找祂在的地方。

8.1.5 生命：在輔導室道成肉身

在輔導室，生命與生命交流，有許多信任、安慰、承托，但也有許多測試、考驗和陷阱，我們需要再細心思量，向主耶穌學習祂道成肉身的生命。這裏，筆者嘗試將一些要點指出，與大家分享。

1. 人是人，不是神

記住：人是人，不是神。即使最敬虔的人也不要誤會自己是神。那是最危險的試探。我們在世上作鹽作光，但我們不是神，不能亦不可以掌管任何人的生死命運。沒有一個人是由於沒有了輔導員而活不下去的，亦沒有任何一個輔導員懂得包辦人生所有難題。

2. 清洗三種慾望

清心寡慾。輔導員首先要清洗的是三種慾望：成就慾、操控慾、改變慾。

很多熱心的輔導員很希望在輔導工作上獲得成就，尤其中途轉變職業，押上人生下半場作孤注一擲的投資的人，渴求成功是可以理解的。追求成功感是人性使然，沒甚麼好稀奇的。但成就慾會無形中使我們把理論、技巧、果效放在優先位置，反而將那寶貴的生命變成實驗技巧的配件，這是輔導室中「傷亡」最慘重的一種陷阱。那些往外國受訓練，或者在本港以數萬甚至數十萬元去獲取一個證書和甚麼資格的人，這種傾向尤其強烈。要省察！要留心！其次，是操控慾和改變慾，這是好心做壞事。這是多數牧者、傳道人和自以為是的輔導員的陷阱。輔導員眼中看不見對方，只看見「理想」，希望對方如何可達致這理想境界。例如：獲得高自尊、脫離抑鬱、夫妻和諧等等理想。這些都是慈善心腸，但「改變」成了眼前的焦點，「操控」成為輔導室的助手和勢力，那寶貴的生命退後成為配角，輔導員因愛成害。必須謹慎！自勉！

讓我們細細觀看主耶穌的生平故事。祂滿有憐恤、接納、安慰。可是，祂從來沒有強迫任何人改變，主耶穌往往退後一步，等尋求者做主動，祂一步一步回應、不操控、不支配，當然，絕不求任何成就。甚至，一些瞎子獲得醫治，就叫他們切勿把消息傳開。祂徹底輕看名聲，祂知道人生的季節盛衰興替，樂於隨著聖靈的風移動，彰顯天父，自我隱藏。

「清心的人有福了！因為他們必得見神。」(太五8)

清心的人沒有甚麼渴望，一心只渴望心靈至深的渴求，就是與神聯合，就是成就神的工作，由於清心、由於寡慾，內在有許多空間，很少雜質、很少障礙，能夠與至善者感應、共鳴。他們不介意自己是能幹抑或卑微，過程有沒有甚麼成就，或者得失對錯。他們只渴望看見上主的工作和成就上主的工作。是這份清心，可以與主同行。

清心，是上主所賜的恩惠。

清心，是長久歷練，經常回轉的果子。

清心的人，只要臨在，對方就得到舒鬆、肯定和安慰，因為神的靈有許多空間可以活在他裏面。

3. 認清主角和配角

有一些科學研究，為兩個正在會談的人繫上各種測試的儀器，發現在會談十至十五分鐘之後，雙方內在的情緒狀態、心脈、腦電波狀態互相強烈影響，甚至互換。近年一些有關能量心理學的研究也指出，負能量或正能量對附近的人有極大的影響。

所以，一個輔導員不夠清心，裝載許多情緒、心理包袱的話，不但未能影響對方，反而被對方負面情緒強烈感染，變成焦慮、暴躁、失落、徨恐。在這情況下，經常接觸負面情緒，會引起情緒耗盡（burn out）的狀態。

清心的第二個重點，是認清主角和配角。主角是來求助者和他生命的主宰。我們有幸被邀請參與他們生命的筵席，觀看上主親手所作的善工。即使在訓練工作坊裏，筆者也坦率直言，在輔導室，我只是一個清心的觀眾和一個忠心的助手，我只留心上主如何工作，不論對方是不是基督徒，他都是上主所珍愛的人、所要尋找的兒女。我在靜心觀看一場心靈的神聖交往，我只是細心聆聽，隨時候命，遞上棉花、遞上膠布，遞上一杯涼水。

4. 聆聽，就是倒空

留心耶穌與人談道的方法，祂對甚麼人説甚麼話。祂跟富有的青年官長討論生命，又向他發出挑戰。對於撒謊的矮子，祂不但沒有長篇大論，也沒有同樣要求變賣家財，反而輕鬆直言，進行家訪。對於井旁的婦人，祂拐彎抹角用盡隱喻明喻，最後才點出她有五個丈夫。對於被當場逮到的淫婦，祂一言不說，在地上寫字，為她解除危機，著她不要再犯。

一位已婚婦人，為丈夫而愁煩，因為丈夫躲在家裏不肯外出工作四、五年之久。這位朋友來到我的輔導室。她曾尋找其他輔導員幫助，可能先前那一位輔導員太著緊她了吧，認為她應該採取一些行動，要給丈夫一個教訓，例如離開家庭，給對方一些壓力。結果，這位朋友聽了這個意見，受了很大的壓力：她怎麼也做不到離開家庭，更不忍心把對方摔出門外，又不能向輔導員作出交代。她陷於兩難，又自責又自怨。感謝主給我「聆聽」的恩賜，我仔細聆聽，再聆聽，明白了背後原來尚有一個隱藏的性侵犯故事，才做成今天莫名的恐懼和一面倒的服役情況。

惟有摯誠的聆聽，才聽得見靈魂深處的歎息。如何聽？是生命的學問。

聆聽，就是倒空，沒有前設；聆聽，就是有意識的信任，信任對方的困境和善意，信任人間有流動的規律。

耶穌看人看到人的心裏去，祂說話，簡潔清楚，從自己心靈深處發出。聆聽，也聽進人靈魂的深處去。沒有千篇一律的模式，說話快慢多少，完全靠現場全人的感應。

有一次，輔導一對年輕少年人，產生良好的改變。該少年的父親給筆者一個回應：「一雙靜靜地聆聽的耳朵，不說多餘的語言，誠心誠意地奉上貼心實用的建議，是一門藝術。」著實是一場鼓舞。

「是，就說是；不是，就說不是。」（雅五 12）語言就是心靈相交的一場認識。

5. 隱藏的藝術

耶穌，行大事，卻安靜。耶穌，除了進入耶路撒冷和潔淨聖殿，祂絕少喧鬧。進入耶路撒冷迎接死亡，並非開心的事，為何祂大肆歡慶，因為祂盼望死亡後復活的盼望。因為祂慶賀自己的天父心意得成。

一般來說，耶穌氣定神閒、安安靜靜。祂可以有一千種方法叫人認識祂是救主，祂可以大顯神蹟，又可以降下災難，奮身搶救，成為大英雄，名留青史，反正都是一死，不如死個轟轟烈烈。但主耶穌善於隱藏自己，安安靜靜。有很多次，祂治好了病人，千叮萬囑，不要把事情宣揚；但好事傳千里，消息不脛而走。

為何如此？

主耶穌分享天父的性情，祂吸引人，叫人發現祂，不是以強權，以威勢、以大利益、以誘惑去強迫人去承認祂。上主等人自願，多情的上主尊重人的步伐、性情，甚至愚昧盲目，祂都尊重。祂微聲呼喚，等人自願。

上主不在暴風中，不在地震中，也不在火中，祂在柔和的微小的聲音中。求愛的主，等人自願。

在輔導室裏，輔導員一舉一動一思一感，都希望能與基督貫串，但卻又都希望隱藏。是甚麼意思呢？輔導員完全不迴避心靈的現實，也樂意討論任何有關信仰的事情，可是，輔導員最好減少用宗教術語。若引用聖經，最好用日常口頭字眼，作深入淺出的表達。因為不同的人活在不同的心靈階段，讓我們學習耶穌基督的心腸，靜靜地等候案主。而且，在香港有不少人早已聽聞基督教整套信息，只是在教會或信徒的惡劣見證中受傷、退縮。宗教語言引起他們對偽善、傷害的聯想。也有些信徒，口裏不停稱呼「主啊！主啊！」，宗教術語成了他們的慣性動作、身分象徵或是掩護色，讓他們更不需要面對心靈的真相。

主耶穌問門徒：「你們說我是誰？」門徒大都想不出答案。

在尋覓中，人們才可以發現，才會認識。因此，我們也讓案主有他們發現和認識信仰的空間。

6.　主愛我們到底

容許自己犯錯，與自己的無知、愚昧交朋友，並為此與眾同樂。聖經沒有記載耶穌在人生現實中，有沒有一些無知和一些小過錯、小毛病。但祂是人，祂一定也有人的限制。例如，祂在船上呼呼大睡。又例如祂講解道理，遺忘了時間，五千人在山頭，過了黃昏，沒有食物充飢。我們的錯謬比耶穌更多更大。因為我們是人類。犯錯是很好的，讓我們記得自己是誰，是渺小無知的人類。犯錯使我們更信靠主，更能追蹤祂手所作的工，如何撥亂反正的神奇。幽默、歡暢，嘲笑自己。因為主愛我們到底，包括我們的無知、軟弱、限制……

8.1.5.1 生命：輔導室的三重工作

筆者所見個案甚多，舉辦輔導訓練課程也不少。常常有一個疑問環繞著我，為甚麼相同的理論，近似的工作手法，相近的愛心和專注，對不同的案主有不同的結局，不同的輔導員會產生不同的效果。

起初，筆者極度認真自省，有沒有遺漏步驟？有沒有疏忽失誤？又推論是不是一些輔導員未能應用所學或學藝不精？也許，這些因素都存在。但有時即使過程全無疏忽、十分仔細、全情投入，輔導結果也不一致。

終於，筆者悟出這個道理。在輔導室裏，有三重工作：

1）第一重，神透過輔導員去協助當事人。在這重工作，輔導員是否勤懇學習，如何在現場應用理論、學問、人生智慧，如何感應當事人，如何覺察神的工作而互動，都影響輔導效果。這是第一重工作。
2）第二重工作，是神對輔導員的工作。許多時候，輔導員也是負傷的治療者，上主的幽默就是，輔導員本身最不敢面對或最害怕的人生經驗往往出現在當事人身上，以此治療改造祂親愛的兒女。輔導員個人有多開放，對上主有多敏感，有多少靈修的操練，有多少誠實的反省，經歷多少上主的愛和接納，如何清心地讓聖靈內住，決定第二重工作的成效。
3）第三重工作，是神在當事人身上的工作。當事人願意開放多少，願意對所領悟的作出多少反省，對自己的遭遇有多誠實和著力去作出改變，對上主有多接納和願意經歷，都形成第三重工作的果效。

倘若這三重工作都暢通無阻，筆者常常看見很感人的改變。當一位輔導員想探討自己工作的質量和成果，可以細察這三重工作的狀況。

8.1.5.2 生命：輔導與靈修配合

生命，來自上主。所有輔助生命的職事都是心靈的職事。筆者在另一本著作中也有詳細論述。[13]「屬靈的人能看透萬事。」

13 霍玉蓮：《婚姻與家庭治療：理論與實務藍圖》（香港：突破，2004），頁327~336。

(林前二 15)真理，是用上主的眼光看萬物。我們是人，又如何能用上主的眼光看萬物？我們需要跟隨耶穌的榜樣，經常回到天父懷裏，省察心靈，更新意欲，校正人生焦點，不斷悔改、不斷回轉、不斷讓上主充滿和陶造。不斷重新認識主，在主裏重新認識自己，更加恢復創造的本意，更加讓主開心。

這是一個畢生的屬靈旅程，是扎實的靈修操練，沒有捷徑，不是任何一個課程、一張證書可以換取的。生命，來自生命的主。生命影響生命，生命的內在自由與穩固，來自我們靈魂體全人與主相依。中古世紀，有許多著名的靈修大師，聖十架約翰(St. John of the Cross)、大德蘭修女、聖依納爵……上主藉著他們為我們留下了許多可以操練生命的蹊徑。聖依納爵的靈修操練，以耶穌基督為默想靈交的軸心，重視五官、全人全意識的參與，重視靈裏內在修行，及外在的行動使命，而且又強調培育屬靈辨識能力。在默觀中行動，在行動中省察。可以成為很具體真實的屬靈操練指引。筆者也曾進行為期超越一年半以上操練，到現在仍每天細察主的蹤迹、主的心意。當時每星期接觸神師指導，對上主的臨在的覺察力、心靈的敏銳力，心靈與神的親密感，對內在「舊人」的模式，自覺性，對上主的手的工作的敏銳力，以及對上主的渴想，全都享受上主豐豐富富的厚恩！真是筆墨難以形容！有一次，反思一天各樣瑣事，讚歎上主的佈局神妙，祂叫所有愛祂和專注於祂的人得享另一條靈界通道，叫萬物萬事穿越時空和知識，跟意識產生聯繫。在靈修日記記下這樣的領悟：「神在宇宙穹蒼使一切如祂心意運行，使萬物獲得平安、美善和溫暖，但物質表象會遮掩許多正持續運行的美善和力量，神叫人瞎眼，是由於人缺乏那份清心、純意和美善去知道、去明白。但歸於祂，又專注於祂的人，活在另一道空間，看見許多連繫、許多佈局、許多精奇，人生多麼優美！」

一切都出於上主！惟有上主可以叫人的心眼復明，筆者鼓勵所有從事輔導工作的人渴慕上帝，去與上主相依，去恢復心靈的視力！

上主充滿了天地宇宙萬物，人覺察到或覺察不到，都不能妨礙祂的工作，人若對祂敏感，又獲得祂的允許，就會不斷追蹤和感應到祂神妙的佈局和生命的奧祕。但由於人的限制和身心靈的軟弱，人要不斷承認自限，邊走邊停、調節作息。人縱有精力，也不能承擔生命全部的曉諭，上主體恤我們，每時每刻一點一滴。

生命的神奇，就在於我們可以不斷接駁生命源頭，不斷獲取休息，不斷契合，不斷分享上主創造、再創造的驚奇。

人與人連結，物與物連結。聖靈，就是人生命的火種，在萬物間梭巡。靈修，就是回歸本體的寧靜，回歸萬物連結的源頭，察覺自己、察覺萬物、察覺上主。中間的動靜作息存留，就是靈，就是生命。

8.1.5.3 生命：是一場傾注

生命，是一場傾注。先由天父藉著耶穌傾注祂全部的生命，然後，又藉著祂的兒女去傾注祂所賜的生命。

願與你們分享一首靈修體會的小詩。

生命的傾注

宇宙患了重病
　　世界正扭曲、毀壞
有人問：祢是否悲憤？

人心在迷失中
　　橫衝直撞
有人問：祢是否傷心？

青年人失業、隱蔽、捆鎖在
　　電子機器的囚禁中
老年人回顧一生
　　盡是不肯正視的罪孽、受苦與遺憾
中年人用謊話編織成就
　　用性慾去欺騙快枯死的心
少年人不明不白的戀愛
　　又自稱「同性」又懷疑「雙性」
　　再頻頻地墮胎

再沒有傳奇人物
　　都是軌迹錯亂的人生

　　　打擊著輔導員的毅力
　　　　挑戰著輔導員的耐性
　　　　　質問著輔導員的信念
　　　　　　掏乾了輔導員的愛心

如果生命是旋轉的循環
一切聆聽與問候
　　變成上發條的歌聲
開始與結束都不外乎
　　是一種點綴的伴奏

何需珍惜？又何需著緊？

除非生命是一次飛翔
　　有起點　有自由　有方向
　　折翼了仍然能夠在天涯屹立

生命的脆弱預備了蛻變的再生

於是　生命之外仍有生命
　　生命的破損預示著生命的歸還

那麼　輔導就是一場生命的傾注
　　　　　視死如歸的相逢
　　一粒麥子死了　就結出許多麥子來
　　生命的感染力從沒有塗抹人生的苦澀
　　　　卻幻化出生命的尊嚴
醞釀著跌倒後再仰視穹蒼的傲氣
　　　　善惡的交鋒到底是免不了
　　　　　　　　　浴火重生

——霍玉蓮，於 2007 年 10 月 6 日

8.2 以「婚外情」作為案例示範

讓筆者根據上述基督為依心理治療的取向應用在婚外情個案上，作為案例示範。

8.2.1 基督為依心理治療處理「婚外情」個案的依據及基督精神

1）基督精神貫串，卻隱藏（減少宗教術語，卻絕不迴避心靈和信仰的實質）。

2）看夫婦雙方（無論是否發生婚外情的一方）都是上主所創造的人，應得到平等、尊重、憐恤。

3）在千絲萬縷中找出上主在人間的情愛規律，懷著禱告、默想，用上主的眼光看事物。

4）案主與案主的親屬互動。每一個決定都主宰未來的人生命運。

5）平衡情愛與公義、受辱與饒恕。

6）無論結果如何，重點邁向基督、邁向生命更新。

7）輔導員的角色：憑基督臨在走在懸崖邊，身手靈活、武功高強、出手快而準，解危紓困，但絕不代替案主生活。

8.2.2 技巧、理論與心腸

以下圖表，不是絕對惟一的做法。純粹筆者的應用，提供參考。

		技巧	理論	心腸（神學）
1	與案主取得信任連繫	• 無條件積極關懷 • 真誠臨在	• 羅杰斯 • 鮑恩	• 基督的榜樣

		技巧	理論	心腸（神學）
2	協助非婚外情一方處理應激情緒與創傷後壓力症候羣	•借力打力 •睡眠、飲食、運動、減壓 •談論人生代價	•理情治療法減壓行為治療 •哲學、神學	•愛罪人、恨惡罪 •信心的仰望轉移焦點 •失掉生命，得著生命
3	處理案主內在兩難	•空椅子技巧 •內心靜觀圖像 •內在冰山	•完形治療 •潛意識理論 •沙維雅 •人生哲學	•羅七~八章 •救贖論／救恩史
4	醫治童年陰影	•無條件積極關懷 •眼球運動舒緩減壓法 •情緒舒緩技巧	•羅杰斯 •潛意識理論情緒療法	•弗一4 •救恩史
5	穩定現存系統	•舒緩及調節各推拉力量	•系統理論	•羅八28
6	復和輔導：情感支援、心靈連線	•處理依戀與哀傷、內疚 •處理憤怒和驚恐	•哀傷輔導情緒療法	•耶穌的「觸摸」
7	信任重建	•行為監管 •創傷後壓力症候羣治療 •促進雙方同感心 •預防死灰復燃	•潛意識理論 •系統理論 •人生哲學	•西一20~23 •約壹三17~20、21~22 •不在黑暗裏，得著生命的光
8	意義重尋	•重述故事	•基督為本敍事治療 •弗蘭克意義療法	•詩一三九13~24 •復活救恩

		技巧	理論	心腸（神學）
9	饒恕之旅	• 上述所有技巧 • 釋放舊恨禮儀 • 重訂盟約	• 沒有獨一心理理論說明	• 基督十架大愛 • 西一 16~22
10	鞏固關係	• 婚姻建立技巧 • 溝通技巧 • 衝突處理技巧 • 親密、性的技巧	• 婚姻治療	• 心靈更新 • 加二 20：活著的不再是我……
11	若然離婚，合作做父母	• 調解服務	• 家事調解理論	• 賽九 6
12	走出幽谷	• 情緒支援 • 生活意義重建 • 醫治孩子情感及信念創傷	• 哀傷治療 • 基督為本 • 重述故事	• 路二 49 • 詩一三九 13~24 • 出二十 4~6 • 救恩史

8.3 總要警醒禱告：不斷悔改

在救恩的計劃中，人類得贖的景況是在「已然未然」的情況之中。所以，整個宇宙仍然在勞苦歎息中唉哼，等候得贖。

於是，沒有人能夠說：「我已經完全了。」每個信徒、每個治療師、每一套理論都不完全；這當然包括筆者，筆者本人就是充滿軟弱毛病，需時刻聚焦向祂，求祂陪伴，求祂寬恕。我們惟一可以做又能夠做的，是不斷誠實自省、不斷悔改，不斷向舊我死、先靠主耶穌藉聖靈更新。人活著，事實上就是一連串不斷死亡的過程，不斷回轉，不斷歸向生命的主。

現時，心理學界和治療學界有一個大毛病，對舶來的學問一知半解，對甚麼甚麼大師所掛的名堂不明就裏，卻產生崇拜、趨之若鶩。「精要治療」駕臨香港，「精要治療」就是神；盛行沙維雅模式，沙維雅就是神；NLP旋風刮起，NLP就是神；大家都愛掛著曼紐秦旗號，結構派家庭治療就是神。近年，數以萬元計的一個NLP及附帶催眠課程，再推出證書及訓練導師課程，高姿態、高費用，於是，NLP、催眠等技術鋒頭一時無兩?!人的確是萬物之靈，酷愛拜神，卻不認識真神在哪兒，在風聲鶴唳之時，不知不覺拿金牛、金像出來胡亂膜拜。

主耶穌在十字架上說：「他們所做的，他們不曉得。」求主憐憫！

此外，心理治療學界，甚至教會、神學院、大學學府，都傾向借助學問，榮耀自己。由於學問被貶值為一紙認可資格，而美國人又擅長企業經營，紛紛炮製認可治療資格；於是，專業身分與自我身分割裂，一系列的專業認可程序，聲稱可包辦助人者的整個生涯規劃。這是荒謬的、是離奇的、是霸權的、是名實不符的。這歪風必定吹來東南亞，因為聖殿門口必定有人賣牛、羊、鴿子，美其名是樂助以色列人獻祭，其實是以營商的利益去沾污聖殿的莊嚴。同時，這生意也絕不愁沒有買賣，因為自古以來，就有人願意以紅豆湯賣掉長子名分。如何去監管及確認專業訓練的素質，是重要的，但活在這個企業時代，企業壟斷專業，以西方尺度量度本土素質，的確使人困惑。

還有一個陷阱，心理治療學派在後現代的氛圍和新紀元的帥領下，自然不免走入靈異世界。目前，開始有來自德國的海靈格（Bert Hellinger）的學派，手法奇異，拉雜拼湊各家治療模式，其治療方法有點兒像在台上「開壇作法」。筆者與一羣資深社工，曾親身參與海靈格治療工作坊，目睹整個治療經過。情況是這樣安排的：主辦單位將講台分成兩邊，一邊坐著想求助的案主，另一邊任由參加的學員自由上台協助扮演案主的家庭成員，治療師坐在講台中央。個案治療開始，坐在講台中央的治療師會主動找出一位案主，然後聆聽兩句，甚至全然不聽，不問往事、不問情由，憑一種靈感推斷當事人的詳情始末，果真本事！治療師坐著，輕輕靜默一會，然後有了靈感，就選擇在旁邊協助的一位學員走上台前扮演案主家人。我們一羣資深社工和輔導員，眼看著協助的學員自動擺出各樣姿勢，十分詭異。弄不清楚內裏乾坤，同行的人之中，較為好奇的朋友便請纓上台當協助者。這些資深輔導員嘗過扮演案主家人之後，與筆者分享：他們獲選站到台前，雙腳會自動行走、身體自動發抖、不聽使喚，而且，即使心裏並不難過，卻會自動哭泣；另一位社工被指示躺下來扮演案主死去了的家人，身體一躺下，頓覺周圍一陣刺骨和陰寒的感覺。這位社工的理性邏輯向來十分清晰，一羣學員實在攪不清楚這是甚麼葫蘆賣甚麼藥。這兩位親身體驗的朋友並不是基督徒，卻也感到治療師在使用一些靈界力量。目睹那些案主只獲得片刻的治療時間，主辦單位又沒有安排跟進，治療師在案主仍處於傷心情緒之時中止輔導，案主神情萎靡，委實令人不安。

近年來，種種離奇古怪的心理治療大行其道，這現象實在令人憂心！我們很需要辨識能力。求主憐憫！

「屬靈的人能看透萬事。」(林前二 15) 參透萬事、明辨世情、分辨諸靈等明辨的靈性操練，是今日教會失掉了的遺產。

「你們要謹慎，免得有人不照基督，而照著人的傳統，和世俗的言論，藉著哲學和騙人的空談，把你們擄去。」(西二 8；《新譯本》)

第 9 章
教會的聲音

「盼望」就是要正視黑暗，接納黑暗，卻不肯接待黑暗。

9.1 輔導：有必要嗎？

親愛的讀者，我們會心交談，從第一章一直談到這裏，未知你有何感想？可能你沒有耐性逐章逐句讀完這麼多層次多面向的書本，只專挑你有興趣的章節來讀。也許你讀的時候，也如我一樣，生起了心靈的慨歎：有時磨拳，有時擦掌；有時沮喪，有時疑惑。但無論如何，感謝你把這本書讀完，倘若你也捺不住心理輔導學問向你的心靈所發出的召喚，希望再定方位，重新出發，那我們可以成為知己朋友。

讀完這麼悠長的歷史和這種種複雜的輔導理論，你有何感想呢？曾經有一位學生跟我修習家庭治療，向我發出最率直的疑問：「這些一套一套的理論，那麼艱深，真有必要學習這些東西嗎？祈禱倚靠神的大能去醫治，豈不是更簡單實際嗎？」

的確是一個好問題。一些未能掌握這些複雜的理論和技巧而又想幫助他人，在事事講求證書和資歷的社會裏，未免會感到沮喪。尤其在踏入千禧年後，知識爆炸，形形式式的學說湧現，又愛各自發展自己一套專有名詞，叫人頭昏腦脹。

單說電腦、電子產品、手提電話等器材，昨天還是新資訊、新產品，今天已成了明日黃花，稍一疏神，已完全跟不上當中日新月異的資訊和科技知識。再看人體的疾病，也是日新月異，沙門氏菌、孔雀石綠、禽流感、豬流感……還要有甚麼新的變種細菌，皆是陌生的新品種，人類尚無防預之法，醫務人員不斷奮力研究提供醫治的藥物和治理方法。

修習西醫，需要記清楚身體上幾百塊骨頭、各種神經系統、細胞和器官的名稱；修習中醫，要背誦全身經絡、穴位位置和經脈的變化和作用，光是《黃帝內經》已經夠你寒窗苦讀好幾年。讀飽了書，還要靠臨牀經驗，去增加斷症的智慧和調整的要訣。

當一個人生病時，教會不會叫他單單祈禱而不去尋求醫生醫治。祈禱與專業知識並不互相排斥，輔導理論也不是多此一舉。人類文化和生態已經發生變異、已被扭曲、變成傷殘，輔導理論就是心靈醫學，在這變異的世界裏作前線探測和守護。

輔導學問，一如財經學、建築學、醫學，是為了管理修補、創建、醫治人和社羣生活而發展出來的學問，而不是一片好心的閒聊而已。一位護士誤把嗎啡當為鹽水替病人注射，[1] 可以危害病人生命。輔導員胡亂用重劑量的悖謬世界觀去輔導案主受創的心靈，同樣會危害心靈和心理健康，影響他人家庭生活和人生的路程。

由此，作為輔導員和治療師，我們可以看見輔導專業多麼神聖，又多麼任重而道遠。

1 可參 2009 年 8 月 29 至 30 日，香港各報章的報導。

輔導成為專業，不是因為一羣閒人為了自娛而耍新花樣。輔導成為專業，因為人的精神狀況、心理流動、人性的扭曲、家庭倫理和衰殘變異，令人招架不住，有如禽流感和豬流感般威脅人類性命。有愛心的專業人士要勤奮研究，為人類生活行為和家庭關係找尋出路。

彼得後書一章 3 至 8 節這樣說：「神的神能已將一切關乎生命和虔敬的事賜給我們，皆因我們認識那用自己榮耀和美德召我們的主。因此，他已將又寶貴又極大的應許賜給我們，叫我們既脫離世上從情慾來的敗壞，就得與神的性情有分。正因這緣故，你們要分外地殷勤；有了信心，又要加上德行；有了德行，又要加上知識；有了知識，又要加上節制；有了節制，又要加上忍耐；有了忍耐，又要加上虔敬；有了虔敬，又要加上愛弟兄的心；有了愛弟兄的心，又要加上愛眾人的心。你們若是充充足足地有這幾樣，就必使你們在認識我們主耶穌基督上不至於閒懶不結果子了。」

神已將「一切」有關生命和虔敬的事賜給我們，正因這緣故，我們有了信心，又要加上美德，有了美德，又要增添知識，然後再加上節制、忍耐、虔敬和愛心，才不至於閒懶不結果子。

所以，「知識」有它重要的地位。當筆者細心默想這段經文，發現了許多真理：信心與知識並不互相排斥，反而相輔相成；但在先後次序和步驟上，一個人原來需要有信心和美德，才好進修更多知識，否則，這番知識會吞噬，甚至翻倒進修者的心靈。筆者就曾經見過當編輯的人、搞學術的人、搞哲學或神學的人，在信心和美德上，沒有鞏固根基，被知識翻倒和吞噬，完全變了另一個人，十分可悲！有了知識，就要加上節制，這句話可圈可點。知識的吸引之處，可以使人不斷追隨，廢寢忘食；有人不停買書，有人不停上網，完全無法自控。節制再加上忍耐和虔敬，才能溫柔地容忍大眾的無知和愚昧，人生與理想的嚴重落差，以及萬化蘊藏的種種不幸、無望和危機。這一切一切關於生命的啟示，最終要達到愛人愛神的終點站，這就是生命的原委。

因此，知識是重要的。知識有它的位置、它的潛能、客觀存在的危機和限制。

香港，地處南方，中國的南方人，比較無知和現實，不太著重知識，也不十分注重德行；箴言這卷智慧書清楚發出勸勉和警告：「因為尋得我〔智慧〕的，就尋得生命，也必蒙耶和華的恩惠。得罪我〔智慧〕的，卻害了自己的生命；恨惡我〔智慧〕的，都喜愛死亡。」(箴八 35~36) 知識不等同於智慧，但有智慧的人都必定有知識。中國人，包括中國教會，都要警惕，切勿得罪智慧、恨惡智慧、尋找死亡。

9.2 潔淨聖殿

在聖經裏，我們清楚看到主耶穌怒髮衝冠大力鞭笞的一段記載：耶穌潔淨聖殿。一向溫柔、忍耐、低調、寬容、友愛的耶穌，怎麼忽然如斯暴怒？

猶太人的逾越節近了，耶穌就上耶路撒冷去，祂在聖殿的外院裏看見有賣牛、羊、鴿子的，和坐在那裏兌換銀錢的，就拿繩索當鞭子，把眾人連同牲口都從外院趕出去，倒掉兌換銀錢的人的錢，推翻他們的桌子……(約二 13~15)

他的門徒就想起經上記著說：「我為你的殿心裏焦急，如同火燒。」(約二 17)

耶穌又教訓眾人說：「經上不是記著說：我的殿必稱為萬國

禱告的殿嗎？你們倒使它成為賊窩了。」(可十一 16)

接著，耶穌醫治了瞎子和瘸腿的，小孩子在聖殿中高唱「和撒那」，祭司長和經學家挑釁耶穌，耶穌說：「我聽見了。經上說『你從小孩和嬰兒的口中得著了讚美』，這話你們沒有聽過嗎？」(參太二十一 16)

這段經文內含很深奧的真理，對信徒與非信徒都有提醒之用。而且，耶穌的暴怒更是指向信徒，那些願意獻祭、勤讀聖經、願意上聖殿敬拜的人，尤其是祭司長和經學家。

聖殿，是萬國禱告的殿；聖殿，是聖靈的居所，是人的心靈；聖殿，是耶穌的身體；聖殿，是指向神的道路、真理、生命。

我們自以為擁有真理的人，卻在真理的門口出賣心靈、出賣真理、出賣耶穌，這是耶穌深切痛恨的事。

好幾年前，達明一派樂隊寫出一首膾炙人口的流行歌曲《四季交易會》，歌詞內容剖析時代，洞察人心。[2] 其中一句「賣掉理想買借口」，也就是聖殿門前的買賣。

在現代社會，文學、哲學、神學、心理學，都關懷人的心靈和人類幸福，為人指向生命的真諦。「聖殿」本應是歌頌上主之地，入門處卻變了買賣的市集，這本著作就在歷史時空的層面上，追蹤心理學如何賣掉人類心靈的真相，換取似是而非的滿足、自尊和安樂；基督徒輔導員在應用心理輔導學說時，心中更感麻木和自相矛盾。

2　全部歌詞如下：揚起萬千汽球，銀剪一揮之後，在蓬蓬勃勃活活潑潑中再競投。原則是供與求，誰管夢的新舊，在尋尋覓覓買買賣賣中總不足夠。賣掉舊夢跟舊愁，賣掉伴著我的憂，代換了新愛，才來渡以後。賣掉痛苦買美酒，賣掉寂寞的自由，賣掉願望和感受，賣掉了所有。來期待以後，賣掉理想買借口，誰管是否強求，誰管是否遷就。在離離合合聚聚散散中再沉浮，誰知是否擁有，誰管多麼荒謬，任年年月月日日晚晚都繼續競投。

筆者在第二章和第五章列舉了許多心理學的虛位，神學家、信徒和輔導員還望細察思量。

幸而，神從小孩和嬰兒的口中，得著了讚美。

願我們深切悔悟，為聖殿焦急，如同火燒。又求上主給我們小孩和嬰兒般單純美善的心！

9.3 回到生命的起點

在筆者進行深度的靈性操練時，上主給我一個重要的指引，如何去保持與祂接觸，要住在祂裏面：「單純、直覺、感悟。」

世上的資訊爆炸，但我們不可以因噎廢食，迴避資訊，也不可以在資訊的洪流中迷失方向。不論我們是以開放的胸懷，或在被迫的情狀下，接觸到各種新知識、新事物、新的心理治療方法，最好的靈悟就是：「單純、直接、感悟。」我們內心明淨的靈會為我們作主。

教會在歷久以來不斷犯錯，將來仍會犯錯。但我們仍當竭盡所能邁向基督的美善。

教會面對多元社會各種新思潮、新事物，很多時候懷著不信、恐懼，而顯示出排斥、惟我獨尊的姿態；這是一個極端，這種姿態令非信徒討厭及迴避。主耶穌在世上從來沒有打響鑼鼓招惹是非辯論，也沒有惟我獨尊、排除異己，對出賣祂的門徒，也沒有打擊、挑戰、訓斥、辯論，祂只是輕輕地分享、輕輕地提醒。「祂不呼喊，也不揚聲，也不叫人在街上聽見祂的聲音。」（賽四十二2）就這樣，祂已忠實地傳出公理。基督教會，尤其是宗教改革宗的新教教會，由於從天主教分裂出來，常常有一種自衛、辯護的姿態，與非信徒劃清楚河漢界。這些惟我獨尊的姿態，並不符合耶穌基督謙卑、與人認同的精神，反而是來自驕傲或恐懼。這種姿態是教會首先要沉思和悔改的。

教會的另一個極端，是不分清紅皂白，胡亂為一切知識加一張宗教包裝紙就照單全收，表面看來是隨和、融合，危機是失去個性和身分，甚至在不知不覺中出賣了靈魂。

教會今天所面對的挑戰，首先，要記取歷史教訓。謹記前現代時期、教會封閉、惟我獨尊、故步自封、不思進取的姿態和陷阱；再記取現代時期教會自圓其說，與俗世社會同分利益、被世俗文化俘擄的慘痛教訓。到了後現代，教會這兩個極端傾向仍然存在。教會及神學院要首先洗心革面，再效法基督的榜樣。低調、謙卑，同時不屈不撓，穩執上主的使命，與受欺壓者認同，不向權貴妥協。因為聖經上說：「凡稱呼我『主啊，主啊』的人不能都進天國，惟獨遵行我天父旨意的人才能進去。」（太七21）

9.4 教會活在世代中，卻不屬於世代

在歷史的巨輪中，教會跟隨著時代的精神盲目前進，在前現代、中世紀的時期，教會在享受至高無上的權威之時，失去了自覺，在繁瑣的禮儀和「形式」中壓迫信眾。柯德利夏萍（Audrey Hepburn）主演的改編電影《修女傳》（*The Nun Story*），以及很多其他可憐和壓迫性的故事，都反映了那個年代的歷史。教會在安逸之中，遺忘了復活的主，是有生命、有活力、有自由、有個性的，祂並不想我們成為一個個相同模樣的倒模人生。

然後，啟蒙時代帶來了理性主義和浪漫主義的新時代氣息。那股釋放的氣息，又叫教會一窩蜂追隨，社會高唱自由、釋放、民主之歌，教會也一樣和應謳歌，卻又遺忘了「自由」背

後的「節制」和「秩序」，「釋放」背後的「擺上」，「民主」背後一定要「投靠更高的主宰」。

教會追隨大隊一窩蜂追求浪漫和自由，逐漸以「感覺」代替「恩典」，以「理智」代替「赦免」，以「選擇權」代替「良知」，以「自我尊重」代替「敬畏」，以「自由參與」代替「犧牲」，以「尊重性情」代替「聖潔」，以「民主快樂」代替「背十字架」，以「愛與幻想」代替「耶穌基督」。

不知不覺間，耶穌基督變成聖誕老人，教會信徒不怕邪惡，不畏審判，只剩下南瓜和鬼怪編織成的萬聖節（Halloween）。

教會常常處於尷尬的情狀：若獨善其身，守住本位，就被時代所唾棄；若開放開明，與時代並進，又被時代吞併，失去了耶穌基督與眾不同的光輝。

時代在驚嚇和驚慌、頹喪中走進了後現代，以活在當下、不問明天、忘記昨天，來麻醉自己。事實上「昨天」有許多任性自戀自大的糊塗事，我們不肯面對，也不想悔改；「明天」也許招來審判災難，更加刺耳；不如閉上眼睛「活在當下」，神已死，人活在「永劫回歸」之中。

教會又隨大隊高唱「活在當下」、「解構」、「易構」，是多麼無知及可憐。「活在當下」，若以禪心安定在靈修之中，人的心靈緊緊追蹤渴求永恆的主的話，心靈內部與永恆的主接駁，此刻就變成永恆。這完全須靠賴靈修旅程，超越時間的約束和軌迹，當下就是永恆。這種「活在當下」，完全是由於上主的超越和恩惠慈愛，包含了被寬恕的過去，有盼望的將來。連接永恆的上主，才能平安地「活在當下」。

然而，將「活在當下」成為口號，成為人生哲學藍圖，成為生活指引，生活的最高指導原則，那就令教會再一次淪陷在時代的謊言中。

「活在今天」、「活在當下」的意思是：「快快樂樂地活在沒有明天的今天」這個態度比童話裏，公主王子從今以後快快樂地生活下去，更加幼稚、天真和自欺欺人。

教會怎可以胡亂跟隨大隊一會兒高喊「自我增值」? 一會兒隨便「活在當下」?

派克（Scott Pack）提醒了我們：上主對每一位靠著信心到祂面前的受造者都給予無條件的救恩，可是沒有應許對人間組織一樣給予無條件的救恩。[3] 祂對人間組織（包括教會）是有條件的。上主十分愛護那些符合祂的要求和目的的組織，也祝福和滋養這些組織，但組織並不是人，上主與人間組織的關係，並不是只有一個誓約的關係。如果組織十分敗壞，上主會捨棄它；即使是一個奉上主之名行事的教會，若是不符合祂的要求，祂也會毫不猶疑地捨棄。

當我們追溯心理學家的人生背景，發覺他們有不少是曾經信主，然後揚棄信仰的。當然，我們可以搖頭歎息，說他們的揚棄是因為人心詭詐，人性驕傲，所以高舉知識，拋棄上主。這個評論也許是對的，沒有人可以確實斷言，但圖畫的另一面也是確切的——教會在歷代、歷世以來不斷循環犯罪，變成了僵化、教條、自義、山頭主義、「自家人」心態，擁抱既得利益，因而變成狹隘無知，無法應對世俗知識的發現和挑戰，致使不少知識分子失望，另覓蹊徑，揚棄教會。被揀選的掃羅，壯年焦躁、爭權、殺戮，心理失常；大衛晚年亂倫、姦淫；所羅門獲上主厚賜智慧，晚年愛好逸樂。聖經人物說明了人類晚節不保的悲歌！教會必需經常省察、悔改，以免讓心理學家由於教會的錯失而丟棄上主！

3　史考特．派克：《真誠共識》，楊韻泉譯（台北：張老師，1999），頁 62。

9.5 輔導室的盼望：承認光明與黑暗

這個時代最渴求，也是最欠缺的，是「盼望」。

「盼望」何處來？

也許我們沒有覺察，我們的「盼望」多半來自物質世界給我們的經驗，社會制度給我們的承諾，而不是來自對超自然及宇宙浩瀚奧祕的追尋。

大戰後的孩子都未嘗過歷史恐慌的災難或人生滋味。科學、教育、民主制度、經濟制度給我們「盼望」：努力讀書可以養妻活兒，努力研究可以獲取諾貝爾獎，專一拼搏，在長洲成長的李麗珊也可以獲取奧運金牌，為香港人爭光。

1990 年代的人生榜樣，是靠一雙手公平競爭，就可以獲取優越生活條件。優質生活等於現世的天堂，物質世界把我們照顧得無微不至：紙尿片的吸濕層既防止滲漏又要柔滑如棉，保護嬰孩小屁股乾爽不生疹子；室內空調自動調控，控制溫度不太冷又不太熱，讓嬰孩不流一滴汗。新生代沒有任何傷痛困苦的經驗，心靈注滿無限的「應分」(entitlement)。

「應分」情意結太高，接觸環境或困境的經歷與能力太少，把嬰孩培養成只懂尖叫的軟腳蟹，這被賦予無限期許的千年巨大嬰孩，是日本動畫《千與千尋》為未來人類所作的預言！

但預言就是大部分人聽不進耳朵的笑話，預言之所以成為預言，因為說了就會應驗。

「盼望」如何失落？首先我們不懂得聽取預言，尤其帶詛咒、帶審判的「預言」。

「凡有耳的，就應當聽！」是來自啟示錄的呼籲。

但凡皮膚尚有冷暖知覺的，心靈尚會猶豫、孤單、痛苦的，身體尚有傷痛及傷痕的，人生尚有嘗過失望的，就應立即停下來聽一聽你的皮膚、身體、情緒所發出的預言。不要沉醉在當下，「當下」是無邊苦海。「當下」有美好、有創造；也有醜陋、邪惡、消滅和死亡！

能連接「盼望」的人，必定有一份受苦的真情，使他沉思，他就脫離物質世界的「必理痛」，讓自己的痛覺告訴他重要的信息，深沉地反省黑暗與光明的真相，這謂之曰痛定思痛！

9.5.1 輔導員的養生之道

有一些年輕的社工問我，怎樣去應付輔導室一個一個接踵而來的個案，都是痛苦傷愁的故事，都是人間的負面情緒？人怎麼可以整天聆聽負面故事數十年，還保持活力和生命盼望？

我說：主要有兩方面：**第一，經常靈修，接駁到生命的源頭。在每一下呼吸中覺察上主的臨在。每一下點頭中看見祂的凝視。**若然心靈的河流太重、太深、太濁，就要馬上離開凡塵，去清理濁水。生命要能接觸生命的源頭，才可以為案主哀慟，為案主悲憫；才有能力與喜樂的人同樂，與哀哭的人同哀哭，在人生崎嶇的苦路中，仍舊可以輕裝上路。因為主的軛是容易的，主的擔是輕省的。**其次，就是要深深地深思光明與黑暗。深入了解黑暗，接納黑暗的事實。在黑暗中尋覓光源，讓光源逐漸逐漸擴大。**黑暗與光明的鬥爭是心靈裏永無休止的事情，若要決心參與人類心靈的痛苦，就要參與這場爭戰。

9.5.2 盼望：正視黑暗

「盼望」就是要正視黑暗，接納黑暗，卻不肯接待黑暗。

這是甚麼意思？人生的確是一場笑話，而且笑中有淚。

人生是一場苦境。佛家看透了，道家試圖超越，耶穌親身經歷了，以迎向死亡克服苦困，以復活戰勝死亡，帶來希望。人類一代一代活在困苦流離中歎息唉哼。

詩人說：「我們一生的年日是七十歲，若是強壯可到八十歲；但其中所矜誇的不過是勞苦愁煩，轉眼成空，我們便如飛而去。」（詩九十 10）這是千真萬確的話。人的一生也是人類數千年歷史的縮影。

筆者的神學老師哈特和包衡探討後現代社會的盼望源頭時寫道：「真正的人生充滿困境與裂痕，難測與死局：盡是了無意義的受苦浪費，只有在萬物整個故事中，期待一個終結，給予一切真正的意義。」[4]

「盼望」來自接納和認識人生，人類歷史有一種了無意義的黑暗在籠罩著宇宙萬物。朋友患上癌症，模範夫妻出現婚外情，健康活潑考試考獲頭十名的年青學生忽然猝死。坐在你旁邊的同事是出賣你的人，你枕邊的丈夫或太太瞞著你欠了巨債，你心愛的孩子跟別人亂搞性關係……

漫天黑暗。

黑暗之所以稱為黑暗，是由於它的非理性。一切摸黑、泛濫、籠罩、無法預防……一切都沒有軌迹可尋。

認識黑暗、接納黑暗、意思就是承認亦明白黑暗有龐大的勢力。不是三腳貓的心理學技巧，或者自以為是的小小愛心和善意，就可以把它嚇走。除了光明，沒有甚麼可以根除黑暗。

邪惡與黑暗是同胞兄弟。 派克的研究，《邪惡心理學》

4 包衡、哈特：《盼望猶存——基督教終末論的當代意義》，蔡錦圖譯（香港：基道，2006），頁 42。

（*People of the Lie*）說：「邪惡引出人的兩個反應。第一個是反感，第二個是迷惑。」[5] 從非常可靠的弟兄口中，筆者第一次聽見我內心敬重的一位教會前輩，對工作不負責任，而且使用卑鄙手段對待年青人。當年筆者只有二十八歲，完全不懂得反應，只感到「迷惑」。這是甚麼意思？我的頭腦完全轉不過來，無法喜、無法悲、無法羞、無法怒，而只是「迷惑」。這是甚麼意思？

我把這個事實真相想了三日三夜。

結果，上主給我一個啟迪。這個世界仍然受黑暗籠罩，只是我天真、單純，不喜歡黑暗、常常浪漫地看待一切、美化人生；以為多一點愛、少一點恨，以為人心肉做，只要持之以恆，人類的善性就會萌生。這樣的信念是高貴的，卻是少覷了黑暗的權勢，太自欺、太天真。

我再沉思，凡樂意事奉主的人，必有艱難的路要走。不是由於上主喜歡勞役人、試探人。不！不是！是黑暗的勢力蔓延，多方進行滲透和攻擊；以權力、名譽、地位、性、金錢、健康去強烈攻擊愛主的人，也強烈攻擊心靈閉塞障滯又嘗試想走向光明的人。

於是，全人類在黑暗的攻擊下無法喘息，到底哪裏沒有心靈的戰爭？**只有那些完全把自己賣給黑暗的人，他們在黑暗的懷抱裏，才再沒有戰爭。因此，心靈掙扎是一件美事，說明你心靈是甦醒的。黑暗與光明的戰爭也不會停息，直到世界的終結。**

保羅的靈曾洞察這一切，在羅馬書已如實告訴我們：「因為

5　史考特・派克：《邪惡心理學——真實面對謊言的本質》，游琬娟譯（台北：張老師，1999），頁 73。

被造的萬物服在虛空之下，不是自己願意這樣，而是由於使它屈服的那一位；被造的萬物盼望自己得著釋放，脫離敗壞的奴役，得著神兒女榮耀的自由。我們知道被造的萬物直到現在都一同在痛苦呻吟。不但如此、就是我們這有聖靈初結果子的、也是自己心裏歎息、等候得著兒子的名分、乃是我們的身體得贖。」(羅八 20~23)

信就是所望之事的實底，是未見之事的確據。(來十一 1)

這是一場無可避免的戰爭，也是一場勇敢的戰爭。

人類自我有這一場戰爭要打。人生階段充滿這樣的戰爭：心理學學說裏有這一場戰爭，教會組織亦充滿這樣的戰爭。

我們可以拒絕黑暗，不接待黑暗，卻無法否認黑暗。「盼望」就是來自認識黑暗，又不肯投降，鍥而不捨地追尋光明。

筆者不懂得這樣表達。哈特和包衡就這樣表達：「信心並不是『漠不關心』……信心是植根在上主的應許上，被呼召成為『聖潔的羣體』。『聖潔的羣體』不是『內向地』形成一種屬靈羣體，反而，是藉著我們主動沉浸在世界黑暗的最深處並最墮落的角落中，如鹽如光般，默默地帶來時代的影響。」[6]

用筆者簡單的字句表達就是：**每一個不想被黑暗俘擄的人，別無選擇，一定要尋覓光源，接駁光源，讓光源不斷擴張，惟有光可以驅走黑暗。**

這也就是輔導的重點，不是斥責、批判、反對、判斷、悲忿投降、落荒而逃或否認黑暗，而是承受黑暗，默默地忍耐，直至尋到光源，叫光線不斷擴張。

這個頓悟，叫我在輔導室中，不頹喪、不灰心。

6 包衡、哈特：《盼望猶存》，頁 86。

9.5.3 培育心靈健康：心靈加油站

筆者不下一次鼓勵社工：「你們所做的工作，影響深遠，十分神聖而有價值。」在繁榮而貧富懸殊的城市，人的精神健康飽受摧殘，這一門有如北斗星的工作，為人引路，叫人在絕境中找到扶持，得著溫暖，跨過難關，重新上路，真是意義重大。協助家庭復和，自殺邊緣的人重尋生活盼望，自我放棄的人再次與人接觸，貧困病者找到幫助；這種種故事不必淪為在電視新聞報導的慘劇，卻可成為每天在輔導室發生的動人事件。所以，我鼓勵社工和輔導員加油。

自從2002年開始，政府推行一筆過撥款政策，社會工作機構遭受極大震盪。政府將資助有需要的社會人士得到應有福利的責任，暗地裏轉移給機構主管，在有限的資助中，調配僅有的資源。於是，資歷較高的社工要一人身兼數職，去抵償他的高薪待遇，初入職的社工要接受減薪或合約僱工的待遇。可以想像，熱誠如火的社工在震盪中被打擊得愁雲慘霧。

本來助人的工作已經非常繁重，每日不是有家庭暴力，就是有人企圖自殺、性虐待、精神病……林林總總，叫社工和輔導員喘不過氣來。又加上機構行政方針大變動，稀釋助人的悲憫精神，加入重劑量的企業精神、統計數字，以重寫報告、辯護成效，取代以案主為中心的關懷精神。講求專業能力，輕視人文精神。個個社工叫苦連天，有些社工和輔導員為了保持專業和能力，轉去教會輔導中心工作或謀求私人執業。這不限於香港，而是環球的普遍現象。這說明了兩件事：第一，原來照顧他人心理和心靈健康的職業是這麼昂貴的；第二：資本主義政府凡事向錢看——貧困階層不是企業社會所關注的對象，千方百計想甩掉福利事業這包袱。社工界一直捍衛社會大眾應享有的福利和低下階層，知其不可為而為之，也是正視社會和政策的黑暗。

苦難是經不起拷問的，只可以用光明與黑暗的力量去克勝、化解、提煉、轉變。

社工和輔導員要鍛煉觀察力、思考力、感悟力、綜合力，而盼望就是掌管及調節這種種力量的接合劑。

培育心靈健康比一切都重要，助人者要為自己建立一個心靈加油站，讓筆者分享一些自己曾經嘗試的操練的要訣：

1）吞吐、吸納。

吞了苦水，吐出廢氣，吸納精華。

2）留心緩急、進退。

家庭不是一部機器，不要拿家庭來分析、拆解、再重新組裝，我們應將之視為一個道場，一個提供行道、聽道、尋道、修道的地方，是彰顯天家的縮影。

助人者需要敏於進取、退讓、拿捏、平衡，不要以為自己一個人就可以觀察得如何全面透徹，就能周詳地為另一個人解決問題。勤懇是合適的態度，卻不是全部，真相是我們得靠主萬事互相效力。

3）雙腳走路。

接納人生會經歷神枯、神慰；成功、失敗；激蕩、頹喪；期望、失望；有力、無能；參與、抽離……試觀看百足，牠們有很多對腳，卻是所有左腳和所有右腳一同行動，一下左一下右，一步一步，才能走畢全程。

4）為自己所經歷的艱辛，設立相對的安靜、內省、沉思、提煉，達到詳和。

助人者常常經歷激蕩、拆毀、挑釁、零散、哭泣、狂亂、苦澀、傷悲……有多少患難就要求多少恩典，去咀嚼、沉澱、消化、篩選；否則，癌症、紅斑狼瘡症、濕疹、耳鳴，就會纏上你，削弱健康。當然人的生老病死是不能自我掌握的。

5） 人生每一天都是生與死之間的抉擇，人仍然活在破碎之中，常常自己抵抗自己，沒法安寧。安寧的要訣是甘心死，不懂得死就不懂得生。我們天天帶著耶穌的死，祂的生就在我們身上顯大。

9.5.4 預防「燒盡」

筆者在大學教書時，有學生再次問我，身為助人者，應付損耗心力又繁重的工作，如何去防止燒盡（burn out；按：或作「耗盡」）？

筆者分享了幾個想法，資深的社工覺得很有啟發，不妨在此與大家分享：

1） 不要將個案的成效與自己的工作才幹掛鈎。
人生世事變化萬千，有千百個因素在影響個案的進展。輔導員不宜妄自菲薄，也不要把自己看得太重要；一心一意為個案付上心血和努力，就可以了。不要把每一個轉變歸究到自己身上，找其他客觀指標來衡量自己的專業能力和才幹，而不以個案成效為指標。

2） 不要聚焦於如何解決問題，聚焦在人生的奧祕上。
問題是永遠解決不完的，一個問題解決了，另一個問題已經在門口等待著爬入屋。不如留心眼前的問題反映出甚麼人生的事理真象，留心如何減少殘缺，增加一點點美好。

3） 助人者的責任是不失職、不喪志。

所有助人者都滿懷理想和熱誠，否則就不會去聆聽和介入他人的家庭煩惱。至高的期望帶著至大的失望，把自己看得合乎中道，我們是上主的小幫工，最重要的任務是裝備知識，不失職、不犯基本錯誤、不喪志、不失望，已經很好！

4） 將自我身分安頓在主的愛中。

很多人常常犯一個毛病，把專業等同自己的身分，更加把事業的升遷與自己的能力和價值掛鈎。要是這樣，助人者就是把自己整個押上去當炮灰。精神疾病的難題日新月異，我們又怎麼可以以為自己是所屬專業的「超級無敵掌門人」呢？別為自己開一個太大的笑話！

人的自我身分應安頓在上主無條件的愛之中。「凡勞苦擔重擔的人，可到我這裏來，我就使你們得安息。」（太十一28）安息就是享受在沒有要求、沒有審判的愛中，就是一種幸福。不幸的人怎能帶領別人看見幸福呢？

人的自我身分不在乎本事、能幹、學識、名譽、地位，人的自我身分只在乎忠心和信靠，要留心私慾、管理野心，以免愈成功，就成為愈可怕的人！願天父憐憫！

9.6 生命教育

9.6.1 垂死教會的七宗罪

湯姆．雷納（Thom S. Rainer）在《不可或缺的教會——重獲流失的一代》（*Essential Church? Reclaiming a Generation of Dropout*）一書中指出美國垂死教會的七宗罪：[7]

7 湯姆．雷納、薩姆．雷納：《不可或缺的教會——重獲流失的一代》，陳永財譯（香港：基道，2009），頁 16~19。

1） 第一宗罪：稀釋教義
2） 第二宗罪：失去佈道熱誠
3） 第三宗罪：欠缺適切性
4） 第四宗罪：很少對外事工
5） 第五宗罪：因為個人喜好而產生衝突
6） 第六宗罪：以舒適為優先
7） 第七宗罪：聖經文盲

美國教會的確是入了垂死的路，香港教會應該引以為鑑。在以上七宗罪中，我想香港教會尚沒有犯上第二和第四宗罪，香港教會十分熱中於佈道，重視宣教工作，而且以傳媒、影音種種媒介去接觸社會，亦關懷社羣，走入毒犯、妓女和性濫交的人羣中，去延伸主的愛。而且，香港的教牧人員也算比較開明和上進，牧者和傳道人都考慮學習進修，思考如何用種種新的學問去牧養教會。在這些方面，我們要讚美上主！

可是，有關教會稀釋教義、對時代失卻適切性、信徒變成聖經文盲，部分教會也出現相似現象和趨勢，我們當省察和留心。

9.6.2 生命教育的隱晦與閃避

近年來，香港社會出現不少自殺的現象，社會福利機構團體非常警覺機敏，頻頻推出生命教育，的確是值得讚賞。可是，生命教育的內容是甚麼呢？這問題卻使社工和教育工作者傷透腦筋。

筆者曾經參閱一些生命教育課程的內容，可能是為免招惹非信徒的反感吧，課程躲開了一些重要課題不談，例如：人性究竟是善是惡？有沒有神？人有沒有靈魂？有沒有創造？死後是怎樣的？有沒有永恆的生命？不是說得非常隱晦，就是乾脆跳過和閃避。固然，宗教人士千萬不要硬銷一套「惟我獨尊」的信仰態度，但也無需閃避。

許多原屬生命教育範圍的課題，竟變為生物學的教育，以純然科學和理性的角度及思維去傳授給下一代，例如：人的出生等同胚胎形成的經過，性教育等於教導正確的性交行為和避孕方法，死亡教育不牽涉永生或永死討論，只著重瀕死的哀傷離痛的心理步驟。這一種沒有人性的教育，只有自我讚賞、自我肯定、自我認同。生命歷程的教育，只講抗逆力和解難，卻沒有深入討論苦難和人生意義，這些現象也是心理、心靈、人生觀、世界觀全部割離的現象。

9.6.3 重覓盼望：教會的召喚

主耶穌為神的殿，心中迫切，如同火燒。（約二 17）

無論是自然的變異，如全球氣候變化，地震、水災、天災，身體疾病的變異；還是精神文明的解體，如家庭倫理的崩潰，人際關係解體，性泛濫和性沉溺，精神毛病的愈見繁多和沉重。當我們環顧世界，一切都叫我們充滿無力感和無助感。這個時代最欠缺的是盼望，教會有一份尊貴的召喚，去活出盼望，示範信、望、愛的人生。

9.6.3.1 神性與人性

在前現代時期，宗教掌控人類文化的中心。那時，人人都高舉和敬畏天地所顯示出的神性，有時甚至會貶抑和漠視人性。

在現代社會，科學、理性、藝術、文學勃興，為人類的人性提供了溫馨的軟墊：於是，人的個性、獨特性、自由、自主，都獲得重視和接納。現代社會，不再講敬虔，重人性而不重神性。

在後現代社會，一切崩解了，沒有信念、沒有永恆、沒有意義，也就既抹去神性又抹去人性。然而，當一切都空空如也的時候，卻又提供最後的空間，讓人去重覓神性和人性的契合相連。

主耶穌基督就是神人二性同性的最高體現和最佳美的榜樣。教會、神學家、精神科醫生、心理學家，需要努力去重新尋覓人性的實況和定位，以及人性與神性的體現。筆者渴望有心人能一起探討和發展基督為依的輔導心理學，因為這方面還有許多許多尚待發展的空間。

9.6.3.2 倫理關係：生活指南

中國古代的九流十家提供了很多很寶貴的人類生活指南和倫理關係的理想模式，可是，在獨尊儒術罷黜百家的狹隘政策下，加上日後國內國外戰亂不息，然後共產主義、文化大革命一場洗劫，中國知識分子被邊緣化，家庭倫理、人情關係逐漸崩潰，一切由金錢掛帥的資本主義主導。於是，中國內地、台灣、香港等地的倫理和精神思想內，都存著一大空隙。

甚麼是中國和東南亞的華裔家庭的倫理和精神生活指南？是由香港無線電視台的劇集，加上韓劇和日劇的愛情觀、家庭觀、倫理觀，餵養我們的下一代，教他們怎樣生活、怎樣做人嗎？

有關人生的指南，基督教會單單著眼於「信耶穌、上天堂、傳福音」的三部曲，所有見證都指向如何起死回生或走出傷病離痛，目的就是叫人信耶穌，卻甚少具體的生活指導。最近一齣福音電影《愛．回家》，內容是家庭倫理的見證故事。家庭倫理和生活指南，是中國精神領域中一個極大的虛位，也是神學家、心理學家、傳媒人士、文學家的神聖召命之所在。

9.6.3.3 宏大敍事：兩個專業的整合

有關來世的盼望，筆者推薦大家去仔細閱讀包衡和哈特的《盼望猶存》。[8]

千禧年代，資訊爆炸，已經是一個不可抵抗亦不可否認的事實。「專業」是甚麼？我們的確可以對「專業」持懷疑態度，甚至作出嘲弄和諷刺，可是專業仍然是專業。專業代表一個人特別精於某方面的學問知識，在長期浸淫、揣摩下，具備一種深度的認識。2008 年的世界奧運會在中國舉行，讓筆者深刻體會何謂專業。我看高台跳水，只會欣賞健兒的身段多麼優美，騰空動作多麼困難。但聽評述員說：「哦，轉體翻騰三周半，入水流暢，水花壓得很少。可是腳夾得太緊，身體太早打開，沒有時間收腳⋯⋯可惜，失了分！」評述員跟我看到的是同一個畫面，但我完全看不見她所描繪的事情，評述員還說：「看跳水不單單看難度，還要看起跳力、水花、彈跳翻騰時的身體姿態。」這就是專業，熟練該專業的人士，看得見別人看不見的東西。一個工程師或建築師，去過一個城市，就看得出哪一座建築物「偷工減料」、錯誤規劃，哪一幢位置不對或浪費天然物料，局外人卻是甚麼也看不見。

8 包衡、哈特：《盼望猶存》。

輔導專業也是一樣。有時候，筆者會播放一小段現場個案示範（在案主同意下）來教導學生，影帶內容是兩夫婦坐下交談了幾句，然後不發一言。筆者問學生：「你們看見甚麼？」學生啞口無言，認為案主還未正式開始進入會談，經筆者指導後，學生才看見雙方的互動關係，個別的隱藏困擾、擔憂和渴望。

一個人幾乎窮一生才能好好掌握自己的專業，而信仰和不同的專業之間已出現了遼闊的鴻溝，不是一朝一日就可以對話和找出通道。所以，筆者曾經在十三年前寫下《怎可以一生一世》，鼓勵「專業神學化」。[9] 今天，我再次鼓勵「專業基督化」，換句話説，每一個信徒除了熟習自己的專業，還要修習神學，理解聖經，又在個人的靈修生活與耶穌同行，就可以在該專業找出「潔淨聖殿」的方法，分析專業的細微地方，使人恢復健康、圓滿、美好的人性和創造性。

弔詭的地方來了，學海無涯，「以有涯隨無涯，殆矣」。所以，專業與信仰的整合必須也倚靠信徒的心靈素質和靈性操練，憑上主的感悟去接近萬物的原本及更新的狀況。

包衡和哈特談論世界未來的狀況時，指出那是一個更新的創造：「新的創造的所實現的可能性不是屬於首先創造的內在潛力，而是來自上帝的創造能力和愛心的超越潛力。」[10]「基督教的盼望，經常被誤解為人類在另一個世界（天堂）得以完滿的盼望，而不是對我們所生活的世界的永恆未來的盼望。」[11]

作者詳細縷述，十六世紀將人類未來描述為一個「他世性」的盼望，影響削弱了基督教會去抵抗現代社會對宇宙和自然的

9　霍玉蓮：《怎可以一生一世》（香港：突破，1996），頁 264~265。

10　包衡、哈特：《盼望猶存》，頁 131~132。

11　包衡、哈特：《盼望猶存》，頁 132。

損害的意志和能力。盼望就是信徒參與上帝全善全能的更新和再創造，使「世界從無盡的罪惡中得釋放」。（羅八 19~23）[12]

作者還強調：「凡是在上帝的美好創造中有價值的東西，上帝所重視的一切，以及不會消失進入無有之中的，將會聚集成為新的永恆的創造。」[13]

現世代營養充足醫療進步，人均壽命更長，退休人士尚有用不完的精力和智慧，筆者鼓勵所有熱愛其專業的人士，可以在退休後進行深度靈修、退修、進修神學，整合自己的專業和神學。若上主恩寵，可以參與祂的再創造榮耀大計劃。

9.7 教會輔導中心

教會在早期香港社會最貧困的時候，也扮演過重要角色。時值世界大戰及中日戰爭之後，香港社會十分貧窮，西方宣教士就來香港派米、派奶粉，開辦主日學，承擔賑濟、扶貧及教育的工作。由於賑濟扶貧，增加貧民福利而開展了各式各樣的社會福利機構。時至今天，幾乎大部分福利機構，都有天主教或基督教的背景，可見教會在香港關顧貧窮及社會問題上的確扮演了先鋒的角色。

自 1990 年代末，香港政府通過一筆過撥款的法案，改變了社福界的經濟資助方法。社會福利界的營運操作大幅轉型，事務繁多，又要四出拯救危機，無法有空間、時間去專心提供專業輔導。於這個時候，教會又伸出敏銳的社會觸覺，紛紛自辦輔導中心，提供社福界未能全面顧及的專業輔導服務。

12 包衡、哈特：《盼望猶存》，頁 133。
13 包衡、哈特：《盼望猶存》，頁 135。

香港教會的機敏、開放、彈性、慷慨、寬容，都值得我們香港教會信徒感到自豪。

當香港教會紛紛設立輔導中心之時，這一批教會聘請的基督徒輔導員，將會成為教會輔導中心的第一代輔導員，他們將會建立及訂下甚麼傳統，為未來基督教輔導中心發展留下甚麼腳蹤呢？

在這裏，我們值得仔細推敲。

教會輔導員有甚麼身分和角色？

教會輔導中心的成立，大部分是出於關心及輔導會友的需要。一方面未能信任社福界參差不齊的服務素質；另一方面，亦希望提供價廉且優質的輔導服務。

可是，大部分教會對香港整個輔導界別的形勢，毫無掌握。因而也未能認清自己有何獨特身分。只是人有我有，奉獻多一份金錢，提供多一份服務。

首先，現時的教會輔導中心多為一種「補位式」服務。即是社福界做甚麼，我們又做甚麼。例如：做一些家庭教育、家庭講座、新移民小組。帶青年人去旅行，為孩童舉辦興趣班等等。

教會輔導中心有沒有自己獨立的身分和角色？

教會繼續參與慈善或社會服務工作，當然有其本身的價值。但教會輔導員有很多彈性與自由，可以發揮獨特的角色和聲音，這是跟社福界截然不同的，我們有沒有善用這份自由？對社會現象產生影響力？第一代的教會輔導員十分重要，我們為教會的未來留下甚麼腳蹤呢？

9.7.1 氣魄、眼界

基督徒輔導中心有沒有氣魄、眼界？換句話說，是否熟悉香港社福界和輔導界別的現況，向業內人士諮詢如何發展，為香港基督徒及心理輔導界另闢蹊徑？

是不是他人做甚麼？我們又做甚麼？

是不是不停地做個案工作，以累積個案數字多寡來判斷自己的工作果效？或盲目地追趕這永不休止的補鑊功夫？

抑或下苦功為輔導界、心理學界及神學界的實務、精神、意識形態做出扎實有用的整合？

遙望神州、東南亞、台灣、星加坡、澳門，不同地區都十分渴求輔導人才。香港基督徒輔導員需要有明辨的識見，不宜人云亦云，隨便跟著心理學思潮走，別人用敍事治療我們就用敍事治療，別人用認知行為療法我們就用認知行為療法。香港輔導界別跟中國大陸、東南亞有甚麼可以分享和共融的地方？

9.7.2 優質與出色的門徒

國際知名的輔導員與治療大師往往都不是基督徒治療師，可能由於基督徒比較謙遜和收藏，又或許基督徒輔導員比較安逸、自滿、苟且偷安？

香港教會輔導中心也面臨這個考驗，我們要聘請怎樣的輔導員，才有魄力和識見去開拓一條新路？教會要聘請一些靈性成熟、輔導技巧熟練，對教會有承擔、有魄力、有志向、有遠見的優質人才；而不要聘請那些因厭倦與害怕社福界的壓力和工作量，自願減薪去找一個可以遮風避雨的好地方的輔導員。

怎樣才可以羅致優秀的輔導員呢？我認為合理薪酬固然是重要的，但不是最重要。而且我們也不應只想獲得已經成熟的優秀人才。首先，中心聘請輔導員時，應先考慮其素質。一位好的輔導員，必然是好的基督門徒，心清意潔，少野心、少雜質，渴慕主，愛神愛人，踏實而承擔感重。對上主的愛有深刻領受，有神學視野，喜歡閱讀、反省。然後，是教會要能為第一代輔導員提供生命、靈性、專業的培育，並給他們成長和嘗試的空間與自由，在教會栽培底下成為出色的輔導員。

第一代教會輔導員更應該有一份承擔精神，去培訓年青一代的接捧人，將生命力生生不息地傳遞下去。

直到有一天，基督徒輔導員所做出來的成果令人讚不絕口的時候，我們就可以歸榮耀給上主，也可以告訴人，為甚麼有理想、有信仰、有生命素質，才能有效承擔輔導工作。

9.7.3 遠景、異象

筆者建議教會輔導員主動團聚起來，根據這本書所提出的基督為依心理治療，一起來研究及建立基督徒在日常生活多個層面的思考立場、人生立場。例如基督徒人觀、自我觀、婚姻觀、戀愛觀、生死觀，並對苦難、喜樂、時間、休息等等觀念。而且，能對應時代，才能精煉出通達的智慧，運用於輔導之中。

當我們整個人已經整合了耶穌的信仰，當事人自然會被吸引到耶穌面前，教會可以定期舉辦個別或聯合成長小組、查經小組、生活技能小組等等，去進一步帶領慕道者接近基督。

有了更大的信仰和更深的實力，香港教會輔導員可以準備好自己的知識和學養，與中國、澳門、東南亞的同胞分享。

9.7.4 開拓未得之地

事實上，心理治療或心理學這片土壤尚有許許多多未曾開拓和發展的地方。

教會輔導中心可以一起合辦一些研究工作。例如：

- 研究甚麼基督徒容易患上精神病？有哪些催化因素？有沒有可預防的因素？
- 一個人的成長經驗如何影響他與上主的相交與認識？
- 單親家庭子女成長以後，要能建立健康家庭，該具備哪些關鍵元素？
- 離婚及父母婚外情對下一代的親密、戀愛行為觀念有何影響？
- 追蹤和觀察婚前輔導有效的關鍵元素。

教會亦可以發展一些量度人類心靈素質的量表、量度信仰歷程的量表、夫婦身心靈親密量表、本土文化儒釋道心理行為的量表等等。

凡此種種都是既有創意、又獨特，未有人顧及的未得之地。

9.7.5 滋養、發展、傳遞、守望

教會要維持良好的輔導員生命素質，才可以達致生命影響生命，這裏提及的建議，也可作為教牧人員的參考。

9.7.5.1 滋養

輔導員需要定期跟師傅學習。師徒訓練長久才能保證專業素質，最理想的，是這位師傅不但傳授專業知識和技巧，同時滋養輔導員的屬靈生命和人生方向。

定期的神修與退修活動必不可少。

此外，教會也應撥出一筆基金作為輔導員專業訓練的訓練基金，才可以追上日新月異的輔導難題。

9.7.5.2 發展

教會輔導員既然有許多滋養和學習機會。輔導員可以定時按自己的恩賜思考如何推展專有服務、新設服務。並且，培訓發展教會中其他執事、教牧人員相關的輔導常識和技巧。

9.7.5.3 傳遞、交流

教會輔導員不妨多多與教會教牧、本區的社工、精神科醫生、臨牀心理學家等探討和交流。例如共同研究心理健全及心靈富足的課題，如何發展生命教育，如何推展新的家庭文化等等。

交流所凝聚的知識，應該妥為保存。第一代輔導員有義務用心用力去傳遞給第二代接捧人。

9.7.5.4 守望

教會輔導員也需要承擔守望社會的工作。例如為了有違社會公義的社區事件發聲，對社區經常出現的社會問題加以援手。總之注意和回應社羣，對社羣發出關懷和守望。

有良好的基礎，教會輔導中心才可以在歪曲悖謬的世代盡一分力、發一分光！

9.8 小結：讓我高飛

寫到這裏，想起一首非常悅耳的詩歌，若你也懂得，讓我們一起唱，好嗎？

讓我高飛 [14]

主，讓我心有夢想，無邊黑夜裏遠看著星河。
年青光陰未保留，從來未甘奔波終一生。
如果你讓我選取，寧冒險經過，不希罕安定；
讓我為祢使命立大志，為你棄掉所有。
讓我高飛，高高的遠飛，不惜翅翼斷，不安於低地。
遠飛不知的那方向，總比平庸值得。
讓我高飛，做夢裏歡呼讚頌，看見祢張開雙手。
縱世間再沒有做夢者，仍要一生振翅！

主，讓我心有夢想，無邊黑夜裏遠看著星河。
從此甘心被祢使用，願為祢擺上求盡我一生。
深願祢為我選取，前行的路徑，為理想飛奔！
讓我為祢使命立大志，讓我獻盡所有。
讓我高飛，高高的遠飛，不惜翅翼斷，不安於低地。
遠飛不知的那方向，總比平庸值得。
讓我高飛，做夢裏歡呼讚頌，看見祢張開雙手。
縱世間再沒有做夢者，仍要一生振翅！
或會再沒有做夢者，仍要這生振翅！

14 呂兆樑、余必潔：「讓我高飛」，收錄於「團契遊樂園 6：揀選」（香港：音樂 2000，c2006）專輯內。

「但那等候耶和華的必重新得力。他們必如鷹展翅上騰；他們奔跑卻不困倦，行走卻不疲乏。」(賽四十 31)

參考書目

英文書目

Andreas, Steve. *Virginia Satir: The Pattern of Her Magics*. Palo Alto, CA: Science and Behavior Books, 1991.

Beck, A. *Love is Never Enough*. New York: Harper and Row, 1998.

Benner, David G. *Care of Souls: Revisioning Christian Nurture and Counsel*. Grand Rapids, MI: Baker, 1998.

Bobgan, Martin, and Deidre Bobgan. *Prophets of Psychoheresy I*. Santa Barbara, CA: Eastgate, 1989.

Browning, D. S., and T. D. Cooper. *Religious Thought and the Modern Psychologies*. 2nd edition. Minneapolis, MN: Fortress, 1987.

Bube, B. H. *Putting It All Together: Seven Patterns for Relating Science and Christian Faith*. Lanham, ML: Univeristy Press of America, 1995.

Burke, Mary Thomas, and Judith G. Miranti, eds. *Counseling: The Spiritual Dimension*. Alexandria, VA: American Counseling Association, 1995.

Chopra, Deepak. *Spontaneous Fulfillment of Desire*. New York: Three Rivers Press, 2003.

Corey, Gerald. *Theory and Practice of Counseling and Psychotherapy*. Pacific Grove, CA: Brooks Cole, 2001.

Dattilio, F. M., and L. J. Bevilacqua, eds. *Comparative Treatments for Relationship Dysfunction*. New York: Springer, 2000.

Eysenck, Hans Jurgan. *Decline and Fall of the Freudian Empire*. Revised edition.

Edison, NJ: Transaction, 2004.

Fok, Y. L. A. *Unravelling the Riddle of the Decision to Divorce through the Narrative Accounts of Divorced Women*. Hong Kong: Department of Social Work & Social Administration, the University of Hong Kong, 2000.

Freeman, D. S. *Family Therapy with Couples: The Family-of-Origin Approach*. New Jersey: Aronson, 1992.

____. *Multigenerational Family Therapy*. New York: Haworth, 1992.

Freeman, Jill M. S. W. *Narrative Therapy: The Social Construction of Preferred Realities*. New York: Norton, 1996.

Goldenberg, I., and H. Goldenberg. *Family Therapy: An Overview*. 4th edition. Pacific Grove, CA: Brooks / Cole Pub, 1996.

Greenberg, L. S., and S. M. Johnson. *Emotionally Focused Therapy for Couples*. New York: Guilford Press, 1988.

Guerin, P. J. Jr., et al. *The Evaluation and Treatment of Marital Conflict: A Four-Stage Approach*. New York: Basic Books, 1987.

Gurman, A. S., and D. P. Kniskern, eds. *Handbook of Family Therapy*. Vol.II. New York: Brunner / Mazel, 1991.

Hart, Archibald D. *Me, Myself and I: How Far Should We Go in Search for Self-Fulfillment*? Michigan, MI: Vine, 1992.

Hergenhahn, B. R. *An Introduction to the History of Psychology*. Belmont, CA: Thomson Wadsworth, 2005.

Hothersall, D. *History of Psychology*. 3rd edition. New York: McGraw-Hill, 1995.

Kerr, M. E., and M. Bowen. *Family Evaluation: An Approach Based on Bowen Theory*. New York: Norton, 1988.

Kirschenbaum, Howard, and Valerie Land Henderson, eds. *The Carl Rogers Reader*. London: Constable and Company, 1990.

Kuhn, T. *The Structure of Scientific Revolutions*. Chicago, IL: University of Chicago Press, 1962.

Lerner, G. *The Creation of Patriarchy*. New York: Oxford University Press, 1986.

Lerner, H. *The Dance of Intimacy: A Woman's Guide to Courageous Acts of Change in Key Relationships*. New York: Harper and Row, 1989.

Luepnitz, D. A. *The Family Interpreted: Feminist Theory in Clinical Practice*. New York: Basic Books, 1988.

Madigan, Stephen, and Ian Law Praxis, eds. *Situation Discourse, Feminism and Politics in Narrative Therapies*. Vancouver: Yaletown Family Therapy, 1998.

Meehl, Paul ed. *What, Then, Is Man? A Symposium of Theology, Psychology and Psychiatry*. St. Louis, MO: Concordia, 1958.

Minuchin, S. *Family Healing: Strategies for Hope and Understanding*. New York: Simon & Schuster, 1993.

____. *Families and Family Therapy*. Cambridge, MA: Harvard University Press, 1974.

____., Braulio Montalvo, Bernard Grserney, Bernice Rosman, and Florence Schumer. *Families of the Slums: An Exploration of Their Structure and Treatment*. New York: Basic Books, 1967.

____., and H. Charles Fishman. *Family Therapy Techniques*. Cambridge, MA: Harvard University Press, 1981.

____., Michael P. Nichols and Wai Yung Lee. *Assessing Families and Couples: From Symptom to System*. Boston, MA: Allyn and Bacon, 2006.

Nichols, M. P., and R. C. Schwartz. *Family Therapy: Concepts and Methods*. 2nd edition. Boston, MA: Allyn and Bacon, 1991.

____. *The Self in the System: Expanding the Limits of Family Therapy*. New York: Brunner / Mazel, 1987.

Nietzsche, F. *The Gay Science*. Translated by W. Kaufmann. New York: Random House, 1974.

Orton, Fred, and Griselda Pellock. *Avant-Gardes and Partisans Reviewed.* Manchester: Manchester University, 1996.

Papp, P. *The Process of Change*. New York: Guilford Press, 1983.

Parsons, T., and R. F. Balles. *Family, Socialization and Interaction Process*. Glencoe, IL: Free Press, 1955.

Pipher, M. *The Shelter of Each Other: Rebuilding Our Families*. New York: Ballantine Books, 1997.

Rogers, Carl. *A Way of Being.* Boston: Houghton,1980.

Satir, V., and M. Baldwin. *Satir Step by Step: A Guide to Creating Changes in Families*. Palo Alto, CA: Science and Behavior Books, 1983.

____., J. Banmen, J. Gerber, and M. Gomori. *The Satir Model: Family Therapy and Beyond*. Palo Alto, CA: Science and Behavior Books, 1991.

____. *Conjoint Family Therapy: A Guide to Theory and Technique.* Palo Alto, CA: Science and Behavior Books, 1967.

Savary, Louis M., Patricia H. Berne and Strephon Kaplan Williams. *Dreams and Spiritual Growth: A Judeo-Christian Way of Dreamwork.* Mahwah, NJ: Paulist, 1984.

Schiraldi, Glenn R. *The Post-Traumatic Stress Disorder Sourcebook: A Guide to Healing, Recovery and Growth*. Los Angeles, CA: Lowell House, 2000.

Tam, Ekman P. C. *A Psycho-spiritual Approach to Christian Spiritual Direction Based on the Satir Model of Therapy*. Hong Kong: Tao Fong Shan Christian Centre, 2007.

Toman, W. *Family Constellation: Theory and Practice of a Psychological Game*. New York: Springer, 1961.

____. *Family Constellation: Its Effects on Personality and Social Behavior*. 4th edition. New York: Springer, 1993.

Toner, Jules J. *Discerning God's Will: Ignatius of Loyola's Teaching on Christina Decision Making*. St. Louis, MO: The Institute of Jesuit Sources, 1991.

Weeks, G., and L. L'Abate. *Paradoxical Psychotherapy: Theory and Practice with Individuals, Couples, and Families*. New York: Brunner / Mazel, 1982.

____., and S. Treat. *Couples in Treatment: Techniques and Approaches for Effective Practice*. New York: Brunner / Mazel, 1992.

White M., *Maps of Narrrative Practice,* New York: W. W. Norton & Company, 2007.

Whitehead, B. D. *The Divorce Culture*. New York: Alfred A. Knopf, 1997.

____. *Divorce Culture: Rethinking Our Commitments to Marriage and Family*. New York: Vintage Books, 1996.

Wolman, Benjamin B., and G. Sticker, eds. *Handbook of Family and Marital Therapy*. New York: Plenum Press, 1983.

Worden, M., and B. D. Worden. *The Gender Dance in Couples Therapy*. Pacific Grove, CA: Brooks / Cole, 1998.

Yancey, Philip. *What's So Amazing about Grace?* Grand Rapids, MI: Zondervan, 1997.

Young, Katherine P. H. and Anita Y. L. Fok eds. *Marriage, Divorce and Remarriage: Professional Practice in the Hong Kong Cultural Context*. Hong Kong: HKU Press, 2005.

英文文章

Anderson, A. "Re-imagining Family Therapy: Reflection on Minuchin's Invisible Family". *Journal of Marital & Family Therapy* 25（1999）: 1~8.

Aponte, H. J., and E. J. DiCesare. "Structural Theory". In *Comparative Treatments for Relationship Dysfunction*. Edited by F. M. Dattillio and L. J. Bevilacqua. New York: Springer, 2000.

Aylmer, R. C. "Bowen Family Systems Marital Therapy". In *Clinical Handbook of Marital Therapy.* Edited by N. S. Jacobson and A. S. Gurman. New York: Guilford Press, 1986.

Baldwin, Michele. "Remembering Virginia". *Family Therapy Networker*（Jan/Feb 1989）: 135.

Bateson, G., D. D. Jackson, J. Haley, and J. Weekland. "Towards a Theory of Schizophrenia", 251~264. In *Behavioral Science I*, 1956.

Broderick, C. B. and S. S. Schrader. "The History of Professional Marriage and Family Counseling". In *Handbook of Family Therapy*. Vol.II. Edited by A. S.

Gurman and D. P. Kniskern. New York: Brunner / Mazel, 1991.

Charry, Ellen T. " Theology after Psychology ". In *Care of the Soul*. Edited by Mark R. McMinn and Timothy R. Phillips. Downer Grover, IL: IVP, 2001.

Colapinto, J. " Structural Family Therapy ". In *Handbook of Family Therapy*. Vol. II. Edited by A. S. Gurman and D. P. Kniskern. New York: Brunner / Mazel, 1991.

DeMartin, J. R., and L. B. Whitehead. " Source of Knowledge for Practice ". *Journal of Applied Behavioral Science* 23 (1987): 219~231.

Demos, G. D. and Zuwaylif. "Characteristics of Effective Counselors". *Counselor Education & Supervision* 6 (1966): 163~165.

Duvall, Jim, Laura Beres, and Marie-Nathalie Beaudoin. " Saying Hullo Again: Remembering Michael White ". In *Journal of Systematic Therapies,* vol.27, no.2 (2008): 1~19.

Ellis, Albert. " Can Rational Emotional Behavior Therapy (REBT) be Effective with People Who Have Devout Belief Is God and Religion? ". *Professional Psychology Research of Practice* 31 (1) (Fall 2000): 29~33.

Farson, R. " Carl Rogers, Quist Revolutionary ". *Education* 95, no.2 (Winter, 1974).

Fok, Y. L. A. " The Dance of Pursuer and Distancer ". In *Conflict and Harmony: Casebook on Family Mediation and Couple Counseling*, 187~201. Edited by Fok Y. L. Hong Kong: Hong Kong Catholic Marriage Advisory Council, 1997.

____. " Essence Behind the Professional Training ". In *Family Therapy Forum*, 21~22. Hong Kong: Hong Kong Family Therapy Association, 1999.

____. " Unraveling the Riddle of Decision to Divorce through the Narrative Accounts of Divorced Women ". Hong Kong: Department of Social Work & Social Administration, the University of Hong Kong, 2000.

Freedman, J., and G. Combs. " Narrative Therapy with Couple ". In *Comparative Treatments for Relationship Dysfunction*, 342~361. Edited by F. M. Dattilio and L. J. Bevilacqua. New York: Springer, 2000.

Friedman, E. " Bowen Theory and Therapy ". In *Handbook of Family Therapy*. Vol.II. Edited by A. S. Gurman and D. P. Knishern. New York: Brunner / Mazel, 1991.

Goldenberg, I., and H. Goldenberg. " Historical Roots of Contemporary Family Therapy ". In *Handbook of Family and Marital Therapy*. Edited by B. B. Roman and G. Stricker. New York: Plenum, 1983.

Gottman, J. M., S. Carrere, C. Swanson, and J. Coan. Reply to " From Basic Research on Intervention ". *Journal of Marriage and Family* 62, no.1 (Feb, 2000): 265~273.

Guerin, P. J., Jr. " Family Therapy: The First Twenty-five Years ". In *Family*

Therapy: Theory and Practice, Edited by P. J. Guerin, Jr. New York: Gardner, 1976.

Gurman, A. S., and P. Frankel. "The History of Couple Therapy: A Millennial Review". *Family Process* vol.41, no.2, (Summer 2002): 199~262.

Hare-Mustin, R. T. "A Feminist Approach to Family Therapy". *Family Process* 17 (1978): 181~194.

Jackson, D. D. "Family Rules: The Marital Quid Pro Quo". *Archives of General Psychiatry* 12 (1965): 589~594.

____. "The Study of the Family". *Family Process* vol.4, no.1 (1965): 1~20.

____. "Interactional Psychotherapy". In *Contemporary Psychotherapies*. Edited by M. T. Stein. New York: Free Press of Glencoe, 1961.

____. "The Question of Family Homeostatic". *Psychiatric Quarterly Supplement* 31 (1957): 79~90.

Keiley, M. K. "Attachment and Affect Regulation: A Framework for Family Treatment of Conduct Disorder". *Family Process* vol.41, no.3 (2002): 477~493.

Kerr, M. "Bowen Theory". Presented in American Assoication for Marriage & Family Therapy, 53rd Annual Conference: Anchoring Families, Building Families, at Baltimore, Maryland, 2~5 November 1995.

Levy, Joshua. "Using a Meta-perspective to Clarify the Structural-Narrative Debate and Family Therapy". *Family Process* vol.45, no.1 (2006): 55~73.

Minuchin, S. "Is Virginia Satir Dangerous to Family Therapy?". *Family Networker* (Jan/Feb 1989): 35.

____. "Where the Family Is Narrative Family Therapy?". *Journal of Marital and Family Therapy* 24 (1988): 397~403.

____. "Retelling Re-imagining and Re-searching: A Continuing Conversation". *Journal of Martial, Family Therapy* 25 (1999): 9~14.

Myers, David. "A Levels-of-explanation View". In *Psychology and Christianity: Four Views*. Edited by E. L. Johnson and S. Jones. Downers Grove, IL: IVP, 2000.

O'Hanlon, B. "The Promise of Narrative. The Third Wave". *Family Therapy Networker* (Nov/Dec 1994): 19~29.

Orlinsky, D., K. Grawe, and B. Parks. "Process and Outcome in Psychotherapy". In *Handbook of Psychotherapy and Behavior Change*, 270~378. 4th edition. Edited by A. E. Bergin and S. L. Garfield. New York: Wiley, 1994.

Papero, D. "Bown Family Systems and Marriage". In *Clinical Handbook of Couple Therapy*, 11~30. 2nd edition. Edited by N. S. Jacobson and A. S. Gurman. New York: Guildford, 1995.

____. "Bowen's System Theory". In *Comparative Treatments for Relationship*

Dysfunction, 25~44. Edited by F. M. Dattilio and L. J. Bevilacqua. New York: Springer, 2000.

Pittman, F. "Remembering Virginia". *The Family Therapy Networker* 13, no.1 (1989): 34~35.

Polanyi, M. "Science and Man's Place in the Universe". In *Science as a Cultural Force*. Edited by H. Woolf. Baltimore: Johnus Hopkins, 1984.

Satir, V. M. "Conjoint Marital Therapy". In *The Psychotherapies of Marital Disharmony*, 121~133. Edited by B. L. Greene. New York: The Free Press, 1965.

Scott, S. T. Bradbury, and H. J. Markman. "Structural Flaws in the Bridge from Basic Research on Marriage to Intercention for Couples". *Journal of Marriage and Family* 62, no.1 (Feb/2000): 256~264.

Simon, R. "Stranger in a Strange Land: An Interview with Salvador Minuchin". *Family Therapy Networker* 6, no.6 (1984): 22~68.

Starr, S. "All Good Therapy Has the Same Ingredients: An Interview with Virginia Satir". In *Couple Therapy, Multiple Perspectives*, 7~14. Edited by B. J. Brothers. New York: Haworth, 1993.

Tamura, T., and A. Lau. "Correctness Versus Separateness: Applicability of Family Therapy to Japanese Families". *Family Process* 31 (Dec 1992): 337.

Thaxton, L., and L. L'Abate. "The Second Wave and the Second Generations: Characteristics of New Leaders in Family Therapy". *Family Process* 21 (1982): 359~362.

Tramo, J. L. "A Personal Retrospectives of the Family Therapy Field: Then and Now". *Journal of Marital and Family Therapy* 22 (1996): 289.

Walker, M. A. "The Incongruity of Congruence". In *Couples and the Tao of Congruence*, 111~122. Edited by B. Brothers. New York: Haworth, 1996.

Wylie, Mary Sykes. "Family Therapy's Neglected Prophet". *Family Therapy Networker* 15 (March/April 1991): 25~38.

中文書目

Irene Goldenberg, Herbert Goldenberg：《家族治療——理論與技術》。翁樹澍、王大維譯。台北：揚智，1999。

Jean M. Tweage：《Me世代》。曾寶瑩譯。台北：遠流，2007。

史考特．派克：《邪惡心理學——真實面對謊言的本質》。游琬娟譯。台北：張老師，1999。

史考特．派克：《真誠共識——等待重生的新契機》。楊韻泉譯。台北：張老師，1999。

史考特．派克：《心靈地圖：追求愛和成長之路》。三版。張定綺譯。台北：

天下，1995。
史考特．派克：《心靈地圖II：探索成熟與自由之旅》。二版。張定綺譯。台北：天下，2003。
加里．托馬斯：《與神相遇——認識親近神的心靈路徑》。陳永財譯。香港：基道，2007。
包衡、哈特：《盼望猶存——基督教終末論的當代意義》。蔡錦圖譯。香港：基道，2006。
吉兒．佛瑞德門、金恩．康姆斯：《敍事治療——解構並重寫生命的故事》。易之新譯。台北：張老師，2000。
多瑪斯．格林：《從枯井中汲水》。姜川譯。台北：光啟，2005。
多瑪斯．格林：《麥子中的莠子——分辨：祈禱與行動的會晤》。姜川譯。台北：光啟，2006
弗蘭克：《活出意義來：從集中營説到存在主義》。趙可式、沈錦惠譯。台北：光啟，1995。
貝瑞、杜赫提：《行動中的默觀者——七種耶穌會靈修的創造性張力》。張令憙、曾玉琴譯。台北：光啟，2005。
杜立言：《愛基督於萬有之上——《聖本篤會規》中的聖經》。本篤會修女譯。台北：光啟，2003。
坎伯爾、麥克瑪漢：《內觀自得》。四版。若水譯。台北：光啟，2005。
沙維雅：《沉思與靈感》。王境之譯。香港：沙維雅人文發展中心，1990。
何敏賢、李懷敏、吳兆文編：《華人心理輔導理論與實踐研究》。香港：匯美書社，2004。
吳君就：《婚姻與家庭》。台北：華勝，1999。
吳黃蓮英：《孵心之旅——在基督裏的自我實現》。香港：天道，2005。
林孟平：《輔導與心理治療》。香港：商務，1986。
林語堂：《信仰之旅——論東西方的哲學與宗教》。胡簪雲譯。台北：道聲，1999。
肯恩．威爾伯：《靈性復興——科學與宗教的整合道路》。龔卓軍譯。台北：張老師，2000。
彼得．班克特：《談話療法：東西方心理治療的歷史》。李宏昀、沈夢蝶譯。上海：社會科學院，2006。
侯士庭：《靈修神學發展史》。趙鄭簡卿譯。台北：中福，1995。
柯萬：《靈性心理學》。林鳳英譯。台北：校園，2007。
約拿單．威爾遜：《破碎世界裏的忠心教會——從麥金太爾的《德性之後》學習教會之道》。陳永財譯。香港：基道，2008。
約翰．韋伯斯特：《聖潔神學》。陳永財譯。香港：基道，2006。
神思編輯委員會：《依納爵靈修》。《神思》第73期。2007年5月。香港：思維。
泰澤團體編著：《當為世界之魂——初世紀基督徒靈修文選》。逄塵瑩譯。台北：光啟，2006。

高劉寶慈、朱亮基編：《個人工作與家庭治療：理論及案例》。香港：中文大學，1997。
麥格夫：《追尋真理的激情——融貫一致的福音信仰》。陳家富譯。香港：基道，2005。
許惠善等：《聖經中有心理學嗎？——基督信仰與心理學的四種對話模式》。台北：校園，2007。
郭鴻標：《歷代靈修傳統巡禮》。香港：基督徒學會，2001。
陳耀南：《從自力到祂力》。香港：天地，2006。
溫偉耀：《生命的轉化與超拔——我的基督宗教漢語神學思考》。北京：宗教文化，2009。
賈維多編：《聖奧思定嘉言錄》。孫純彥譯。台南：聞道，2007。
聖女大德來：《七寶樓臺》。再版。趙雅博譯。台北：光啟，1991。
奧村一郎：《祈禱的美麗境界》。加爾默羅聖衣會譯。台北：啟示，2006。
萬爾斯：《人性的探索——基督教信仰與心理學研究》。二版。許志超、陳秉華譯。香港：宣道，1994。
張春申：《靈之旅》。二版。台北：上智，2006。
張逸萍：《心理學偏離真道》。台北：天恩，2004。
楊國樞編：《中國人的心理》。台北：桂冠，1988。
楊國樞編：《本土心理研究：本土心理學的展開》。第一期。台北：台灣大學心理學系及本土心理學研究室，1994。
楊慶球：《中國文化新視域：從基督教觀點看中國文化》。香港：三聯，2004。
楊慶球：《神學的哲學基礎》。香港：天道，2004。
楊慶球：《會遇系統神學——真理與信仰體驗的整理》。二版。香港：中國神學研究院，2001。
劉瓊英：《結構派家族治療技術》。台北：心理，1999。
霍玉蓮：《怎可以一生一世》。八版。香港：突破，2004。
霍玉蓮：《情難捨：從相依之道到相分之痛》。八版。香港：突破，2004。
霍玉蓮：《婚姻與家庭治療：理論與實務藍圖》。香港：突破，2004。
霍玉蓮等：《饒恕果真如此輕易》。香港：突破，1994。
鄧紹光編：《與造物者同遊：當下靈修體驗》。香港：紐約神學教育中心，2002。
燕國材：《中國心理學史》。台灣：東華書局，1996。
盧德：《容格宗教心理學與聖三靈修》。台北：光啟，2004。
蕾娜特·溫德：《力阻狂輪：潘霍華生命史》。陳惠雅譯。台北：雅歌，2004。
譚中嶽：《心理與靈理》。增訂版。台南：聖光神學院，2002。
瓊斯、巴特曼：《當代心理治療》。周文章譯。台北：中華福音神學院，2004。

羅伯．費彬：《神聖的軟弱——透過情緒走向上主》。黃美基譯。台北：光啟，2005。

羅素．蕭圖：《聖徒與瘋子——打破心理治療與靈性的藩籬》。易之新譯。台北：張老師，2001。

羅蘭．斯特龍伯格：《西方現代思想史》。劉北成、趙國新譯。北京：中央編譯，2004。

中文文章

李懷敏：〈陰差陽錯：比較中西系統治療法的異同及應用〉。《橋》（1997年1月23日）。

梁呂少欣：〈結構式家庭治療法〉。載《個人工作與家庭治療：理論與案例》，第五章。高劉寶慈、朱亮基編。香港：中文大學，1997。

附錄：讀者回響

在我人生中，除了聖經以外，玉蓮這本書是我細閱次數最多的書籍，至今我正在看第四遍，每看一遍，就有深一層的醒悟，它共向我發問了三個非常重要的問題和給了我一個深刻的領悟，對我成為一個有靈的人及作為輔導員影響深遠。

閱讀完第一部分「脱鈎的記號」，我深深感到作為輔導員這職分的尊貴和神聖的託付，同時面對自己對學問的疏懶、自我反省的愚鈍，以至對生命的忽略而感到歉疚；我即時向自己發問了第一個重要問題：「我所作的，我知道嗎？我將人帶到甚麼地方去？」感激玉蓮教曉我以多層次思考去反省自己所作的是甚麼，究竟領人到甚麼方向。提醒我以謙卑的態度審視學問，小心不要將任何學問放在絕對性的位置又或將之二分。

看罷第二部分，玉蓮的這句話：「我們先學會做一個人，才可以學做一個『助人的人』。」對我又來一次當頭棒喝；於是，我問了自己第二個重要問題：「我懂得做人嗎？我的人觀、世界觀是甚麼？」感謝她用了一種立體的視野，去教導我穿透和辨別不同心理學說與真理的距離；我正學習注意及審視自己的人觀、世界觀。這學習於我不只是學做好輔導，且是一種做人的訓練，生命信念的反思和學習整合的開始。

當我讀畢第三部分，我在她對於心理與心靈學問的縱橫整合，層層推進中，終於被推到一個輔導員不能迴避及必須正視的問題，這也是我反省的第三個問題：「我的心靈實況是甚麼地步？」一個不容易的掙扎，卻惟有學習誠實面對並去尋找出路，而我正在這途中。

這本書對我的一個重要的領悟及終生的學習是：我看到無論玉蓮如何游走於心理學、輔導實務、靈修，以及神學之間，她總離不開一個軸心，那就是主耶穌的真理和愛。對於我來說，不單是這本書的內容在影響我，是玉蓮的生命透過她真摯、勇敢和充滿人味的筆觸、對現世分裂思潮陳詞懇切的吶喊、對主的忠信、正直的心靈，喚醒我作為一位輔導員的神聖託付和責任，更喚醒我的心靈向主、以祂的視點為我的視點。願我們一羣同路人一起努力「活出」基督為依心理治療的精神。

盧夢鳴

二〇一一年四月二十六日

Dear Antia,

實在感恩，讓我有機會跟你學習，而且一學，就是數年。雖然我未有跟隨你的建議，每次在與會友輔導時，寫下逐字報告，縱使你説過，這樣會令我在輔導的技巧上有較快的進步。然而，我問我自己為何每個月都坐在你帶領的小組上，而我又沒有時間去為會友輔導，技巧又不見得有甚麼的進步（但我真的發現自己在改變，這也是上主透過你去塑造我的生命，一個願意對人有完全接納的生命），思考過後，我發現是因為我喜歡聽你分享心底話，喜歡透過你的教導，學做一個人，一位基督徒，一位牧者。

二〇〇八年，我暫時放下持續了十一年的牧會工作，給自己一個安息年假，都是因為你在伯特利神學院的課堂中的鼓勵：牧職人員應多作退修。年多下來，證明你的鼓勵沒錯，作為牧者的我，常被教會已定的活動、事工及行政追趕得透不過氣來，心中常有愧，我究竟帶領教會走向哪一個方向？十足是瞎子領瞎子。停下來，安靜下來，我更能聽到自己的心聲，更容易與上主對話，更清楚作為牧者應走的方向。

那天，我在掙扎是否再次進入教會作牧職，還是專心跟隨關俊棠神父學習，因他現在試驗著將天主教的三個靈修傳統融入中學的課程中，稱為「寓靈修於教育」，亦希望能藉此對老師作出支援，維持他們對教學的一份精神與熱誠，同時間，我發現了你新出版的書。由此，我堅定了自己繼續在建立心靈、關顧心靈成長的路上的努力。感謝上主的恩典，明天我再次回歸堂會事奉，同時間也在跟關神父學習。

捧著你的書，愛不釋手。我一向有留意你的著作，因為你所寫的文章，從八十年代的《吶喊雜誌》開始，就已經啟蒙了我，幫助我在信仰上有深刻的反省。我讀過神學，當然仍在「幼稚園」的階段，我喜歡心理學，但沒有受過正統的訓練，但當我讀過你這部近作，便有如下發現：

1) 很容易閱讀，在其中有理論部分，但卻不是甚麼艱澀的學術名詞，讓讀者容易掌握。
2) 讀序言的時候，已為你涅一把汗。這是學術書來的嗎？作者竟將自己整個人坦蕩蕩的展露在讀者面前，分享著自己的心路歷程。一方面，我為你的真誠所感動；另一方面，我為你感到憂心，因為你將自己放在一個危險的境地，隨時有被攻擊的可能，此書也會被定性為不夠學術，只是作者的夢話、感性的表達與直觀而不夠客觀的陳述。
3) 你將各位經典而重要的心理學家的理論，清楚羅列，並將這些心理學家的人觀、世界觀，理論形成的背景詳細分析，並加上你自己個人的觀點與批判（這是不好的字眼，説分析、分辨、看法是否會好一點？），這不單讓讀者能掌握各個流派的脈絡，亦挑戰我們思考每一個學説理論的優點與限制，且更讓我們了解到，一個人思想的形成，都受著其經歷影響。
4) 當然，你亦按你豐富的臨牀經驗，分析各個學派理論的哪一個部分，對輔導個案中的某一個流程起著甚麼作用。令人讚歎的是，你對各個學派的熟練與掌握，並能作出獨立思考，試圖探究各個心理理論其實帶領受導者去到一個甚麼的境地：是建立整全生命，還是只針對表面的病徵。你關心每一個生命，而不是製造「快、靚、正」的止痛藥。我慨歎現今社會上，有很多情況都是如此（包括教會、教育界與社福界……），為要短期見效，而忽略了很多事情都是要花時間默默地耕耘。食得多止痛藥，只會令病情繼續惡化，但病人卻茫然不知，以為自己正在好轉。結果是，痛症持續，而病人繼續吃更多的止痛劑、或尋覓不同的止痛藥，卻不知問題的根源。

6) 在書內，你亦為讀者分析了心靈與心理如何分家，為何分家，分家後所帶來的後果與影響。當然，你亦為我們開啟了眼界，剖析現今社會的亂況，正因為心理與心靈的分家，正因我們忽視心靈的存在，沒有好好的加以滋潤關顧。

7) 作為牧者，真的慚愧，我豈不應該重視心靈的牧養與照顧嗎？很多時卻被社會的潮流牽著鼻子走，甚至主動的將社會的價值應用在教會上，例如建立企業式與王國式的教會，牧者如在做企業總裁的工作。（當然這不盡是所有超級教會牧者的願景，但卻是大多數小教會牧者的心願，以圖證明自己不是白佔地土。）

8) 讀神學的時候，我曾問一位學者，甚麼是教牧輔導學？但卻得不出一個滿意的答案。難道是由基督徒、牧者作輔導員？在聖經中找出經文，可與現成輔導理論相容的，就叫作教牧輔導？你說得對，要麼我們做全盤接納，不經思考篩選，全數採用心理學理論，極其量只會看哪一套理論效果更佳。要麼就全盤否定，心理學不是一個好東西。

9) 很多謝你在書中的示範，甚麼是不帶批評、不踐踏別人的批判精神。如何誠懇的表達自己的不同意見，卻沒有意圖或有意無意的傷害了別人的自尊。這真的很難學，但卻值得我努力的去學習及掌握，況且有你在書中的示範，我相信自己已找到路徑：敏於思考、敢於表達、同時尊重及愛護自己與他人的心靈。

10) 重回教會事奉，真的有點擔心，我看見一個圖像：就是我站在激流中，四方八面的需求、呼喚、期望、挑戰衝擊著我前行，我害怕又再次迷失方向。然而，我卻知道我已經不一樣，因有耶穌在我身旁，成為我生命的軸心。你在序言頁xxi所寫的，正讓我感到共鳴。

我為你的真誠、熱誠，以及對人生命的關心所感動及感染。我亦從閱讀你這本書中，感受到你正為輔導界走上一條歪路而著急與著緊。一方面，我感謝上主讓我有機會跟你學習；另一方面，我也會在禱告中記念你的願景與理想，深信上主必大大使用你，並賜給你所需用的恩典。共勉。

林玉瑛

二〇一〇年四月十七日

親愛的霍女俠：

還記得幾年前在閱讀你的大作《婚姻與家庭治療》一書時，心中存著不少疑問，有幸在香港相遇，向你請益賜教，謝謝你不嫌不棄，對我耐心引導，你真是有俠義心腸，也顯出大師的風範，是對人性的莊重和生命的關懷，單是這種真誠的接觸，使吾矣茅塞頓開。

對《心理與心靈的重聚》的出現，更是莫大的驚喜，因為我正需要對輔導有整全的理解。在閱讀時，好像跟你遊走於不同心理學派的高山低谷，飛越光明與黑暗的領域，而我覺得最精采的，是「自我」藍圖（頁257）對生命的實在描繪，讓我能理解心理與心靈在兩塊術語鏡像下反照的成長階梯，既剝露人性層層本相，又牽動級級上爬的盼望。

我非常認同你的輔導心懷，輔導室就是告解室，生命的破碎點就是上帝的接觸點。我相信每一位真誠、謙卑和對生命有追求的輔導員和社工，最終是需要創造主的承托，才能面對生命的黑洞。我也覺得對生命有關懷的輔導員與社工應有所感召，效法耶穌的愛心與視點，讓生命回歸本位，心靈連線於生命根源，使他們勇於行而不致灰心喪志。此外，傳統教會的牧養方式，不足以應付現代社會非常複雜的變動，教導實要趨向與輔導的結合，消除傳統對心理學與輔導的誤會與無知，你所推動的「基督為依心理治療」，正好切入這個時代的需要。

憑藉你那深厚的文學及心理學的功夫、生命的涵養、以及多年累積的督導經驗，你已看透心理治療的竅門。我相信每位曾看過你即場示範的學員，都會驚訝你與當事人交談中有精銳的敏感度和回應能力，將悟性的說話說進人的內心世界裏。然而，你不忍看見許多同道和生命的關懷者，浮游在心理與心靈之間掙扎，正如你夢境中的「鐵達尼號」，船身在海洋中已斷開兩截，你所領受的異像就是把脫鈎的兩端整合重聚。我很欣賞你這種滿有愛心和憐憫心腸，不單是關心同道的專業發展，更是鼓勵他們追求內在承擔生命的動力，你真是一位看重生命的心理治療師！

故此，我覺得《心理與心靈的重聚》是一本帶著使命的書，你已把自己的心血如兩刃的劍鑄入字裏行間，在灰暗中辨明真理。我雖然反覆看了三遍，但在每次的反省中都有新體驗，可見書中穩藏著深奧的精粹。很佩服你有這樣的膽量，在心理及宗教信仰兩大陣營中作出論述及批判，畢竟華人世界中這類著作是鮮有的，我們中國人有追求和諧的美德，但欠缺貫穿今古的反省，使謙讓變成保護自己的籠牢。正如，本人自幼跟隨父親操練太極拳，並先後有機會拜訪不同門派的名師學習，發現每種門派對其他門派或不同陣營的武術欲言又止，對自己的門派及先賢的遺產卻又安於現狀，這使我感慨武術的發展是一條艱辛的路途。

或許你的勇氣已敲響沉睡的心靈，正所謂一石激起千般浪，但願這本書能帶來真誠對話和探索的精神，使更多的讀者在輔導、牧養和關懷別人的歷程中得著祝福。

願您繼續努力發揚「基督為依」的輔導精神，祝工作愉快。

小小讀者 King

二〇一〇年六月十四日